Wollen Sie wissen, warum Marie-Louise Marjan am Heiligabend einen kleinen Buddha suchte? Wie ein genialer Erfinder bei Dieter Thomas Heck fast eine Weihnachtskatastrophe auslöste? Warum sich bei Marcel Reif Weihnachten alles um Tofu dreht? Wie bei Monika Peitsch ein Kätzchen in den Weihnachtsbaum kam? Dies alles und noch viel mehr erfahren Sie in den vorliegenden Weihnachtsgeschichten von Dagmar Berghoff, Gert Haucke, Alida Gundlach und vielen mehr.

Ursula Richter, geboren 1932 in Rosenberg, damals Oberschlesien, arbeitete als NDR-Redakteurin und gibt seit vielen Jahren «Weihnachtsgeschichten am Kamin» bei rororo heraus, deren Gesamtauflage bei über einer Million Exemplaren liegt.

Dorothee von Tiedemann, geboren 1950 in Hamburg, begann ihre journalistische Laufbahn bei der «Bild-Zeitung» im Bereich Show und Unterhaltung. Heute ist sie freiberuflich tätig für Presse, PR, Promotion und Fernsehen. Sie lebt in Hamburg.

Ursula Richter / Dorothee von Tiedemann (Hg.)

Weihnachtsgeschichten am Kamin –
erzählt von Prominenten

Rowohlt Taschenbuch Verlag

Die Herausgeberinnen danken
   Ulrike von Gimborn
   Astrid Wiedemann
   Achim Schmidt-Carstens
für die Unterstützung beim Entstehen
dieses Buches.

2. Auflage November 2000

Veröffentlicht im Rowohlt Taschenbuch
Verlag GmbH, Reinbek bei Hamburg,
November 1999
Copyright © 1998 by Rowohlt Verlag GmbH,
Reinbek bei Hamburg
Alle Rechte vorbehalten
Umschlaggestaltung C. Günther/W. Hellmann
(Foto: ZEFA-SIS)
Gesamtherstellung Clausen & Bosse, Leck
Printed in Germany
ISBN 3 499 22685 5

Zu diesem Buch

Weihnachten, das Christfest, das Fest der Geburt Jesu, wurde erst im 4. Jahrhundert gegen starke Widerstände in der christlichen Kirche eingeführt. Der geschmückte Weihnachtsbaum ist in der christlichen Welt ein weitverbreitetes Symbol, das zum Heiligen Abend gehört wie die Weihnachtslieder – das älteste stammt aus dem 11. Jahrhundert –, die Weihnachtsmusik, die Krippe und die Christspiele.

Seit dem 19. Jahrhundert zählt Weihnachten zu den gängigen Motiven erzählender Prosa in der Weltliteratur.

Wir freuen uns, für dieses Buch Künstler und Wissenschaftler, Journalisten, Sportler und Wirtschaftsfachleute gewonnen zu haben, die Sie sicher aus Rundfunk, Fernsehen, Bühne und Presse kennen. Sie alle haben uns ihre ganz persönlichen Weihnachtserlebnisse aufgeschrieben, Märchen erzählt, Erinnerungen an die Kindheit wachgerufen. Traurige, heitere und besinnliche Erlebnisse geraten so nicht in Vergessenheit und bleiben als Spiegel unserer Zeit erhalten.

Weihnachten 1998   *Ursula Richter*
                            Dorothee von Tiedemann

Liebe Leserinnen, liebe Leser,

die Zeit, in der man zu einem Buch wie diesem greift, ist die Vorweihnachts- und Weihnachtszeit. Bei uns in Deutschland bedeutet sie das Zusammentreffen der Familie, das Besinnen auf den Zusammenhalt der Familie und das harmonische Miteinander. Letzteres ist häufig besonders schwierig.

Aber dieses Phänomen ist nichts typisch Deutsches, es gilt weltweit. Die Geschichten, Anekdoten und persönlichen Ausführungen in diesem Buch aber rühren an unsere deutsche Seele, unsere eigenen Erlebnisse, unsere Stärken und Schwächen.

Ein Blick darauf macht uns nachdenklich und läßt uns – hoffentlich – auch schmunzeln. Wer dazu bereit ist, ist auch bereit, über den eigenen Tellerrand zu schauen – und das verbindet all diese Autoren.

Gemeinsam haben sie aber noch etwas anderes: ihr Engagement für PLAN International, eines der ältesten und größten Kinderhilfswerke dieser Welt. Bei der Gründung von PLAN Deutschland im Jahre 1989 habe ich gern die Aufgabe des Schirmherrn übernommen, war dann gern als Vorsitzender des Kuratoriums aktiv und bleibe jetzt als Ehrenvorsitzender des Kuratoriums weiter gern dabei. Während der ganzen Zeit konnte ich immer wieder beobachten, daß wir Deutschen uns durchaus für benachteiligte Menschen – insbesondere Kinder – einsetzen. Und jeder kann und tut es auf seine Art. Dafür danken wir dem Verlag, den Autoren und Ihnen, liebe Leserinnen und Leser.

Genießen Sie die Lektüre – Nachdenken und Schmunzeln sind erlaubt und erwünscht ...

Ihr
Walter Scheel
Bundespräsident a. D.

Wolfgang Knauer

Wie Weihnachten beinahe abhanden kam

Im Dezember 1990, als gerade die deutsche Wiedervereinigung besiegelt war und sich Osteuropa im Umbruch befand, kamen alarmierende Notsignale aus vielen russischen Städten: Die wirtschaftlichen Probleme der damals noch existierenden Sowjetunion schienen sich zu einer Hungersnot auszuwachsen. Durch Deutschland ging eine Welle der Hilfsbereitschaft. In Hamburg organisierte der Norddeutsche Rundfunk ein Benefizkonzert seines Sinfonieorchesters für Leningrad, das heutige Sankt Petersburg, und wenige Tage vor Weihnachten rollten die aus dem Erlös und den Spenden der Hörer beschafften Hilfsgüter an ihren Bestimmungsort. Wolfgang Knauer, Programmchef von NDR 3 (heute Radio 3) und Initiator der Aktion, begleitete den Konvoi und erinnert sich:

Um halb sieben wachte ich auf und merkte, daß ich Weihnachten vergessen hatte. Es war mir buchstäblich entfallen, abhanden gekommen in diesem muffigen Hotelzimmer mit dem kalten Linoleumfußboden und den zerfransten Möbeln. Anderswo hätte zumindest ein Tannengesteck mit Kerze auf dem Tisch gestanden, und aus dem Radio wäre «Stille Nacht» zu hören gewesen. Aber hier war Weihnachten offenbar nicht vorgesehen. Gestern war Heiligabend? Außer dröhnenden Kopfschmerzen, die vermutlich vom Wodka kamen, hatte ich kaum Erinnerungen daran. Wir hatten in der Hotelbar gesessen und demonstrativ die mitgebrachte kleine Fichte im Plastikkübel vor uns auf den Tisch gestellt, die in dieser Umgebung allerdings ziemlich verloren wirkte. Schäbigplüschige Wartesaal-Eleganz, gelangweilte Kellner, eine Drei-Mann-Band samt Sängerin, die infernalischen Lärm produzierten, und eine Handvoll anderer Gäste, die dumpf in ihre Gläser starrten und gelegentlich zu den erbarmungslosen Bemühungen der Kapelle die Tanzfläche bevölkerten. Konversation war kaum möglich, ohnehin waren wir müde von der langen Autofahrt über die verschneiten und eisglatten Straßen. Mehrere Stunden hatten wir allein schon an der Grenze zugebracht, die uns vorgekommen war wie die Trennlinie von einer Welt zur anderen: Hinter uns Finnland, vor uns das Sowjetreich, dessen Schnee- und Waldlandschaft kalt und abweisend wirkte, bewacht von ungezählten Soldaten und sonstigen Uniformierten. Für einen Moment hatten wir geglaubt, man werde unsere kleine Kolonne zügig hindurchwinken. Doch dann begann eine zermürbend sorgfältige Kontrollprozedur mit endlosen Fragen, immer neuen Formularen, prüfenden Blicken, bis schließlich der letzte Stempel auf die Begleitpapiere gedrückt und der Schlagbaum geöffnet wurde. Von zwei Streifenwagen der Miliz eskortiert, fuhren wir durch die menschenleere Winterlandschaft in die Dämmerung. Als wir den Stadtrand von Leningrad, wie es damals noch hieß, erreichten, war es schon dunkel. Zu Hause, wußten wir, würden sie jetzt die Kerzen anzünden, die Geschenke auspacken, die alten Lieder singen und Gedichte aufsagen. «Markt und Straßen stehn verlassen ...», murmelte jemand, als wollte er dem Verkehrsgewühl widersprechen, durch das wir uns einen Weg zu bahnen versuchten. Heiligabend – und hier war Rushhour wie bei uns an den verkaufsoffenen Adventswochenenden. Nur, daß es keine Lichterketten in den Straßen gab, die Schaufenster der Kaufhäuser nicht weihnachtlich dekoriert waren und keine Nikoläuse in roten Kapuzenmänteln herumliefen. Ein ganz normaler alltäglicher Feierabend – und wir hatten gedacht, wir könnten Knecht Ruprecht spielen. Eine Wagenladung mit Geschenken hatten wir in der Tat ja mitgebracht, gespendet und gesammelt im fernen Hamburg, wo man von der Not, die hier herrschen sollte, gehört hatte. Sogar von dohender Hungerkatastrophe war berichtet worden, und manche hatten schon an das Massenelend erinnert, das im Krieg die Deutschen heraufbeschworen hatten, als sie Leningrad neunhundert Tage lang belagerten. Vielleicht am Ende doch etwas übertrieben? Fürs erste hatten unsere Fahrer genug damit zu tun, die Orientierung zu behalten. Und als wir dann abends in der Hotelbar saßen, waren wir zu erschöpft, um näher darüber nachzudenken. Am Morgen des ersten Feiertags entdeckten wir die Stadt erst richtig. Ein Kunstwerk wie im Wintermärchen, mit dikken weißen Kissen auf den Dächern der Paläste, mit goldenen Türmen, die in den eisblauen Himmel ragten, rauhreifgepuderten Bäumen und knirschendem Schnee unter den Füßen. Die vielleicht schönste Metropole des Planeten, stand im Reiseführer, aus den Visionen des großen Zaren Peter mitten in den Sumpfniederungen der

Newa entstanden, zum höheren Ruhm von Mütterchen Rußland. Hier war Lenin im April 1917 dem Eisenbahnzug entstiegen, der ihn aus dem Schweizer Exil zurückgebracht hatte, jener Revolutionär, der das Land umkrempelte und nach seinem Tod im Namen der Stadt verewigt wurde. Und der, wie unter dem Stichwort «Feiertage» unserer Touristenbroschüre zu lesen war, die großen christlichen Feste per Dekret abschaffen ließ, auch Weihnachten. Die Kinder waren seither mit ihren Wunschzetteln auf Väterchen Frost verwiesen, der am Abend vor Neujahr in die Häuser kommt und Geschenke bringt, vorausgesetzt, die Eltern können ein paar Rubel erübrigen und in den Läden gibt es etwas zu kaufen. Nach allem, was wir wußten, war es im Augenblick nicht weit her damit, und wer einigermaßen genug zu essen hatte, mußte sich schon am Ziel aller Wünsche fühlen. So jedenfalls kam es uns vor, wenn wir in die Gesichter der vorbeistapfenden Menschen in dicken Wollmänteln und den landestypischen Fellmützen sahen. Bedrückt und schicksalergeben wirkten die meisten, wie der Kontrast aus Fleisch und Blut zur kalten Pracht aus Stein, Kehrseite der Vollkommenheit. Hatte nicht Dostojewski von einem «phantastischen Trugbild» gesprochen, das sich eines Tages wie Rauch auflösen und nur den alten russischen Sumpf übriglassen würde? Galina, unsere Dolmetscherin, nickte. «Für ihn», sagte sie, «war es die ausgedachteste und abstrakteste Stadt der Welt.» Und nach einer Pause fügte sie hinzu: «Und doch wollte er nirgendwo sonst leben.» Galina war eine gebildete Frau, eine pensionierte Gymnasiallehrerin von Ende Sechzig, die gelegentlich als Übersetzerin arbeitete, um ihre Rente etwas aufzubessern. Ihr Deutsch klang so, wie man es hin und wieder von Menschen hört, die die Sprache allein aus der Literatur gelernt, das Land selbst und seine Menschen aber nie gesehen haben, wie eine Mischung aus Goethe und Thomas Mann. Sie hatte uns auf allen Wegen kreuz und quer durch die Stadt begleitet, war trotz der klirrenden Kälte nicht vom Fleck gewichen, wenn wir vor Krankenhäusern, Altenheimen und Kinderasylen tonnenweise Lebensmittel, Medikamente, Kisten und Kleidung, Matratzen und sonstige Hilfsgüter abluden, und hatte uns die vielfachen Dankesbezeigungen der Empfänger übersetzt. Und an jeder Station erzählte sie ihren russischen Landsleuten, wie die Spenden zustande gekommen waren, daß der Rundfunk in Hamburg Wohltätigkeitskonzerte für die Partnerstadt veranstaltet und die Besucher Geld gegeben und Pakete gepackt hätten. Galina war uns auf Anhieb sympathisch gewesen, und wir bewunderten ihre ruhige präzise Art ebenso wie ihr reichhaltiges Wissen, das auf keine Frage eine Antwort schuldig blieb. Natürlich wußte sie von deutschen Weihnachten, hatte in Büchern und Briefen deutscher Schriftsteller und Dichter gelesen, welche Bedeutung das Fest bei uns hat und wie wir es feiern. Um so höher, sagte sie mehr als einmal, müsse man uns anrechnen, daß wir die Feiertage auf diese Weise verbrächten. Es klang ganz unpathetisch und unfeierlich, eher wie eine nüchterne Feststellung, so wie sie früher als Lehrerin eine sorgfältig ausgeführte Hausarbeit belobigt haben mochte. Aus eigener Schulerfahrung hätten wir wissen müssen, daß man sich für eine gute Note nicht zu revanchieren hat. Aber wir versuchten es trotzdem und wollten ihr ein kleines Paket mit Kaffee,

Tee und Weihnachtskeksen überreichen. Galina wehrte es ab, impulsiver und energischer, als uns begreiflich war, fast so, als fürchte sie, verletzt zu werden. Wir beließen es dabei und nahmen einige Stunden später einen zweiten Anlauf – wieder mit dem gleichen Resultat. Die alte Dame war sichtlich aufgewühlt und schien die Beherrschung nur dadurch zu wahren, daß sie sich unvermittelt abwandte und sich ein paar Schritte entfernte. Weshalb reagierte sie so? Warum weigerte sie sich so entschieden, dieses unbedeutende kleine Zeichen unserer Dankbarkeit anzunehmen? Die Erklärung fanden wir erst spät am Abend, als der Wagen leer und unsere Mission beendet war. Für einen kurzen Moment des Abschieds hatten wir uns mit Galina in die Hotelbar gesetzt, und ein drittes Mal hielten wir ihr das Paket entgegen – als kleines Geschenk zu Weihnachten. Minutenlang starrte sie stumm vor sich hin. Dann sah sie uns, einen nach dem anderen an, seufzte wie unter einer schweren Last und sagte so leise, daß man es kaum hören konnte: «Ja, es ist Weihnachten.» Ihre Augen füllten sich mit Tränen. «Damals war auch Weihnachten, damals, als mein Leben aufhörte...» Sie machte eine lange Pause, suchte nach ihrem Taschentuch und begann zu erzählen. Von der Belagerung der Stadt durch die Deutschen während des Krieges, von dem Hunger, der in der Stadt herrschte, der gnadenlosen Kälte, die den Boden so tief frieren ließ, daß man die vielen Toten nicht mehr begraben konnte, von der Angst und der Hoffnungslosigkeit der Überlebenden. Am 24. Dezember 1943 hatte Galina, damals ein junges Mädchen von gerade achtzehn Jahren, die Nachricht vom Tod ihres Verlobten an der Front erhalten und das Kind, das sie von ihm erwartete, durch eine Fehlgeburt verloren. «Kennen Sie unsere Dichterin Olga Berggolz?» fragte sie, und ohne die Antwort abzuwarten, holte sie einen vergilbten Zettel aus ihrer Handtasche. «Sie hat einen Monat später, als Leningrad endlich wieder befreit war, ein Gedicht geschrieben.» Und mit fester, ruhiger Stimme las sie vor. «Aus schwarzem Staub, aus Tod und Asche, da wird ein Garten wachsen wie zuvor ...» Wahr sei diese Prophezeiung geworden, die Stadt habe wieder angefangen zu blühen. Doch ihr eigener Lebensgarten habe sich für immer in eine Wüste verwandelt. Wieder machte sie eine Pause. «Und nie mehr wieder», sagte sie schließlich, «habe ich an Weihnachten denken mögen. Es ist mir abhanden gekommen.» Sie sah uns lange an. Und dann plötzlich schien sich ihr zarter Körper zu straffen. Sie blickte auf das Paket, das wir noch immer verlegen in Händen hielten. «Geben Sie es mir. Ich nehme es gern.» Sie ergriff es mit beiden Händen, lächelte jedem von uns dankbar zu und ging mit energischen Schritten davon. Es war ein Abschied für immer. Aber plötzlich merkten wir, daß Weihnachten war.

Wolfgang Knauer (Jahrgang 1942) ist Leiter des gemeinsam von NDR, SFB und ORB ausgestrahlten Klassik- und Kulturprogramms RADIO 3. Der geborene Hamburger hat nach Schule und Studium zunächst die Journalistenlaufbahn eingeschlagen und als Reporter, Korrespondent und politischer Redakteur gearbeitet, bevor er im NDR das Ressort Unterhaltung und danach die Hauptabteilung Musik übernahm. Neben seiner Tätigkeit als Programmchef von RADIO 3 gibt er seit 1983 das wöchentlich erscheinende satirische Hörfunk-Magazin «Reißwolf» heraus.

Daniela Ziegler
Weihnachtsgeschichte

Eine Weihnachtsgeschichte soll ich schreiben. Ach herrje – du liebes Jesulein –, das ausgerechnet mir, die sich hauptsächlich an Familienkräche am Weihnachtsabend erinnert und die Gans lieber zu Martini ißt und Geschenke auch lieber dann macht, wenn sie Lust dazu hat und nicht, wenn es ein Festtag vorschreibt. Das Schönste an Weihnachten sind eigentlich die vielen wunderschönen Konzerte, und wenn es Schnee hat, das Gemütliche und Anheimelnde der Jahreszeit. Der Glühwein, die heißen Maroni, die man mit klammen Fingern dampfend aus der Schale pult. Aber nun eine Weihnachtsgeschichte ...

So viele Gedanken ich mir auch gemacht habe, in welche Richtung mein Geist sich auch bewegt hatte, es kam nichts dabei heraus. Ein letztes Mal wollte ich mich mit einem Entwurf beschäftigen, nachdem ich meine Rolle in einem Fernsehspiel abgedreht haben würde. Vielleicht würde es mit freiem Kopf leichter gelingen.

Ich fuhr also nach meinem letzten Drehtag abends mit meinem Fahrer von Hamburg nach Hause nach Ahrensburg, und wie immer begannen wir uns sehr nett zu unterhalten. Als ich plötzlich die Eingebung hatte, ihn zu fragen, ob er nicht eine schöne Weihnachtsgeschichte wüßte. «Weihnachten? Also ... nee ..., nee, Weihnachten, da fällt mir nichts ein ... Weihnachtsgeschichten! Nee ... Weihnachten? Nur an Weihnachten muß ich immer an 1979 denken. Da kam ich nämlich aus der DDR raus.» «Wie, zur Weihnachtszeit? Sind Sie geflüchtet? Oder was war da?» fragte ich ihn. Und dann erzählte er mir dies:

»Ich war 18, hatte mein Abitur bestanden und mußte nun eine Lehre beginnen, die ich mir nicht aussuchen konnte. Studieren durfte ich nicht. Also überlegte ich mir: weg, so schnell wie möglich, bevor mein Leben in Bahnen gerät, aus denen ich nicht mehr herauskommen würde. Nun gab es ja mehrere Möglichkeiten, aus der DDR herauszukommen. Entweder man versuchte einen Ausreiseantrag zu stellen und blieb dann, wenn er genehmigt wurde, in der Bundesrepublik, oder man flüchtete mit Hilfe eines Fluchthelfers versteckt in einem Auto über einen der Übergänge, z. B. nach Berlin, oder man versuchte zu flüchten, ließ sich dann festnehmen, kam in den Knast und wurde anschließend freigekauft von der Bundesregierung.

Die erste Möglichkeit dauerte mir zu lange, für die zweite fehlte mir das Geld. Und auf ein Jahr Gefängnis hatte ich absolut keine Lust. Dann erfuhr ich von einer weiteren Möglichkeit. Man konnte sich nämlich auch um die Aberkennung der Staatsbürgerschaft bemühen. Das schien mir für mich die richtige Lösung. Und so reichte ich diesen Antrag ein. Niemand durfte etwas davon erfahren, weder meine Eltern noch meine Freunde, nur der ständige Repräsentant der Bundesrepublik hatte Kenntnis. Und die Wartezeit, ob man meinen Antrag anerkennen würde, war für mich dadurch sehr spannend. Ich durfte mich ja durch nichts verraten, durch gar nichts.

So vergingen einige Monate, in denen ich meinem gewohnten Leben nachging. In Lübbenau im Spreewald, nicht allzuweit von Berlin entfernt. Ich glaubte schon beinahe nicht mehr daran, daß mein Vorhaben sich verwirklichen ließe. Inzwischen war es Winter geworden, die Weihnachtszeit begann. Für den 24.12. war alles geplant. Die Geschenke für meine Eltern und Geschwister waren besorgt. Wie immer würden wir uns am Nachmittag bei den Eltern einfinden, ein kleines Bäumchen anzünden, die Bescherung würde stattfinden, und dann gäbe es die köstliche Weihnachtsgans mit Klößen und Rotkohl, von Muttern schön knusprig-braun gebraten – und das Gekloppe darum, wer die Schlegel bekäme, wäre unvermeidlich.

Mutter ist eine tolle Köchin. Und daß ich immer gerne zu Hause gegessen habe, was sie uns auf den Tisch stellte, auch wenn viele Dinge oft schwer zu bekommen waren, sieht man mir noch immer an, was?»

Er machte eine Pause, und es war ihm anzumerken, wie er in seinen Erinnerungen regelrecht nachschmeckte, was er erzählte: «Na ja, dann würde es viel Bier geben und für die Frauen Obstwein oder Punsch, und so würden wir bis in die Nacht hinein sitzen und erzählen, oder Karten spielen, die Nachbarn würden sicher noch dazukommen. Und es würde bei uns, wie immer, einer der schönsten und lustigsten Abende im Kreis der Familie sein. Viel lustiger als am Silvesterabend.

Aber denkste. Als ich am 23.12. von der Arbeit nach

Hause kam, es war so gegen 22 Uhr, ich hatte nämlich Spätdienst als Kraftfahrer des Lübbenauer Braunkohlekraftwerkes, warteten schon zwei Stasibeamte auf mich, um mir die Bewilligung meines Antrages zu überbringen und mir mitzuteilen, daß ich das Land innerhalb von 24 Stunden zu verlassen hätte. Das hieß also bis zum 24.12. um spätestens 22 Uhr.

Na ja, so war das. Nun stand ich da und war total erschlagen von den Ereignissen. Die Mischung aus Freude und Aufregung brachte mich total durcheinander. Jetzt hatte ich mit allem gerechnet, aber nicht mit der Tatsache, ausgerechnet am Weihnachtstag ‹rüber zu müssen, dürfen›. Wie es aber in einem solchen Fall so ist, hat man zum Überlegen, Gott sei Dank, keine Zeit. Ich würde am 24. morgens um 6 Uhr nach Berlin gebracht werden. Persönliches Gepäck mußte ich unter Aufsicht der Stasibeamten zusammenpacken. Viel gab es ja sowieso nicht mitzunehmen. Und Geld hatte ich auch keines. Außerdem wäre es drüben sowieso wertlos gewesen. Also keine Zeit mehr zum Schlafen, zum Verabschieden, und die letzten Stunden verbrachte ich unter ständiger Aufsicht der beiden Beamten, die genau Listen aufstellten über mein persönliches Hab und Gut.

Am 24. morgens wurde ich von Stasibeamten nach Berlin gefahren und am Bahnhof Friedrichstraße um 6 Uhr in den Zug gesetzt, der über Bahnhof Zoo nach Hamburg fuhr und dort um 12 Uhr mittags ankommen sollte. Die Grenzkontrolle war auch noch mal sehr aufregend für mich. Ich hatte ja keinen Paß mehr, nur eine Identitätsbescheinigung und war irgendwie ‹Niemand› im ‹Niemandsland›.

In Hamburg angekommen, mußte ich mit diesem Papier wieder unter Aufsicht von zwei Beamten, die halt nur eine andere Uniform trugen, sofort zur Behörde, wo ich ein neues Papier bekam mit einem Stempel, auf dem ein Adler war.

Hammer und Sichel lagen nun hinter mir, und ich war vom Mitglied des Arbeiter- und Bauern-Staates übergangslos zum Bürger der kapitalistischen Bundesrepublik Deutschland geworden. Auf der Meldestelle hatten wir Kontakt aufgenommen zu meinen Verwandten, die in Hamburg lebten und zu denen ich gleich fahren konnte und somit nicht in ein Übergangslager mußte. Ich war also tatsächlich ‹drüben›. Als erstes versuchte ich nun meine Eltern in Lübbenau zu erreichen, telefonisch. Was sich im Jahr 1979 als ziemlich schwierig gestaltete. Aber nach einigen Versuchen gelang es mir, meine Mutter ans Telefon zu bekommen, und als ich sagte, daß ich an diesem Weihnachtsabend nicht bei ihnen sein würde, weil ich in Hamburg sei, sagte sie, ich solle erst mal meinen Rausch ausschlafen und mich dann bitte unterm Weihnachtsbaum einfinden. Sie konnte es tatsächlich nicht glauben.

Dann ging ich durch die Halle des Hamburger Bahnhofs und traute meinen Augen nicht. Da standen vor einem Blumengeschäft in mehreren Eimern Rosen, rote Rosen, mitten im Winter. Die konnten doch nicht echt sein! Ich bin hingegangen und habe sie tatsächlich angefaßt, um zu prüfen, ob ich mich täuschte. Bei uns gab's immer nur rote Nelken oder Alpenveilchen, und auch die nur zu bestimmten Zeiten. Und Rosen halt im Sommer im Garten. Sie waren aber echt. Und dann noch ein Obststand mit Bananen und Orangen. Berge von Bananen und Orangen. Und keine Menschenschlange davor. Überhaupt gab es überall zu essen und zu trinken. Eine Biertheke, einen Laden mit Brühwurst und Schrippen, Broiler – so hießen bei uns die Hähnchen – und eben Obst, Obst, Obst. Von meinem Übergangsgeld, das ich von meinen Beamten auf der Übergangsstelle erhalten hatte, kaufte ich sofort zwei Kilo Bananen und einige Rosen als Mitbringsel für meine Verwandten.

Dann ging ich nach draußen, und wieder überraschte mich etwas. Die ganze Stadt war bunt und hell. Voller Leuchtreklame. Überhaupt – so viel Licht. Wir waren ja immer angehalten, Energie zu sparen. Und in den Konsum- und HO-Läden war meistens nur eine spärliche Funzel in Form einer Leuchtstoffröhre. Aber hier – alles hell, hell, hell!

Dann stieg ich in ein Taxi – das Geld dafür hatte ich bekommen – und fuhr zu meinen Verwandten in einen Vorort von Hamburg. Die Freude und die Aufregung waren groß. Wir waren uns ja noch nie persönlich begegnet und kannten uns nur aus Briefen. Sie mich hauptsächlich aus Dankeschönbriefen, für die Pakete mit Kaffee und anderen Köstlichkeiten, die zum Geburtstag oder eben zu Weihnachten bei uns in Lübbenau ankamen. Und jetzt wurde ich also von Onkel und Tante, Cousin und Cousine als Weihnachtsüberraschung aufgenommen.

Es war irgendwie total verrückt. Der größte Witz war, daß nun die Klamotten, die sie mir geschickt hatten, auch wieder im Westen waren und man sie wiedererkannte. ‹Ach, das ist doch meine Hose, und das ist mein Pullover.› Die Kleidungsstücke waren ja von ihnen aussortiert worden, und nun waren sie zurück. Wir haben uns wahnsinnig darüber amüsiert. Dann wurden auch die Lichter an einem Bäumchen entzündet, und wir setzten uns alle zu Tisch. Es gab auch eine Weihnachtsgans. Auch mit Rotkohl. Nur die Klöße fehlten. Es waren statt dessen Kartoffeln und gedünstete Äpfel.

Die Gans schmeckte – obwohl sie sicher aus dem kommunistischen Polen oder Ungarn importiert war – für mich ganz wunderbar. Sie schmeckte nämlich nach ‹Freiheit›!»

Daniela Ziegler, in Offenbach geboren. Ausbildung an der Westfälischen Schauspielschule in Bochum. Danach Festengagements in Trier, am Deutschen Theater Göttingen, am Staatstheater Hannover sowie am Hamburger Schauspielhaus. Musical-Ausbildung in New York. Seit 1979 ist Daniela Ziegler freischaffend tätig.
Engagements in Wien, Frankfurt, Basel, Zürich, Hamburg und Berlin.
Musicalrollen u. a. als Eva Peron in «Evita», als Jenny in «Aufstieg und Fall der Stadt Mahagonny» und als Norma Desmond in «Sunset Boulevard». Regelmäßige Auftritte im Fernsehen («Unser Lehrer Doktor Specht», «Tatort», «Ein Fall für zwei», «Kommissar Rex») und im Kino («Fire in Sjöldgaten», «Echte Kerle»).

Albrecht Nelle

Ein Weihnachten in Togo

Der Landrover vor mir schaukelte durch die Savanne wie ein hoch beladenes Schiff. «Es kommt ein Schiff geladen bis an sein höchsten Bord...», summte ich vor mich hin. Die afrikanischen Christen, die dicht gedrängt auf den Sitzen und auch noch auf dem Dachgepäckträger neben der Medizinkiste saßen, hatten in den letzten beiden Adventswochen wieder getan, wovon das alte deutsche Adventslied singt: «... bringt Gottes Sohn voll Gnaden, des Vaters ewigs Wort.» Sie hatten einigen abgelegenen Dörfern östlich des Mono «Das ganze Evangelium für den ganzen Menschen» gebracht. So lautete das Missionsprogramm der Ev. Kirche von Togo, die aus der Arbeit der Norddeutschen Mission hervorgegangen war. Wie die Windeln zu «Gottes Sohn voll Gnaden», so gehörte zu dem Programm das Ausheben von Latrinen, der Bau von Zisternen, medizinische Betreuung und landwirtschaftliche Beratung durch Fachkräfte der Kirche. Dazu kamen für «des Vaters ewigs Wort» Freiwillige aus verschiedenen Gemeinden, die abends auf dem Dorfanger biblische Geschichten in Szene setzten und unter

Trommelbegleitung christliche Lieder und Choräle tanzten. Ich war gerufen worden, anstelle eines erkrankten Missionars ihnen dabei mit Spenden norddeutscher Kirchen zu helfen.

Durch den Mono zu kommen, war diesmal keine Schwierigkeit. Es war Trockenzeit. Unser Konvoi mit einem VW-Bus vorneweg, dem Landrover in der Mitte und dem von mir gesteuerten Munga (einem DKW-Jeep) zum Schluß konnte die Furt leicht passieren. Frauen, die ihre Wäsche am Fluß wuschen, räumten eilig die zum Trocknen auf die Betonpiste gelegten Tücher fort. Fröhlich lachend winkten sie uns zu. An einer Weggabelung trennten wir uns. Der VW-Bus und der Landrover fuhren direkt nach Hause zu den christlichen Dörfern rund um den Agou, den höchsten Berg Togos. Ich nahm in Begleitung eines afrikanischen Mitarbeiters den Umweg über die Haupt- und Hafenstadt Lomé. Dort mußte ich eine Kiste mit Medikamenten aus dem Zoll holen, Autoersatzteile beschaffen, Bankgeschäfte tätigen und bei der Kirchenleitung vorsprechen. Vor allem aber wollte ich noch Weihnachtseinkäufe für meine Frau, unseren zweijährigen Sohn und für die Hausangestellten machen.

Nach zwei Tagen in der Stadt war endlich alles erledigt. Meine Sehnsucht war groß, Frau und Kind wieder in die Arme zu schließen, hatten wir doch fast drei Wochen lang nichts voneinander hören können.

Am Tag vor Heiligabend waren mein afrikanischer Mitarbeiter und ich mit der Medikamentenkiste aus Deutschland und unseren Einkäufen und Geschenken wieder auf der Straße. Der Harmattan, der trockene Wüstenwind, der schon seit Tagen wehte, färbte den Himmel fahlgelb. Sein feiner Sand drang überallhin, man schmeckte ihn zwischen den Zähnen. Dazu kam der Staub der unbefestigten Straße. Hatte man einen der völlig überladenen Lastwagen vor sich, dann war ein Überholmanöver lebensgefährlich, weil man in der Staubwolke nichts mehr sah.

In Agou-Nyogbo winkten uns die Menschen am Straßenrand zu. Dann heulte der Munga die steilen Serpentinen am Agou hinauf. An einer der vielen Kurven lag die Krankenstation. Wir hielten kurz und luden die Medikamentenkiste ab. Gern hätte ich Herrn Wozufia, den grauhaarigen afrikanischen Leiter der Station, begrüßt. Aber ich konnte ihn im Ambulanzraum nicht entdecken. Wahrscheinlich war er in einem der Krankenzimmer oder im Kreißsaal. Schnell verabschiedete ich mich von dem Mitarbeiter, da ich meine Ungeduld nicht mehr bändigen konnte. Wir würden uns in den nächsten Tagen ohnehin noch öfter sehen. Nicht weit von der Krankenstation grüßte der Turm der kleinen, weißgetünchten Kirche durch die Bäume. Dort würden wir morgen, an Heiligabend, am Gottesdienst teilnehmen und ein afrikanisches Krippenspiel sehen. Ich freute mich sehr darauf. Der kleine Andreas würde es schon viel aufmerksamer verfolgen können als im letzten Jahr.

Noch zwei steile Kehren, dann hielt ich mit pochendem Herzen vor der Freitreppe der alten deutschen Missionsstation. Seit 14 Monaten war sie unser Zuhause. Aber wo blieben Alphonse, der Koch, mit seiner Frau Merci, Ruben, der Gärtner, und Beauty, das Kindermädchen, die wir allesamt als treue Hausangestellte von unserem Vorgänger übernommen hatten? Ich hatte sie wie üblich als

Empfangskomitee auf den Treppenstufen erwartet, da man ja das Geräusch des Wagens schon von weitem hörte. Manchmal schickten sogar die Buschtrommeln entfernter Dörfer die Nachricht vom baldigen Eintreffen der Equipe voraus. Die Angehörigen wußten dann schon Bescheid, ehe noch die Staubfahne, die die Wagen in der Ebene hinter sich herzogen, sichtbar geworden war. Aber kein freudiges Willkommen ertönte. Vom bougainvilleaberankten Geländer der Veranda kam mir nur meine Frau mit verweinten Augen entgegen. «Was ist mit dem Kind?» rief ich und stürzte die Treppe hinauf. «Andreas ist sehr krank», sagte sie und schluchzte auf. «Monsieur Wozufia ist bei ihm.»

Im Schatten des hinteren Teils der Veranda, die um das ganze Haus herum lief, lag unser Sohn auf einem breiten Mahagoni-Sofa. «Er hat hohes Fieber und behält noch immer nichts bei sich», sagte der afrikanische Krankenpfleger betrübt. «Es ist eine schwere Form von Brechdurchfall. Die Gefahr, daß der kleine Körper austrocknet, ist durch den Harmattan besonders groß.»

Einen Monat zuvor war Andreas zwei Jahre alt geworden. Fröhlich und ausgelassen hatten wir mit den Afrikanern gefeiert, in deren Hütten und mit deren Kindern und Haustieren er im Dorf oft stundenlang gespielt hatte. Alle liebten «Koku». So hatten sie ihn nach Landessitte als den «Mittwoch-Geborenen» genannt. Auf wie vielen Rücken von Müttern war er schon den Berg herunter- und wieder hinaufgetragen worden! Sie betrachteten ihn als einen der Ihren, wie sie seit der Jahrhundertwende das Missionshaus mit allen, die darin lebten, in ihre Obhut genommen hatten. Nie schloß meine Frau, wenn ich unterwegs war, eine der Türen nachts ab. «Hier bin ich so sicher wie in Abrahams Schoß», pflegte sie zu sagen.

Ich nahm den Jungen behutsam auf den Arm. Die fiebrigen Augen schauten mich an. Plötzlich öffnete er seinen Mund. Über die zitternden Lippen kam ein «Papa, Halleluja.» Und dann: «Noch mal Halleluja.» Meine Frau war an mich herangetreten. «Er meint das Halleluja aus Händels Messias. Die Platte war in einem Weihnachtspaket, das ich schon geöffnet habe. Ich habe sie ihm einmal vorgespielt. Seither will er sie immer wieder hören.» Da erst bemerkte ich das Grammophon, das sie auf den Tisch vor dem Sofa gestellt hatte. Ich zog den alten Apparat mit der Handkurbel auf, und meine Frau setzte die Nadel vorsichtig an der Stelle auf die Platte, wo das große Halleluja beginnt. Tränen liefen uns über die Wangen, als wir die Musik hörten und dabei in das durchscheinend wirkende Gesicht unseres Jungen blickten. Als ob er schon halb bei den Engeln sei, stimmte er leise, fast nur gehaucht, wieder und wieder in das Halleluja ein.

Was konnten wir tun? Einen Arzt aus der Hauptstadt Lomé holen? Wir hatten weder Telefon noch überhaupt Elektrizität. Mit dem Jeep würde es vier Stunden bis zur Stadt dauern, vor morgen war an eine Rückkehr mit einem Arzt nicht zu denken. Zudem wußte ich, daß der uns gut bekannte deutsche Internist auf Weihnachtsurlaub gefahren war. Mit französischen Ärzten würde es nicht so leicht sein, sie zu einem Besuch am Agou zu bewegen. Das Regierungskrankenhaus in Lomé war überfüllt. Andreas mitnehmen? Monsieur Wozufia hielt ihn für nicht transportfähig. Der kleine Junge könnte uns unterwegs sterben. Genauso könnte ich ihn aber nur noch tot finden, wenn ich mich allein nach Lomé aufmachte und an Heiligabend mit oder ohne Arzt zurückkäme. So kamen meine Frau und ich überein, gemeinsam bei Andreas zu bleiben und unserem afrikanischen Krankenpfleger zu vertrauen, vor allen Dingen aber Gott, den Monsieur Wozufia unermüdlich in seiner Ewesprache anrief, während er Andreas wieder eine Infusion gab.

Es wurde Zeit, die Petroleumlampen anzuzünden und im Haus und auf der Veranda zu verteilen. Fast schlagartig wurde es – wie jeden Tag – stockdunkel. Ich wusch mir den Staub mit heißem Wasser vom Körper. Nach einer Weile merkten wir, wie auch die Luft etwas abkühlte.

«Wie alle Tage Weihnachten» hatten wir oft das Sitzen im anheimelnden Petroleumschein beschrieben. Mit Hingabe hatten wir den vielfältigen Geräuschen der Tropennacht gelauscht. Jetzt horchten wir nur angestrengt auf Andreas' Atem und sein gelegentliches Wimmern. Irgendwann rief er mit seinem schwachen Stimmchen nach mir. Ich ging zu ihm und erzählte ihm, daß morgen Weihnachten sei. In unserem Zimmer würden wieder ein paar große Palmenzweige stehen. Sie würden geschmückt sein, vielleicht sogar mit ein paar Kerzen, auch wenn die wahrscheinlich bald nach dem Anzünden dahinschmelzen würden wie im letzten Jahr. Andreas reagierte nicht auf mein Erzählen. Er hatte die Augen geschlossen. Nach einer Weile waren wir sicher: er war eingeschlafen.

Auch ich war todmüde. Auf das Essen, das Monsieur Alphonse auf leisen Sohlen brachte, hätte ich leicht verzichten können, nicht aber auf den Schlaf. Nach der anstrengenden Fahrt und den Strapazen der letzten Wochen in den Dörfern des Ost-Monogebiets übermannte mich die Müdigkeit. Für einige Augenblicke jedenfalls mußte ich mich hinlegen. Beschämt merkte ich gegen Morgen, daß meine Frau allein Nachtwache gehalten hatte. «Er hat ruhiger geschlafen», sagte sie, «ich glaube, das Fieber geht zurück.»

Gemeinsam mit Ruben, dem jungen Gärtner, richtete ich das Weihnachtszimmer her. Herr Wozufia war wieder gekommen und flößte Andreas vorsichtig eine Salzlösung ein. Er war so abgemagert, daß sein Anblick ein einziger Jammer war. Was mich aber besonders rührte, war das dünne, liebliche Stimmchen, mit dem er sprach. Es entsprach so gar nicht unserem sonst eher lauten und temperamentvollen Sohn. Fast schon engelgleich, dachte ich und war darauf gefaßt, daß seine Seele davonfliegen könnte.

Zur Christvesper mußte ich mit den Hausgenossen allein gehen. Die Kirche war wie immer überfüllt. Mehrere Chöre sangen abwechselnd mit der Gemeinde. Dann forderte der togoische Pastor am Altar uns mit den Worten «Lasset uns beten» zum Eingangsgebet auf. Sofort begann eine Frauenstimme in Ewe. Ich verstand, wie sie Mawu, Gott, um Hilfe anrief, und hörte plötzlich den Name Koku. In ergreifenden Worten, die ich nicht hätte übersetzen können, deren Laute mir aber tief in die Seele drangen, bat sie Gott für meinen Sohn. Andere taten es ihr nach, die ganze volle Kirche flehte inbrünstig um das Leben Kokus.

Dann begann das Krippenspiel. Ein junger Mann und ein hochschwangeres Mädchen, auf dem Kopf ein Bündel tragend, kamen durch den Mittelgang nach vorn. Dabei mußten sie vorsichtig über die am Boden sitzenden Kinder hinwegsteigen. Daß – wie es in der Weihnachtsgeschichte heißt – «kein Raum» mehr «in der Herberge» war, zeigte sich recht augenfällig, da auch im Altarraum sich die Menschen drängten. Mit einem Vorhang sorgte Josef dafür, daß seine Frau vor den Blicken der anderen verborgen ihr Kind zur Welt bringen konnte. Sie hielt es hoch, bevor sie es als weiße Puppe in die Krippe legte. Im Jahr zuvor hatte ich noch geargwöhnt, dies sei eine Folge früherer missionarischer Unterweisung über die Rassenzugehörigkeit Jesu. Aber inzwischen hatte ich in der Krankenstation genug Neugeborene gesehen, um zu wissen, mit welch heller Haut afrikanische Babys zur Welt kommen.

Von teils altvertrauten, teils fremdartigen Weisen unterbrochen, nahm die Weihnachtsgeschichte mit der Verkündigung an die Hirten und deren Weg zu dem Kind ihren bekannten Verlauf. Dramatisch wurde es noch einmal, als von der Orgelempore herab ein Lampion in Sternform – an einem Seil gezogen – über den Mittelgang des Kirchenschiffs bis zum Altar herabschwebte, Wegweiser für die Weisen aus dem Morgenland, die als afrikanische Häuptlinge auftraten. Zunächst besuchen sie den unter einem aufgespannten Baldachin in Jerusalem residierenden König Herodes. Der wie ein afrikanischer Diktator gekleidete und von Soldaten mit Maschinenpistolen umgebene Herrscher weiß nichts von einem neugeborenen König. Voller Angst ruft er «alle Hohenpriester und Schriftgelehrten unter dem Volk», wie es im Matthäusevangelium im 2. Kapitel heißt. In der aufregend afrikanischen Aneignung dieser Geschichte wurden die Hohenpriester als Fetischpriester und Zauberer dargestellt.

Die werfen ihre Knöchelchen und sprechen ihre Zauberformeln, vermögen aber Herodes nicht die gewünschte Auskunft zu erteilen. Schließlich ruft er einige Schriftgelehrte. Amüsanterweise waren sie dargestellt von Christen, denn wer sonst wäre in Togo «schriftgelehrt»? Erst die Missionare der norddeutschen Mission machten die einheimische Ewe-Sprache zur Schriftsprache. Ohne langes Suchen finden die brillenbewehrten Schriftgelehrten in ihrer Ewe-Bibel die prophetischen Weissagungen über den Messias und seinen Geburtsort Bethlehem. Nach dem Gelächter über die Fetischeure wird das mit großem Jubel quittiert. Noch mehr – und politisch schon gefährlich! – schwillt der Jubel an, als die Häuptlinge auf ihrem Rückweg von Bethlehem, nachdem sie das Christkind angebetet und beschenkt haben, den Diktator buchstäblich links liegen lassen und gut biblisch «auf einem anderen Weg» wieder in ihr Land ziehen.

Nur die Tatsache, daß die Menschen noch vor Dunkelwerden wieder in ihre Häuser wollten, ließ den Gottesdienst mit dem Krippenspiel nach anderthalb Stunden beendet sein. Die Wege am Agou sind nachts ohne Petroleumleuchten wegen der vielen Schlangen nicht ungefährlich. Ich mußte wohl an die fünfhundert Hände schütteln, ehe ich wieder auf der alten Missionsstation angelangt war.

Inzwischen war Schwester Gisela mit ihrem 2 CV, dem bei uns als «häßliche Ente» bekannten Wagen, angekommen. Ich hatte völlig vergessen, daß die deutsche Krankenschwester aus dem Norden Togos sich vor Wochen für die Weihnachtstage bei uns als Besuch angesagt hatte. Nun, das war kein Problem. Schnell war genügend Wasser herbeigetragen und gewärmt, so daß sie den Staub von der langen Fahrt unter unserem patentwürdigen Duscheimer abwaschen konnte. Ein gut eingerichtetes Gästezimmer hatten wir auch, und wo auf der Veranda Platz und Essen genug für eine Festtafel mit 15 Leuten war, würde sie auch noch satt werden.

Wir sahen gleich mit ihr nach Andreas. Er schlief tief und fest. Ein gutes Zeichen, wie auch der total übermüdete Monsieur Wozufia meinte, der darum bat, sich vom Weihnachtsessen abmelden zu dürfen. Nun, wo Schwester Gisela da sei, wolle er sich erlauben, ein wenig auszuruhen.

Unser Koch hatte sich die größte Mühe gegeben, einen zarten Hammelbraten mit einer äußerst schmackhaften Soße auf den Tisch zu bringen. Aber die Stimmung blieb gedämpft. Man wollte Koku nicht aufwecken. Alle hofften, daß sein Schlaf ein Genesungsschlaf werde. Aber dann rief er doch nach seiner Mutter. Als ich im Weihnachtszimmer die Geschenke für die Angestellten und Mitarbeiter noch einmal zurechtlegte, hörte ich meine Frau mit Beauty, dem Kindermädchen, im Kinderzimmer leise singen: «Herbei, o ihr Gläubigen ...» Kaum, daß ich die Kerzen an den mit Kringeln und Plätzchen behängten Palmzweigen angezündet hatte und alle um den afrikanischen Christbaum versammelt waren, erschien sie zu unserer aller Überraschung mit Andreas auf dem Arm. Und während wir «Stille Nacht, heilige Nacht ...» anstimmten, streckte unser Sohn sein dünnes Ärmchen nach einem Plätzchen am Baum aus. Ich holte es für ihn von dem Zweig und gab's ihm in die Hand. Er hielt es fest und führte es langsam zum Mund. Da brachen die lange angestauten Emotionen hervor, wir jubelten und lagen uns in den Armen und riefen alle Kokus Namen. Nein, er hat das Plätzchen noch nicht gegessen, nur daran gelutscht, aber von da an ging es wieder schnell mit ihm bergauf.

Die Geschichte sprach sich wie ein Lauffeuer herum. Der Gottesdienst am ersten Festtag geriet zum großen Dankgottesdienst, in dem mein aus überströmendem Herzen auf deutsch gesprochenes Gebet von der Gemeinde in Ewe aufgenommen und fortgesetzt wurde. Alle hatten ihre traditionsgemäß zu Weihnachten geschenkten neuen Blusen und Tücher angelegt. Als die Kirche zu Ende war, kam die Gemeinde tanzend und singend zur Missionsstation herauf, angeführt vom Gemeindepastor und dem Ortshäuptling Pebi. Wir stellten uns mit Koku auf dem Arm im Schatten der Veranda auf. Die Leute klatschten. Mit einer ausholenden Geste gebot der Häuptling Schweigen. Zu viele Missionare hätten in der Vergangenheit ihre Kinder und oft auch ihre Frauen in togoischer Erde bestatten müssen, begann er seine Rede. Er wolle tun, was in seiner Macht stünde, daß wir uns weiterhin am Agou wohl fühlen und Frau und Kind wieder zu Kräften kämen. «Ein Mann, ein Wort!» rief er zum Schluß auf deutsch und ließ uns unter viel Applaus als Geschenk einen Hammel und drei Hühner übergeben.

In meiner kurzen Dankadresse hob ich vor allem den unermüdlichen Dienst unseres treuen Monsieur Wozufia hervor, ohne den unser Sohn wahrscheinlich nicht mehr am Leben wäre. Durch das Christkind sei Koku und uns allen das Leben neu geschenkt worden. Während ich das sagte, fiel mir spontan die letzte Strophe des eingangs erwähnten Adventsliedes ein:

«Und wer dies Kind mit Freuden umfangen, küssen will,
muß vorher mit ihm leiden groß Pein und Marter viel,
danach mit ihm auch sterben und geistlich auferstehn,
das ewig Leben erben, wie an ihm ist geschehn.»

Vierunddreißig Jahre ist das her. Aber unvergessen.

Albrecht Nelle studierte Theologie in Erlangen, Tübingen, Göttingen und in Chicago/USA. Als Pastor wirkte er zwölf Jahre in zwei Hamburger Gemeinden, zwölf Jahre war er in der Mission tätig – in Togo/Westafrika und als Missionsdirektor in Bremen und Hamburg. Vierzehn Jahre war Albrecht Nelle Rundfunkpastor und Fernsehbeauftragter der Norddeutschen Kirchen beim NDR. Durch seine Sendungen und Buchveröffentlichungen wurde er über Norddeutschland hinaus bekannt.

Ernst Bader

Zwei Weltstars
und ein Weihnachtslied

*D*as Leben geht seltsame Wege.

Nachdem ich Anfang der 60er Jahre mit Titeln für Dalida («Am Tag, als der Regen kam») und Charles Aznavour («Du läßt dich geh'n») recht erfolgreich gewesen war, bestand plötzlich auch Marlene Dietrich darauf, einen Text von mir, dem damaligen «Wunderkind» des deutschen Schlagers, zu singen. Und das, obgleich sie schon seit Jahr und Tag mit dem Star-Autoren Max Colpet erfolgreich zusammenarbeitete.

So fand ich mich eines Tages in Paris, in der Avenue Montaigne Nr. 12, mit klopfendem Herzen vor der Wohnungstür der großen Diva wieder. Die Tür ging auf, und dann stand sie vor mir: Marlene Dietrich.

Viele Menschen, die die großen Stars ja zumeist nur von der Leinwand kennen, stellen sich auch das Privatleben ihrer Idole gern in einem berauschenden Ambiente voller Glanz und Glamour vor. Und so hatte auch ich mich innerlich ganz und gar auf jene unwiederbringliche Mischung zwischen Grande Dame und männermordender Femme fatale eingestellt. Ich konnte ja nicht ahnen, daß manch Weltstar durchaus bürgerliche Hobbys pflegt ... und daß ausgerechnet diese Diva am liebsten als Muttchen mit Kittelschürze in der Küche stand, um Freunde und Gäste zu bekochen.

Frau Dietrich, ganz leger in einem schlichten Hauskleid, bat mich herein ... und lotste mich geradewegs in ihre Küche. «Ich hab' mir gerade eine wunderbar altmodische Berliner Kücheneinrichtung gekauft», schwärmte sie. «Aus den 30er Jahren, einfach toll. Die muß ich Ihnen unbedingt zeigen.» Sie schob mich zielstrebig durch den Flur. «Der Max kann sich ja inzwischen Ihren Text ansehen.»

Ich weiß nicht, liebe Leserin, lieber Leser, womit Sie Ihre Brötchen verdienen. Aber vielleicht können Sie mir meine Enttäuschung nachfühlen: nachdem ich Tage und Nächte an einem Text für den Weltstar gefeilt und dabei jede Menge Herzblut vergossen hatte ... stand ich plötzlich in der Küche, während der Kollege Colpet im Wohnzimmer mein sorgsam getextetes Meisterwerk überflog.

Dafür hatte mich Marlene vom ersten Moment an ins Herz geschlossen. Begeistert führte sie ihren Küchenschrank vor: oben Geschirr, unten ein Eisschrank. Für den das Eis im Bedarfsfall aus der nächsten Kneipe geholt werden mußte. In der Mitte drei Schubkästen für allerlei Küchengerät, einer davon fürs Besteck.

Und mein schöner Text? «Nicht so wichtig», sagte Marlene. «Max, schreib du mir doch mal was in der Richtung.»

Das war's. Ende der Veranstaltung.

Doch aus dieser kurzen Begegnung entwickelte sich eine herzliche Freundschaft: Wir telefonierten häufig (wobei ich Mühe hatte, mit den dauernd wechselnden Telefonnummern immer auf dem neuesten Stand zu bleiben), jedes Jahr zu Weihnachten schickte ich ihr einen wunderbaren Baumkuchen, oft war ich in der Avenue Montaigne zu Gast. Und wir schrieben uns. Bis heute habe ich einen ihrer Briefe aus dem Jahre 1979 aufbewahrt, in dem sie mir versichert: «Sie können sich auf meine Freundschaft immer verlassen.»

Doch über die Arbeit haben wir nie wieder gesprochen.

Um so erstaunter war ich einige Jahre später, als ich von Lotar Olias erfuhr, daß Marlene Dietrich mit großer Begeisterung einen Text von mir aufgenommen hätte, doppelt sogar: «Glocken läuten», ein deutsches Weihnachtslied, und mit dem Titel «Candles glowing» auch gleich noch die Version für den englischen und amerikanischen Markt.

«Seh'n Sie: es geht doch!» lachte Marlene spitzbübisch bei unserer nächsten Begegnung. «Warum denn nicht gleich so?»

Na, die Frau hatte Nerven: Nie im Leben hätte ich gewagt, dieser von mir so hochverehrten und bewunderten Dame einen Titel anzubieten, den Freddy Quinn bereits ein Jahr zuvor aufgenommen und mit Riesenerfolg gesungen hatte! Als «zweiten Aufguß», gewissermaßen. Oder als «Cover-Version», wie man heute neudeutsch sagt.

Marlene jedoch hatte damit überhaupt kein Problem. Und so gibt es seither kein Weihnachtsfest, an dem ich nicht über irgendeinen Sender Marlene Dietrich oder Freddy Quinn «mein» Weihnachtslied singen höre:

«Glocken läuten durch die Nacht der Sterne,
über Land und Meere bis in weite Ferne.
Glocken läuten, und wir stimmen ein:
Friede, Friede soll auf Erden sein.

Glocken läuten hell in alle Herzen,
und auf tausend Wegen strahlen tausend Kerzen.
Glocken läuten bis zum Himmelszelt:
Friede, Friede auf der ganzen Welt.»

Ernst Bader, Jahrgang 1914, aufgewachsen in Stettin und Berlin. Schauspieler, dessen Welt-Karriere im Krieg abhanden kam. Seit 1946 Pianist und Sänger, u. a. in der «Colibri-Bar» auf St. Pauli. Später für den Musikverlag Hans Sikorski tätig. Schlagertexter mit 800 veröffentlichten Titeln (u. a. «Tulpen aus Amsterdam», «Blue Bajou», «Die Welt ist schön, Milord», «Hundert Mann und ein Befehl», «Heimweh»).

Alida Gundlach

Dienstag vor Heiligabend

Schon wieder war ein 4. Advent vorüber – die Zeit verging so schnell. Auch dieses Jahr suchten die Leute immer noch nach Geschenken. Bei ihr würde es abermals für nichts reichen. Resigniert sah Biljana auf die Menschenmasse runter, die sich langsam durch die Spielwarenabteilung schob. Sie stieg drei Stufen der Leiter hinab bis zur Mitte des Regals, wo die metallic lackierten Modellautos dicht nebeneinander standen. Geschickt fuhr sie mit dem Mop über die blitzenden Chromstangen und registrierte kurz den Preis: Sind die denn wahnsinnig geworden? Vierhundertzwölf Mark! Das war ja nur etwas weniger als ihr Wochenlohn! Nun ja, man mußte wohl bedenken, daß lauter kleine und große Jungs sich dafür Heiligabend wie Schumi fühlen würden ... Dragan nicht. Zweimal hatte sie ihn mitnehmen müssen, um ihn nicht allein in der klammen Wohnung zu lassen. Der strafende Blick ihrer Vorarbeiterin saß ihr immer noch in den Knochen, ein wenig ausgeglichen durch die leuchtenden Augen ihres Ältesten. Genau hier an dieser Stelle hatte er gestanden, ihr sechsjähriger Sohn. Zuerst stumm vor

Staunen beim Anblick der verführerisch angestrahlten Autos. Dann stülpte er die Lippen vor, machte «brumm, brumm …» und lenkte mit seinen kleinen Händen durch imaginäre, atemberaubende Kurven, in die er sich mit seinem dünnen Körper legte. Ganz weit nach links und rechts gebeugt wie die großen Rennfahrer, die er im Fernsehen gesehen hatte.

Hin und wieder durfte er «Sportschau» gucken, wenn Biljana Dienstagabend die Privatwohnung des Abteilungsleiters putzte. Der feierte dann oder spielte Karten und ließ sie allein wuseln. Gott sei Dank konnte sie die Kinder dorthin mitnehmen. Andächtig saßen sie vor dem Fernsehgerät und mucksten sich nicht. Zwar bezahlte der Mann schlecht, doch was sollte sie machen, immerhin hatte sie dadurch hundert Mark mehr im Monat. Für das Nötigste reichte es gerade. Und kannte sie es etwa anders? Auch zu Hause gehörte ihre Familie zu den Habenichtsen. Bloß wärmer war's daheim gewesen, freundlicher. Alle im Dorf hatten einander geholfen, wenn mal etwas fehlte; man stand sich nahe, machte sich gegenseitig Mut, und trotz der Armut gab's viel zu lachen. Hier in der Kälte war sie allein, verlassen und auf sich gestellt. Aber sie würde es schon irgendwie schaffen.

Bei dem Gedanken an ihren Sohn lächelte sie. Himmel, wenn der wirklich Rennfahrer würde, müßte sie bei seinem höllischen Fahrstil hoffentlich nie Beifahrer sein – er gab nämlich dem Begriff «sich in die Kurven legen» eine völlig neue Bedeutung!

Vor einem Jahr hatte Dragan auf dem Spielplatz ein winziges Fahrzeug gefunden, das niemand zu vermissen schien, verbeult und abgeblättert. Vielleicht vom Wegwerfen oder von einem Tritt. Damit fuhr Dragan endlich «richtige» Rennen, laut röhrend in jede Ecke flitzend. Jetzt immerhin *mit* einem Auto. Doch seit er die herrlichen, exakt nachgebauten Modellautos gesehen hatte, die die Mutter so penibel pflegte, galt seine ganze Sehnsucht ihnen.

Milena war hundertprozentig sicher: Nie würde sie eine andere Puppe so lieben wie ihre. Biljana hatte sie selbst gemacht. Aus einem alten Kopf vom Sperrmüll, an dem die Nase nur noch aus Nasenlöchern bestand, etwas Watte, einigen Taschentüchern und Bindfäden, kunstvoll zu Händen und Füßen gedreht. Milena fand sie «puddingknuddelig» und nannte sie Diana. Mit ihren fünf Jahren wußte sie nicht allzuviel über Prinzessinnen und Tragödien, aber sehr viel über Schönheit. O ja, schön war Diana! Auch wenn es ihr an manchem – zum Beispiel an Haar – mangelte. Die wenigen angenähten Stoffkringel hingen farblos und traurig herunter, sie hätte eben eine Perücke gebraucht. Milena schien es nicht einmal zu bemerken.

Biljana seufzte und konzentrierte sich auf die Kartons ganz unten, in denen all die verlockenden Dinge geschützt schlummerten. Selbst die Hüllen sollten makellos sauber präsentiert werden. Nachdenklich sah sie auf die Spielzeug-Mengen, das riesige Angebot – für andere – und dachte wehmütig an ihr zweites Weihnachtsfest so unendlich weit weg von zu Hause.

Ja, wenn Mirko jetzt bei ihnen wäre, dann würde alles ganz anders aussehen. Aber ihn hatte nur eines interessiert: seine Familie in Sicherheit zu wissen. Er war in der

Heimat geblieben, in Gefahr und in Sorge. Ach ja, die Heimat. Und Mirko. Vielleicht war er gerade unterwegs zu ihnen? Mit einem Visum als Weihnachtsgeschenk ... Biljanas Herz begann hämmernd zu klopfen. Sie zwang sich, wieder an ihre Arbeit zu denken und mit dem Träumen aufzuhören. Automatisch bewegte sie den Lappen, es würde schon werden.

Zur gleichen Zeit saß Dragan vor Milena und erklärte ihr, woher der Wind kommt und der Schnee: «Es fängt ganz klein an, mit einer Blume oder einem Halm, die ein bißchen vor sich hin bibbern. Dann kommt der Busch dazu, bis alle seine winzigen Blätter beben und zittern. Ist klar, Milena, ja? Oder verstehst du das nicht?»

Seine kleine Schwester sah gläubig zu ihm auf und nickte ihm ernsthaft zu. «Ja doch, Dragan, ist klar, ich versteh das. Zittert die Rose auch?»

«Mensch, du verstehst gar nichts. So geht's doch weiter. Halm, Rose, Busch! Vom Busch angeweht bewegt sich der Baum mit allen Zweigen und Ästen, dann der Wald, bis überall Wind ist in der Welt und uns anbläst.»

«Bläst uns der Schnee auch an?» fragte Milena.

Dragan konnte nur den Kopf schütteln. «So was Blödes, Schnee bläst doch nicht, nur wenn's stürmt ...»

«Aber du hast doch gesagt, du weißt, woher Wind *und* Schnee kommen», protestierte die Kleine hartnäckig.

Genervt sah Dragan zur Decke, an der etwas Putz bröckelte. «Schnee kommt vom höchsten Berg, fällt dann in Flocken runter, legt sich hin, wird wieder zu Wasser und fertig, nichts für Mädchen», leierte er herunter und drehte Milena den Rücken zu. Für ihn war das Thema erst mal erledigt, vielleicht fiel ihm ja später noch was Besseres dazu ein.

«Du, Dragan, wenn *überall* Wind ist in der Welt, ist der dann auch bei Papa und in Afrika?» Milena wollte alles genau wissen. «Na klar», antwortete der große Physiker und Biologe gnädig. Besser, man ging nicht näher darauf ein, sonst mußte man noch mehr an Papa und zu Hause denken. Und womöglich heulen. Bloß das nicht!

Am Dienstag vor Heiligabend nahm Biljana beide wieder mit in die elegante Wohnung ihres Chefs, setzte sie vor den Fernseher und fing an, in der Küche Geschirr zu spülen.

Milena flüsterte: »Sieh mal, die ganzen Fenster sind voller Schnee, und überall stehen kleine Weihnachtsmänner.»

Dragan blieb kühl und vernünftig. «Faß ja nichts an...» Dabei versuchte er, möglichst viel zu erkennen, ohne den Kopf zu bewegen. Milena brauchte schließlich nicht zu merken, daß auch er noch nie *solche* Glasbilder und *so viele* Weihnachtsmänner gesehen hatte.

«Ein Schlitten aus Schnee und Engel und Sterne und eine...», hauchte Milena ergriffen, ihr war das Wort entfallen.

«Das ist eine Krippe», belehrte Dragan die Schwester salbungsvoll. Er feuchtete seinen Zeigefinger an, fuhr vorsichtig über das Schneebild und leckte das weiße Zeug ab. «Mann, Dragan, paß bloß auf», warnte Milena mit vor Angst und Aufregung riesig geweiteten Augen.

«Ach, du Schißhase, was soll schon passieren.» Dragan verzog den Mund. Pfui Teufel, scheußlicher Schnee.

In diesem Moment hörten sie, wie sich der Schlüssel im Schloß drehte. Bevor sie jemanden sahen, kam ihre Mutter ins Wohnzimmer gerannt. «Rührt euch nicht, seid ja still und ganz brav!» Sie lief zur Tür und öffnete sie genau in der Sekunde, in der ihr Chef eintrat. «Ich habe die Kinder mit, Sie hatten es ja erlaubt, ich bin auch bald fertig ...», stammelte Biljana atemlos, mit vor Panik noch härterem Akzent als sonst, und stellte eilig das dröhnende, unbeachtete Fernsehprogramm aus.

«Ganz ruhig, Biljana», lachte der große Mann im dunklen Anzug, kam mit Riesenschritten auf die Geschwister zu, die bewegungslos auf der Erde vor dem geschmückten Fenster kauerten, beugte sich zu ihnen hinunter, so daß sie die niedergeschlagenen Lider halb öffneten und ihn anschauten. «Ich will nur ein paar Geschenke abholen für unsere kleine Weihnachtsfeier, dann bin ich auch schon wieder weg.»

Biljana lächelte verkrampft. Noch immer regten sich die Kinder nicht, folgten ihm jedoch mit aufmerksamen Blicken, als der Hausherr in den bemalten Bauernschrank griff. Dragans Augen wurden kugelrund: Das schönste Modellauto der Welt, fast so groß wie ein echter Rennwagen, lag direkt vor ihm, er brauchte bloß die Hand auszustrecken. Daneben eine Puppe mit langen blonden Haaren in einem Kleid wie aus dem Märchenbuch. Milena zog heftig die Luft ein, viel zu laut in der Stille. Jetzt kippte der Mann die Puppe nach vorn, und irgendwo aus ihrem Bauch hörte man klar und deutlich «Hallo, liebe Freundin, wie geht's?»

Die beiden Kinder rückten erschreckt enger aneinander, der Mann lachte erneut: «Na, wie gefällt euch das?» fragte er und drückte Dragan das Auto und Milena die Puppe in die schlaffen Arme. Beide hielten ihre Wunder weit von sich, ängstlich, unsicher und voller Hoffnung.

«Das ist für euch», dröhnte der Mann, drehte sich um zu der vollkommen verlegenen Biljana, schob auch ihr ein Paket in die Hand: «Fröhliche Weihnachten.» Rasch zog er eine karierte Reisetasche aus dem Schrank, in der noch mehr Geschenke mit Weihnachtspapier und Schleifen zu sehen waren, schlug Biljana kurz auf die Schulter und war verschwunden.

«O Gott, Kinder, was war *das* denn, und was sagt ihr bloß dazu?» *Wie dumm von mir*, dachte sie, *ich rede lauter Blödsinn, wie kann ich nur von den verwirrten Kleinen eine Antwort erwarten?* Die hatten sich immer noch nicht bewegt. Eine Szene wie aus dem Wachsfigurenkabinett oder dem Pantomimentheater: Dragan mit dem Auto auf den ausgestreckten Unterarmen, Milena, die mit beiden Händen den Traum von einer Puppe umklammerte, ebenfalls in einiger Entfernung vom Gesicht.

Und nun? Was jetzt?

«Um Himmels willen, Kinder, sagt doch etwas?» flehte Biljana, mißtrauisch ihr eigenes Geschenk betrachtend.

«Schöööön», murmelte Milena abwesend. Dragan hatte sich von seiner Lähmung befreit, drehte und wendete wortlos das Prachtstück, mochte es aber immer noch nicht auf den Boden setzen.

Papier raschelte, Biljana riß ihr Päckchen auf. Eine silberne Abendjacke kam zum Vorschein, glänzend wie Metall, wahrscheinlich Lackleder oder so was.

Mann o Mann, wo sollte sie die nur tragen?

Ja, wenn Mirko da wäre ...

Kein Laut war zu hören. Biljana hielt die Jacke vor sich, schaute stumm in den Spiegel, Milena saß so regungs- wie fassungslos vor der Puppe, die mit ihrem feinen Profil und der edlen Kleidung wie ein Fremdkörper wirkte, und auch Dragan war über das Ansehen des Modellautos nicht hinausgekommen.

Der Transport der Kostbarkeiten erwies sich als knifflig. Schließlich sollte nichts geklaut oder beschädigt werden. In der U-Bahn klebten die Geschwister fest aneinander und schützten die Geschenke mit ihren Körpern. Biljana preßte die schäbige Tasche enger an sich als nach der Lohnzahlung und versuchte, wenigstens die Schultern ihrer Kinder zu berühren. Alle Hände waren voll.

In ihrer Wohnung angekommen, sahen die unerwarteten, neuen Weihnachtsgaben noch pompöser, noch wertvoller aus. Das Zimmer, die Möbel, einfach alles wirkte schäbig, trostlos und armselig.

Diese alte haarlose Puppe mit ihren Bindfäden, dem Taschentuchkörper und ohne Nase, oje, wie hatte sie bloß so lange damit spielen können. Milena warf das häßliche Ding wütend in die hinterste Ecke. Dabei schluchzte sie leise.

Peinlich berührt und gleichzeitig voller Trauer sah Biljana ihre Tochter an. Die hatte inzwischen die blonde Schönheit auf den wackligen Stuhl gesetzt, sich davorgehockt und schien gänzlich in deren Anblick zu versinken. Ächzend öffnete sich der Kleiderschrank, Biljana holte den einzigen schwarzen Rock mit der kurzärmligen schwarzen Bluse heraus, zog die passende Strumpfhose an, dazu die hohen Pumps, die ihre Vorarbeiterin nicht mehr mochte und ihr deswegen gegeben hatte – und nun die neue Jacke. Mein lieber Mann, nicht schlecht, da lohnte sich das Hingucken! Kokett drehte und wendete sie sich, aber außer ihr interessierte sich niemand für diesen sensationellen Anblick.

Dragan hatte das rasante Modell auf den Boden gestellt, weit genug weg, so daß niemand es versehentlich berühren konnte, fuhr aber keinen Zentimeter, sondern betrachtete es nur aufmerksam. Lange und intensiv. Im grellen Licht der Deckenlampe sah alles außer Biljana, der Puppe und dem Auto zerlumpt aus, selbst die Geschwister in ihren abgetragenen Sachen. Die kleine Tanne, die sie gestern noch alle so glücklich als Sonderangebot ergattert hatten, ließ sich auch hängen. Keine Chance gegen den Glanz von Goldhaar und Silberlack.

Heiligabend. Biljana schmückte so gut es ging den kargen Baum, der schon nadelte. Die kräftige Bohnensuppe köchelte mit den Würstchen vor sich hin, es roch nach Heimat. Später wollte sie die Kerzen anzünden und den Geschwistern ein paar Süßigkeiten unter die Tanne legen. Bis jetzt hatte keines der Kinder mit dem neuen Geschenk gespielt. Die alte Puppe und das klapprige Auto blieben verschwunden, beides fand Biljana nicht mehr, sicher hatten sie es weggeworfen. Ihre eigene Jacke hing im Schrank, verhüllt von einer Plastikfolie, ganz weit hinten.

Das Essen schmeckte köstlich nach *früher*, der Kerzenschein milderte die Spuren der Armut, und Biljana erzählte eine Geschichte. Sie dachten an den Vater, ohne ihn zu erwähnen – sie wußten, warum. Später als sonst brachte die Mutter ihre Kinder ins Bett – «schlaft schön, ich mache jetzt das Licht aus» –, setzte sich allein zu den

Kerzen und weinte ein bißchen. Bevor es schlimmer wurde, ging auch sie zurück ins Schlafzimmer, knipste die winzige Nachttischlampe an, sah noch einmal hinüber zu ihren Kindern – und traute ihren Augen nicht: Milena hielt die alte Puppe ganz fest im Arm, seufzte leise im Schlaf «Diana» und drehte sich auf die andere Seite. Als Biljana näher ging, sah sie, daß die Wangen ihrer Tochter feucht waren.

Solange Dragan das kleine verkratzte Auto besaß, hatte er es nachts in seinem Schuh direkt am Bett geparkt. Seine Lieblings-Garage. Und genau da lag es auch jetzt wieder.

Glücklich küßte sie die beiden und ging schlafen.

Am nächsten Morgen fanden die Geschwister einen wunderschön gedeckten Frühstückstisch vor. Girlanden, aus dem Geschenkpapier geschnitten, waren von Biljana um die Teller drapiert worden, zur Feier des Tages gab es Orangensaft. Die kleine Tanne hatte fast alle Nadeln verloren und wirkte dadurch sehr apart, fast künstlerisch. Um die Enden ihrer Zweige schlang sich dekorativ das Einwickelband. Mehrere Stunden hatte Biljana daran gesessen.

«Na, mein Schatz, hast du Diana nicht weggeworfen?»

Empört zischte Milena ihrer Mutter zu: «Weggeworfen? Diana ist meine Lieblingspuppe, mit der neuen kann man ja gar nicht spielen, aber sie darf uns immer zugucken und manchmal auch was sagen», erklärte die Tochter gnädig, «das kann sie besser als die andere.»

Oh, welch ein kluges Kind habe ich doch. «Wißt ihr, mit meiner Jacke geht's mir ähnlich. Ich finde sie wirklich toll, aber eigentlich kann ich sie nirgends tragen, also bewahre ich sie gut auf und schaue sie hin und wieder an.»

«So mache ich das auch», fiel Dragan ein, «das Auto ist super, hat eine mega-irre Technik, ist aber verdammt empfindlich. Ein Stoß, und man ärgert sich platt. Lieber mach ich mal den Kofferraum oder die Motorhaube auf und zu und guck da rein. Das ist auch lustig. Aber spielen und Rennen fahren kann ich viel besser mit *meinem* Flitzer.» Liebevoll nahm er das kleine Auto in die Hand, drückte es kurz und warf es auf die Couch. Stolz auf diese robuste Belastbarkeit blickte er beifallheischend zur Mutter hinüber. Ja, sein alter Wagen, der konnte was ab!

Biljana atmete tief durch. Plötzlich wußte sie genau, es würde ihr letztes Weihnachtsfest allein mit den Kindern sein. Entweder konnten sie zurück in die Heimat, oder Mirko würde kommen.

Friede auf Erden, sie war ganz sicher, schon bald.

Alida Gundlach, geb. 1943 in Hildesheim, wurde als Moderatorin der «Aktuellen Schaubude» bekannt. Seit 1984 gehört sie zum Team der NDR-Talk-Show und hat inzwischen auch eine eigene Sendung: «Alida Gundlach, exclusiv», mit 8 Folgen im Jahr in der ARD. Ihr Buch «Socke & Konsorten – Tierische Geschichten aus meinem Paradies Mallorca» ist im Wunderlich Verlag erschienen.
Sie erhielt für ihre Fernsehreihe «Alida Gundlach, exclusiv» den «Euro Crystal Globe», den Europa-Preis des European Economic Institute. Der Preis wird an Personen verliehen, die sich um Europa verdient gemacht haben.

Horst Kammrad

Nach dreißig Jahren Mauerbau

Zwischen Zehlendorf und Kleinmachnow

Es war am Sonnabend, dem 23. Juni 1990. Wie ein Volksfest feierten die Menschen aus Teltow und Zehlendorf die offizielle Einweihung der neuen, wenn auch vorerst provisorischen Brücke über den Teltowkanal bei Alt-Schönow. Ehemalige DDR-Bürger und Westberliner, Verwandte, Freunde, frühere Arbeitskollegen und Nachbarn, die drei Jahrzehnte lang durch nicht zu überwindende Grenzzäune, Mauern und Sperranlagen voneinander getrennt waren, schüttelten sich heute die Hände, umarmten sich und stimmten mit ein in den Gesang einer Schulklasse «Märkische Heide, märkischer Sand, sind des Märkers Freude, sind sein Heimatland ...»

Das war die dritte Grenzöffnung in Zehlendorf, die ich miterlebte. Bereits im November 1989 öffneten sich die Sperranlagen zwischen Kleinmachnow und Zehlendorf. Der Zehlendorfer Damm fand am Machnower Busch die althergebrachte Verbindung zur Machnower Straße zurück. Am stillgelegten S-Bahnhof Düppel vereinte sich die Benschallee mit der Karl-Marx-Straße. Hier mußte nicht erst eine Brücke geschlagen werden. Dafür durchbrachen Spitzhacken und Bagger zähe Betonmauern.

Schilder mit Aufschriften waren zu sehen wie: «10347 Tage haben wir darauf gewartet!» – «Machnow grüßt Düppel!» – «Zehlendorf grüßt die Nachbarn aus Kleinmachnow!» 10347 Tage, fast ein Generationsalter! Konnten wir noch daran glauben, daß diese Tage einmal kommen würden? Unzählige Male bin ich mit dem Fahrrad an dieser willkürlichen Grenze Zehlendorfs entlanggefahren. Oft fing die Tour an der oben erwähnten Brücke an, die allerdings in den Jahren nur noch aus einem vor sich hin rostenden Eisengerüst bestand.

In den ersten Jahren nach dem Mauerbau 1961 gab es zur Weihnachtszeit noch große beleuchtete Tannenbäume als Grüße nach «drüben». Die Westberliner stellten Kerzen in ihre Fenster als Zeichen ihrer Verbundenheit mit dem «anderen Deutschland». Aber wie das im Leben ist, was lange dauert, wird zwar nicht unbedingt zur Selbstverständlichkeit, aber es wird zur Gewohnheit. Es ist nun mal so, wir können ja doch nichts daran ändern.

Der Gedenkstein für den am 29. August 1961 von Grenzsoldaten bei der Flucht über den Teltowkanal erschossenen 27jährigen Roland Hoff blieb hinter mir zurück, wenn ich am Kanal entlangradelte. Aufgestellt wurden Stein und Tafel für einen unbekannten Toten. Erst als es nach der Wiedervereinigung möglich war, die Berichte der DDR-Grenztruppen einzusehen, wurde der Name bekannt. «... Nach Zielschüssen versank die Person sofort in dem Kanal und tauchte nicht wieder auf», steht da ganz lapidar in der Meldung der 5. Grenzbrigade.

Waren es erst Stacheldrahtzäune zwischen den einzelnen Wachtürmen, so wurden im Laufe der Jahre eine hohe Mauer und ein breiter, mehrfach abgesicherter Todesstreifen daraus. Grelle Beleuchtung und das Gebell der Hunde regten bald kaum noch jemanden ernsthaft auf.

Hinter der Mauer grüßte der Turm der evangelischen Kirche von Teltow herüber. Ich wußte, gleich rechts neben der Kirche, am alten Marktplatz liegt der «Schwarze Adler», eine Wirtschaft, die wir jungen Leute in den ersten Jahren nach dem Krieg noch besuchen konnten, wenn es da an den Wochenenden Tanzmusik gab. Ob wir wohl jemals wieder so wie damals einfach in den «Schwarzen Adler» zum Tanzen gehen konnten? Die zunehmenden Sperrmaßnahmen ließen da immer stärkere Zweifel aufkommen.

Hinter der Teltow-Werft, ganz im südwestlichsten Zipfel Zehlendorfs, führte der schmale, asphaltierte Weg, den die amerikanische MP und der deutsche Zoll für ihre Grenzkontrollen benutzten, an der Grenze nach Kleinmachnow entlang. Mit den Jahren war hier ein breites Niemandsland, ein Wildwuchsgebiet zu beiden Seiten des Buschgrabens entstanden. Die ersten Grenzzäune, die erst an Holz- und dann an Betonpfählen befestigt waren, versanken im Sumpf zwischen Schilf, hohem Gras und dichten Sträuchern. Jetzt verlief die Mauer drüben unmittelbar vor den einmal so großen, schönen Villen. Wie die meisten der Häuser, so verrottete an einem der Balkons auch das rote Transparent, auf dem zu lesen war: «Für Fortschritt und Sozialismus!»

Heute befindet sich hier ein ausgewiesenes Naturschutzgebiet, das auch den Menschen zugute kommt, die das neue, große Seniorenheim bewohnen, das in den letzten Jahren hinter der Teltow-Werft auf dem Gebiet von Kleinmachnow erbaut wurde. Neue Bürger in dieser wieder sehr gefragten Gegend, die von überallher zugezogen sind.

Fußballer, die auf den Sportplätzen in der Sachtlebenstraße bei Flutlichtbeleuchtung spielten, erzählten, daß die Grenzposten vom nächsten Wachturm ihnen schon mal mit dem Suchscheinwerfer leuchteten, wenn der Ball zwischen den Büschen verlorengegangen war. Schließlich war ein Fußballspiel jenseits der Grenze auch für sie eine Abwechslung im täglichen Trott.

Etwas weiter oben, wo einst das Zehlendorfer Schützenhaus stand, zeigt heute nur noch ein kleiner Stein an, daß es hier einmal eine Grenze und eine Mauer gab. Von dieser Stelle aus führt der wieder stark befahrene Zehlendorfer Damm hinauf zum Machnower See, zur Kanalschleuse, zum eigentlichen Dorf Machnow und zur Neuen Hakeburg, die erst 1906 bis 1908 gegenüber der alten, im Krieg zerstörten Burg auf dem 62 Meter hohen Seeberg von Dietloff von Hake als Wohnsitz gebaut wurde. In der Hitlerzeit wohnte der Reichspostminister da oben, und in den DDR-Jahren waren Burg und Gelände für die Kleinmachnower nicht zugänglich, weil es von der Partei beanspruchtes Gebiet war. Heute befindet sich ein Hotel in der Burg.

Bis zur Mitte der sechziger Jahre hatte man von der Machnower Straße aus einen weiten Blick über den von den Grenzsoldaten abgeholzten Machnower Busch auf die große Laubenkolonie «Feierabend», die dann einer

Neubausiedlung weichen mußte. Die an der Grenze gelegene Kolonie war meine Heimat. So war der einen Klärsee umgebene, weitläufige und sumpfige Machnower Busch oft genug Abenteuerspielplatz für uns Kinder. Nach dem Mauerbau war das alles ein weites Sperrgebiet.

Als es 1961 zwischen den DDR-Behörden und Westberlin Streit gab um wenige Quadratmeter Grenzland an der Andreézeile, so daß sogar die Straße um einige Meter verlegt werden mußte, befürchteten wir, daß die Amerikaner des lieben Friedens willen das ganze Gebiet bis zum alten Gut Düppel dem Osten überlassen könnten, weil das früher einmal zum Kreis Teltow gehörte. Es blieb aber bei den paar umstrittenen Metern.

Genausogut hätte man sagen können, die Eigenheimsiedlung Kleinmachnow, die wie eine Halbinsel in den Bezirk Zehlendorf hineinragte und die von der DDR nur über drei Kanalbrücken zu erreichen war, gehört zu Westberlin, denn bis zum Kriegsende waren die Kleinmachnower nicht nur postalisch an Zehlendorf gebunden.

Auf dem Gelände der ehemaligen Laubenkolonie gab es nun Eigenheime und Siedlungshäuser, deren Grundstücke teilweise direkt bis an die Grenze reichten. So blieb der Ärger nicht aus, als die Grepos am Zaun ihr Unkrautvertilgungsmittel versprühten und damit auch in den Gärten Schäden anrichteten. Von einem der Westgrundstücke gruben Fluchthelfer einen Tunnel durch den Lehmboden nach Kleinmachnow hinüber, der da aber wohl schnell entdeckt worden war.

Während einer meiner Radtouren bestieg ich drei Jahre vor der Wiedervereinigung am früheren S-Bahnhof Düppel eine hölzerne Aussichtsplattform, um über die Mauer hinweg in die Karl-Marx-Straße hineinzublicken. Ich wollte mal sehen, ob es die «Kammerspiele» noch gab, das Kino in Kleinmachnow, in dem wir früher so manche anregende Stunde verbrachten. Ich hatte mir vorgenommen, bei der Gelegenheit ein paar Fotos zu machen. Die herangewachsenen Bäume verdeckten allerdings die Sicht.

Und dann spürte ich so ein seltsames Prickeln im Genick, das mich irgendwie daran hinderte, den Fotoapparat anzuheben, um Aufnahmen zu machen. Kaum dreißig Meter von der Aussichtsrampe entfernt stand ein Wachturm. Und von da oben beobachteten mich die Grenzposten mit ihren großen Ferngläsern. Ich vermied es möglichst, da hinaufzublicken, und sah mir die Umgebung näher an. Das Häßlichste daran war natürlich die graue, hohe Betonmauer dicht vor meinen Augen, die sie oben mit einem runden, röhrenartigen Aufsatz versehen hatten, damit sich beim Übersteigen niemand daran festhalten konnte. Dann der breite, von jedem Gebüsch befreite Grenzstreifen, der sich westwärts in Richtung Dreilinden durch den Forst zog. Vor 1945, als es den stillgelegten S-Bahnhof Düppel noch gar nicht gab, war das die Trasse der alten Stammbahn, seit 1838 die erste Eisenbahnstrecke Preußens von Berlin nach Potsdam. Damals fuhr hier alle paar Minuten ein Zug. Jetzt waren die Schienen hinter der Beschallee ganz verschwunden, und auf unserer Seite rosteten sie zwischen hohem Unkraut.

Kein Mensch hätte damals, als ein Bahnwärter die Schranken mit der Hand hoch- und runterkurbeln mußte, auch nur im Traum daran gedacht, daß es an dieser Stelle einmal eine schwerbefestigte Grenze geben würde.

Damals, als die alte Frau Fräsdorf ihr Feinkost- und Kohlengeschäft gleich neben dem Bahnübergang betrieb. Hier kauften die Leute aus den Laubenkolonien genauso ein wie die Bewohner der neuen Eigenheime in Kleinmachnow. Noch immer sehe ich, wie Frau Fräsdorf vom Kohlenplatz, wo sie einen Kunden abgefertigt hatte, in den Laden kam, wie sie sich an einem Tuch gleich neben der hinteren Tür die Hände reinigte, um dann mit einer hölzernen Stange Salzheringe aus einem Faß zu angeln, die sie erst in Fettpapier und dann in den Völkischen Beobachter einwickelte. Längst vergangene Zeiten und Geschichten zwischen Düppel und Kleinmachnow.

Gerade wollte ich die Treppe wieder hinabsteigen, als unten ein Jeep der Amerikanischen Militärpolizei stoppte. Einer der beiden Weißbehelmten kam die Stufen herauf und sagte: «Hello!»

Schnell stellte ich fest, daß es einer der wenigen deutschsprechenden Amis war. Erst unterhielten wir uns über die auf uns gerichteten Ferngläser. Und endlich traute ich mich, ein paar Fotos zu machen. Dann fragte der Amerikaner interessiert, was denn das für Leute wären, die da drüben in den Einfamilienhäusern lebten.

«Das waren meist Berliner, die in den dreißiger Jahren, also vor dem Krieg, hier rausgezogen sind, als die Gegend besiedelt wurde.»

«O.K., good», nickte der Ami. «In den dreißiger Jahren. Dann waren sie alle Nazis damals, und heute sind sie Kommunisten.»

Ich schüttelte den Kopf. «So einfach macht ihr Amerikaner es euch mit der deutschen Geschichte. Entweder – oder, wie?» Ich deutete auf das Holzkreuz vor der Mauer, das daran erinnerte, daß hier am 4. März 1965 der 21jährige Christian Buttkus bei der Flucht in den Westsektor Berlins erschossen worden war. In der «Geheimen Verschlußsache» der Nationalen Volksarmee ist darüber zu lesen: «Durch zwei Grenzposten wurden 200 Schuß abgegeben. Dabei wurde die männliche Person tödlich und die weibliche Person leicht verletzt ...»

Mit der verletzten und von den Grepos danach festgenommenen Frau konnte ich mich nach der Wende unterhalten. Beide waren sie damals jung und fest entschlossen, die Grenze zu überwinden. Sie bestätigte die 200 Schuß, die ihren Freund töteten.

«Das ist auch ein Stück deutsche Geschichte», sagte ich zu dem Militärpolizisten. «Der junge Mann war weder ein Nazi noch ein Kommunist, nur ein Mensch, der sein Recht auf Freiheit wahrnehmen wollte.»

«O.K., O.K., good morning», brummte der Soldat und stieg die Treppe hinab. Ich hörte ihn noch sagen: «Deutsche Geschichte ... these damn' Germans ...»

Später, nach der Öffnung der Grenze, bei einem ersten Nachbarschaftstreffen zwischen Einwohnern von Kleinmachnow und Zehlendorf erzählte ich auch diese kleine Episode. Wir hörten dann, daß viel mehr Kleinmachnower versucht hätten, auf die andere Seite der Grenze zu gelangen, als wir je vermuteten. Und es wurde erzählt, daß nicht alle Grepos gleich zur Waffe griffen, schossen oder Fluchtverdächtige festnahmen. Es gab auch Fälle, da wurden die Leute von den Soldaten, ja selbst von Offizieren, wieder nach Hause geschickt. Sie sagten ihnen, sie sollten doch keine Dummheit begehen und ihr Leben aufs Spiel setzen.

Heute ist das alles schon traurige Vergangenheit. Die erste Euphorie nach der Öffnung der Mauer ist längst verschwunden und hat einer gewissen Nüchternheit Platz gemacht. Andere Fragen stehen auch in Kleinmachnow im Vordergrund: Wo finde ich Arbeit? Was wird aus dem Häuschen, das ich mit meiner Familie vierzig Jahre und länger bewohnt habe? Eines Tages waren sie plötzlich da, die Alteigentümer aus Hamburg, Hannover oder München, erhoben Anspruch auf ihren einstigen Besitz.

«Da haben wir uns jahrzehntelang bemüht, das Haus und das Grundstück trotz der ständigen Materialknappheit in Ordnung zu halten. Und obwohl wir damals ganz offiziell von amtlichen Stellen eine Einweisung erhielten, heißt es jetzt: Raus! Ihr habt lange genug im fremden Nest gesessen! Das ist für viele Leute bei uns ein schlimmes Kapitel.»

«Es ist so», sagen andere. «Die sind damals abgehauen in den Westen, haben da wahrscheinlich noch Entschädigungen erhalten. Wir sind geblieben, haben die Jahre hier durchgestanden, und was ist jetzt? Die meisten, die da gekommen sind, um Besitzansprüche zu erheben, traten zaghaft und höflich an uns heran, versuchten eine gerechte Einigung zu erlangen. Manche reden mit uns über ein Mietsverhältnis. Aber es gibt auch Leute darunter, die kommen uns hochnäsig von oben herab und behandeln uns, als wären wir Diebe, die sich an ihrem Eigentum vergriffen haben.»

Eine weitere Frage: Was wird in Zukunft aus dem beschaulichen Kleinmachnow, das jetzt wieder zu den bevorzugten Wohngebieten in der Berliner Umgebung gehört? An allen Ecken und Enden entstehen heute

Neubauten. Mit bedächtigem Kopfnicken meinte ein pensionierter Lehrer aus Kleinmachnow: «Es ist schon so, wie es hier gesagt wurde, doch die Leute vergessen oft, daß jede Freiheit auch ihren Preis hat.»

Horst Kammrad, 1927 in Berlin-Zehlendorf geboren. Nach Volksschulabschluß Landjahr in Mecklenburg und Lehre als Autoschlosser. Als Soldat schwer verwundet und kriegsbehindert. 32 Jahre in einem größeren Berliner Chemiebetrieb tätig, davon 18 Jahre als freigestellter Betriebsrat. Funktionen als Gewerkschaftsfunktionär und ehrenamtlicher Sozialrichter. Bis zur Frührente acht Jahre Sozialarbeiter bei der ev. Kirche. 35 Jahre verheiratet, Witwer, zwei Kinder.
Schreibt seit 1945. Div. Gedichtbände: «als nacht war in deutschland», «zugluft und fabriksirenen», «manchmal am späten abend». Bücher: «Gast-Arbeiterreport», «Auf dem Hochseil um die Welt», «Betriebsräte berichten», «Schicht- und Nachtarbeit», «Düppeler Geschichten – 3 B», «Die Brücke nach Teltow», «Spaziergänge in Zehlendorf». Gründungsmitglied des ‹Werkkreises Literatur der Arbeitswelt› und der Gewerkschaft Medien. Heute als Chronist tätig.

Gert Haucke

Wolf

Wieder einmal war Weihnachten. Und die Christen feierten.

Sie feierten rund um den Erdball. Auf allen Kontinenten, in Europa, in Deutschland, in einer Kleinstadt im Norden der Republik und bei der Familie Schulze eben auch.

Man feierte das 2000 Jahre alte orientalische Märchen von dem armen Zimmermann und dessen Frau, die ein Kind bekam. Da sie es aber nicht von ihrem Ehemann bekam, sondern von einem Fremden, der heiliger Geist hieß, wurde sie von einer rasch gegründeten Religionsgemeinschaft heiliggesprochen und von weisen Männern aus aller Welt mit kostbaren Geschenken überhäuft.

Der Glaube an diese Geschichte hat sich bis auf den heutigen Tag erhalten, und die Menschen beschenken sich aus diesem Anlaß allenthalben bis an die Grenze ihrer finanziellen Möglichkeiten.

Schulzes machten da keine Ausnahme. Schon Wochen vorher herrschten Aufregung und Verdruß über die viel zu hohen Kosten für Geschenke, aber auch am reichlichen

Essen und Trinken während der drei Festtage führte kein Weg vorbei.

Wolf spürte die Aufregung und verstand den Grund dafür ebensowenig wie die Aufgeregten selbst.

Wolf war, wie Hunderttausende vor, neben und nach ihm, ein hundliches Mißverständnis.

Seit der Erfindung des deutschen Schäferhundes vor mehr als hundert Jahren möchten vor allem diejenigen einen solchen Hund besitzen, die sonst nicht viel zu bestimmen haben. Einen solchen Hund reglementieren zu können, harsche Befehle erteilen zu können, möglichst im Verein der anderen Schäferhundbesitzer – das adelt den Kleinbürger gewissermaßen, das tut ihm wohl.

Und seit jeher schlagen findige Händler daraus Kapital: Sie bieten flauschige Welpen mit falschen Papieren zum Vorzugspreis an und lösen Hochstimmung aus in den Familien Schulze.

Ein Name muß dann her, kurz, herrisch und der Herkunft des edlen Tieres entsprechend. Einen besseren Namen als Wolf konnte es daher nicht geben. Befand vor dreizehn Jahren Herr Schulze, und seine Familie nickte andächtig.

Die Begeisterung ließ rasch nach, als aus dem Hündchen ein hübscher, terriergroßer Mischling geworden war. Farbe und Zeichnung zutreffend, alles andere stark verkleinert und dem hehren Vorbild in fast allen Details nicht entsprechend.

Für Herrn Schulze die größte Enttäuschung seines Lebens. Nach einigen demütigenden Auftritten auf Abrichtungsplätzen, wo er mit Wolf höhnisches Gelächter erntete, wurde Wolf für den Rest seines Lebens ins Abseits gestellt.

Nicht etwa weggegeben, das hätte ja den Reinfall öffentlich gemacht – nein –, Wolf hatte ein elendes Leben als unerwünschter Kostgänger zu erdulden.

Vor Freunden und Bekannten wurde der Hund als Exponat überquellender Tierliebe vorgestellt. («Wer weiß, was aus ihm geworden wäre, wenn wir ihn nicht genommen hätten.»)

In seinen Jugendjahren hatte Wolf unermüdlich versucht, bei irgendeinem der fünfköpfigen Familie irgendeine Art von Freundlichkeit hervorzurufen, und war mit seinen Bemühungen gescheitert. Solange er ein putziges Kerlchen war, beschäftigten sich die noch kleinen Kinder mit ihm und – von den Eltern nicht zurechtgewiesen – ärgerten sie ihn und taten ihm von Anfang an absichtlich weh. Den Heranwachsenden wurde der Heranwachsende zunehmend lästig. Der unangenehme unabdingbare Straßengang wurde zur Pflicht wie Abwaschen oder Müll runterbringen. Reihum zerrte jeder der Familie den Hund dreimal täglich um den Block. An der Leine, versteht sich.

Wolfs *Befinden* war bei Schulzens kein Thema. Kein Tierarzt bei Krankheit. Keine Pflege.

Wolf verkam innerlich und äußerlich. Sein gesundes Blut, gefiltert durch viele Generationen glücklicher Zufälle, hielt ihn am Leben. Und irgendwas in ihm wartete. Er wußte nicht, worauf, aber er wußte, daß er nicht aufgeben konnte. Wolf wartete.

Am ersten Feiertag hatten Schulzes Gäste. Gäste, von denen Wolf solange schon keine Notiz nehmen durfte, bis er keine Notiz mehr nehmen wollte. Wenn Besuch kam, wurde er in die Gästetoilette gesperrt, danach lag er wieder auf seiner stinkenden Decke in der fensterlosen Diele, über ihm ein Wulst von muffigen Mänteln und Jacken.

Wolf wartete darauf, auf die Straße zu kommen. Es wurde dringend, und es fiel ihm immer schwerer, lange durchzuhalten, Blase und Darm im Zaum zu halten. Seine Knochen schmerzten. Stechender Schmerz beim Aufstehen. Besonders, wenn er lange gelegen hatte, wie jetzt. Arthrose, Hüftgelenksdysplasie. Egal. Was hätte es ihm genützt zu wissen, warum er so schmerzhaft leben mußte.

Die Tür öffnete sich. Glanzvoller Geruch von Gebratenem. Die dreizehnjährige Schulze. Wütend. («Immer ich.») «Los, komm.» Wolf knurrte verzweifelt. Stemmte sich langsam hoch. Es ging ihr nicht schnell genug. «Mach schon, Mistvieh.» Reißen am Halsband. Wahnsinniges Stechen im Rücken. Und ein Knacks, mitten durch diesen Rest von Hund. Etwas war zerbrochen. Nichts Körperliches. Aber aus größter körperlicher Not der Rest des Urvertrauens, das alle Hunde seit Jahrtausenden den Menschen entgegenbringen. Warum? (Warum töten Delphine ihre Feinde mit Ausnahme ihres wütenden Feindes?)

Wolf kam auf die Beine, sammelte alle verbliebene Energie, sprang das Mädchen an. Sie taumelte, fiel, schlug mit dem Kopf irgendwo auf, blieb liegen. Wolf schnupperte an ihr. Auch ihr Blut roch nicht gut. Ging in den Raum neben dem Eßzimmer, in dem gelärmt wurde: Pakete, Päckchen, ein Baum. Er leerte genüßlich an ihm seine Blase, setzte einen Haufen zwischen die Festgeschenke.

Zurück in die Diele. Warten. Jetzt war das Festmahl

beendet. Lärmend die ganze Gesellschaft ins Wohnzimmer. Tür zu. Wolf öffnete die Tür von der Diele zum leeren Speisezimmer. (Er hatte fast vergessen, daß er das konnte.) Auf dem Tisch ein Riesenstück Braten. («Weihnachten muß alles reichlich sein. Wie sieht denn das sonst aus.») Ein rascher Griff, vorbei an dem Mädchen in der Diele, rasendes Kratzen an der Klinke der Wohnungstür, die nach innen öffnete, erste Wutschreie und Gelächter aus dem festlich geschmückten Raum. Die Tür sprang auf, fliegend, mit der dampfenden Beute die Treppe hinunter, weit aufstehend heute die Haustür – Symbol des Friedens der drei Tage –.

Wolf spürte keine Schmerzen mehr. Im raumgreifenden gleichmäßigen Trab seiner Vorfahren lief er die Straße hinunter, die am Waldrand endete. Es war kalt. Und es hatte geschneit.

Wolf legte sich unter die breiten Äste einer Tanne und verzehrte seine Beute. Er hatte vergessen, daß man satt sein konnte. Und voller Leben. Und ohne Schmerzen.

Er richtete sich halb auf und rief nach den Brüdern vergangener Zeiten. Und deren Nachkommen antworteten.

Es war Mitternacht, und die Glocken drangen störend ein in das uralte große Gespräch, aber sie verstummten wieder und gaben die Nachrichten der Wolfsabkömmlinge noch einmal frei.

Am Morgen fanden Kinder Wolf, den Hund. Seine offenen Augen glitzerten grün, und er hatte die Lefzen zurückgezogen. Er lächelte drohend.

Gert Haucke, in Berlin geboren, arbeitete als Schauspieler, Liedersänger und Rundfunksprecher, bevor er für Film und Fernsehen entdeckt wurde. Seine bekannteste Hörfunk-Rolle: «Papa, Charly hat gesagt...» Gert Haucke schreibt Artikel, Features, Kurzgeschichten und Bücher, liebt Tiere aller Gattungen, besonders Hunde.

Haucke haßt Rasenmäher, Stierkämpfe, Freizeitjäger und Tiefflieger; er liebt Schokoladeneis, Badeseen, Nachtspaziergänge und Möpse. Mit Bulldogge Otto und Bostonterrier Willi lebt er in einem Dorf in der Lüneburger Heide.

Im Rowohlt Taschenbuch Verlag erschienen sind seine Bücher: «Mops + Moritz», Nr. 20674, «Koschka», Nr. 20849, «Hund aufs Herz», Nr. 60444.

Ursela Monn

Stille Nacht, heilige Nacht –
Gottes Sohn, oh, wie lacht!

Berlin, den 8.4.1998

Hallo, Anna,

Hab lange nichts von Dir gehört. – Stell Dir vor. – Gestern habe ich meinen ersten Auftrag als Autorin bekommen. – Für irgend so ein «gelbes» oder «grünes» Blatt. – Ich war daraufhin gleich mit Martin beim Thailänder essen. Super, sage ich Dir! – Jedenfalls das Essen. Das Thema weniger. Ich soll eine Geschichte über Weihnachten schreiben. Stinkelangweilig, sage ich Dir. Was soll man darüber schon schreiben. Daß die Mandarinen duften und die Kerzen brennen oder irgend so ein Gesülze. Womöglich erwarten sie von mir auch noch so was mit «glücklichen Kinderaugen» oder ähnliches. Ätzend!!!

Trotzdem fiel mir dazu noch mal unser Weihnachten 95 ein, als wir friedlich bei Ilona unterm Weihnachtsbaum saßen und plötzlich hinter uns die Flammen hochschlugen. – Gut, waren beide Männer von Ilona da. Liebhaber und Ehemann. – Weißt Du noch? Auf die Art waren wir jedenfalls genügend Leute, um die berühmte «Menschenkette» zu bilden. Vom Badezimmer hin zum Weihnachtsbaum.

Ilona hatte noch rasch die Feuerwehr alarmiert, und ich raste mal eben durchs Haus, um die anderen Mitbewohner zu warnen. Schade, war kein armes Omilein in Sicht, das zu retten wäre, nur dieser langweilige Schnösel von nebenan. Machte einen auf cool und so. Ich hab dann weiter mitgeholfen, Wasser eimerweise über den Baum zu kippen. Das war vielleicht eine Sauerei. Ilona war mal wieder total pleite und mußte nun auch noch das halbe Wohnzimmer renovieren. – Die Feuerwehr kam nach ungefähr 15 Minuten und stellte protokollarisch fest, daß alles gelöscht war.

Dabei fällt mir ein, was machst Du eigentlich dieses Jahr zu Weihnachten? Hast Du schon Pläne? – Was hältst Du davon, wenn Du mit uns in die Wärme fliegst? Indischer Ozean oder so was in der Art. Sarah war letztes Jahr mit Benjamin auf den Malediven. Sie fand natürlich mal wieder alles zuckersüüüß. Die hatten sogar einen Weihnachtsbaum dort – frisch aus Europa importiert –, und die ganze Insel war weihnachtlich deutsch geschmückt mit Lametta und Walle-Walle-Engelchen sowie «richtigem» Schnee aus Watte. Das Ganze dann bei 33 Grad Hitze. – Zu Heiligabend soll's allerdings auch geregnet haben. So richtig schön tropisch. Kübelmäßig. Da war's dann aus mit Schnee und so.

Na ja. Meine Mutter hält mir sowieso schon wieder

Bergpredigten wegen Familien-Weihnachten und so. Laut meiner Mutter hat es früher immer geschneit. Jedenfalls spricht sie nur von Schneeballschlachten und Schlittenpartien. Möchte wissen, warum es früher immer geschneit haben soll und heute nicht. Aber bis Weihnachten habe ich sowieso keine Lust mehr auf irgend etwas. Bei unserem Supermarkt an der Ecke gibt's spätestens Ende September bergeweise Stollen und Weihnachtskekse ohne Ende. Ab 1. Advent kann ich das Zeug meistens nicht mehr sehen, geschweige denn riechen.

Sag mal, könntest Du mir nicht eine Geschichte von Deiner Oma besorgen? Die kann doch so toll erzählen. Eilig ist es ja Gott sei Dank nicht. Zu Ostern fahre ich erst mal zum Gletscher-Skifahren ins Engadin.

Vergiß nicht, mir zu schreiben, an welchem Projekt Du gerade arbeitest. – (Hoffentlich keine Weihnachtsgeschichte. – Ha! Ha!)

Mach's gut. – Deine Yvonne

PS: Apropos – Deine Oma hat doch diese Hütte in den Bergen. Könnte man dort nicht mal zu Weihnachten hin? Da soll's doch auch diese kleine Kapelle geben, wo man um Mitternacht durch den Schnee stapft und in der Weihnachtsmette «Stille Nacht, heilige Nacht» singen muß. (Hat da nicht Audrey Hepburn geheiratet? Oder war's Elizabeth Taylor?)

Na ja. Besorg mir erst mal die Weihnachtsgeschichte von Deiner Oma. Möglichst mit Christkind und allem Drum und Dran. Dann können wir weitersehn.

Schick mir vielleicht vorsichtshalber gleich noch den Text von «Stille Nacht, heilige Nacht» mit. Wir können ja unsere Familien mitnehmen. – Mal wieder so richtig Weihnachten. – Wär nicht schlecht!

2. PS: Meine Mutter kann unheimlich gut Pute machen!!

Ursela Monn wurde als «Schützin» in Berlin geboren. Schauspiel- und Regie-Studium am berühmten Max-Reinhardt-Seminar in Wien. Nach sechsjährigem Fest-Engagement am Thalia-Theater in Hamburg kam 1977 der Film- und TV-Durchbruch mit der 13teiligen Hans-Fallada-Serie «Ein Mann will nach oben». Seitdem ist Ursela Monn freiberuflich als Schauspielerin (Preis der Akademie der Künste, Berlin, Bambi, Filmband in Gold, Ernst-Lubitsch-Preis), Chanson-Sängerin und Filmemacherin tätig und vom Bildschirm nicht mehr wegzudenken.

Dagmar Berghoff

Heiligabend einmal anders

Weihnachten – draußen Schnee oder kühles Hamburger Schmuddelwetter, drinnen ein kleiner Tannenbaum geschmückt mit den seit Kindertagen gesammelten Anhängseln: wunderschöne Engel, Strohsterne, besonders hübsch bemalte Kugeln, der alte abgegriffene Nikolaus mit Schlitten, verschiedene Gold- und Silberglöckchen. Auf dem Tisch die Spieluhr mit den Heiligen Drei Königen, am Fenster der große Weihnachtsstern.

Heiligabend festlich nur zu zweit, am ersten Feiertag zur Mutter und dem traditionellen herrlichen Karpfenessen, am zweiten Feiertag gemütliches Familientreffen beim Bruder – so war es all die Jahre.

«Wollen wir Weihnachten nicht mal in die Sonne?» fragt mein Mann, «die Tage völlig anders verbringen, baden, faulenzen, ganz ohne Weihnachtsstreß, einfach relaxen, weit weg von jeglichem Trubel.»

Ich konnte es mir nicht so recht vorstellen: Heiligabend bei 30 Grad im Schatten? Ohne Tannenbaum, Kerzen und Weihnachtslieder, ohne Karpfen und ohne Familie? «Ich weiß nicht ...»

Wir flogen in die Vereinigten Arabischen Emirate, nach Dubai. Flirrende Sonne, trockene Hitze, atemberaubende Wüstenlandschaft, eine Kamelherde überquert gemächlich die Straße, vorbei an gigantischen Bauten in Dubai, an Beduinendörfern mit schwarzverschleierten Frauen, eine einsame Moschee auf einem Hügel – schließlich kommen wir zum Hotel direkt am Persischen Golf. Deutschland, Weihnachten, die besondere Stimmung zum Fest sind weit weg, das absolute Kontrastprogramm kann beginnen.

In der großen eleganten Eingangshalle werden wir mit Musik empfangen, und wir trauen unseren Ohren nicht: es sind all die bekannten englischen Weihnachtslieder. Jingle bells, Rudolph, the red-nosed reindeer, White Christmas, Silent Night.

Sie begleiten uns in den nächsten Tagen überall auf den Fluren, im Fahrstuhl, in den drei Restaurants und den Hotelboutiquen. Die Lobby ist dekoriert mit dicken Adventskränzen, Mistelzweigen und riesigen roten Schleifen, in jeder Sitzecke blüht ein prächtiger Weihnachtsstern. Kein Weihnachtsbaum steht in der Mitte, sondern ein ganzer Weihnachtsbaum-Wald mit pudrigem künstlichem Schnee, mit Rehen, Eseln, Märchenfiguren und einem mannshohen Knusperhäuschen. Übrigens *die* Attraktion für das Umland. Um diesen Weihnachtswald zu sehen, reisen arabische Familien von weit her an.

Zur Begrüßung gibt es für uns einen Christmas-Cocktail mit Christmas-Snacks, nachmittags verteilt ein dunkelhäutiger Santa Claus kleine Geschenke an die Kinder der Gäste, später wird zum gemeinsamen Christmas-

Carol-Singing eingeladen, anschließend zum fröhlichen Christmas-Dance.

Es weihnachtet auf Schritt und Tritt: am Stand werden kühle Drinks aus lamettaverzierten Christmas-Cars serviert, im Zimmer leuchtet uns das Weihnachtsgesteck mit roter Kerze entgegen, «Good morning, merry Christmas» grüßt man sich freundlich beim Frühstück, und abends beim Candlelight-Diner stehen Truthahn, Christmas-Cake und Punsch oben auf der Speisekarte.

«Es war ein wunderbarer und ganz besonderer Urlaub», sagt mein Mann auf dem Rückflug, «aber Weihnachten bleiben wir in Zukunft vielleicht doch lieber zu Hause.»

Dagmar Berghoff ist in Berlin geboren und aufgewachsen in Hamburg. Nach dem Abitur war sie jeweils ein Jahr in England und Frankreich zum Sprachstudium. Drei Jahre besuchte sie die Staatliche Hochschule für Musik und Darstellende Kunst in Hamburg. Dann ging sie nach Baden-Baden zum Südwestfunk als Fernsehansagerin, Funksprecherin und Moderatorin. Seit 1976 ist sie Tagesschausprecherin und Rundfunkmoderatorin beim NDR und seit 1995 Chefsprecherin der Tagesschau. Sie erhielt den «Bambi» der Zeitschrift BILD UND FUNK, den italienischen Preis «Sorrisi e Canzoni», vergleichbar der Goldenen Kamera, die GOLDENE KAMERA der Zeitschrift HÖR ZU und erneut 1990 den BAMBI der Zeitschrift «Bild und Funk». Dagmar Berghoff heiratete 1991 Dr. Peter Matthaes.

Ralph Siegel

Nikohasi oder Osterlausi

Es begab sich vor vielen, vielen Jahren anno dazumal am Fuße des großen Regenbogens im Osterhasenland folgende Geschichte:

Der kleine Lampino, der Siebtgeborene aus der überall bekannten und beliebten Familie des Meister Lampe, war mal wieder ungezogen, vorlaut, frech und ärgerte sich maßlos: «Immer diese blöden Eier bemalen – den ganzen Tag sitze ich hier am Fuße des Regenbogens, um mit seinen Farben diese krummen, ovalen, dummen Dinger mal rot, blau oder grün zu bemalen! So ein Mist! Nicht mal Fußball spielen kann man mit ihnen oder murmeln oder kegeln – die laufen ja, wohin sie wollen, und nicht, wohin ich es will. Außerdem lief gestern eines beim Versuch, es an die Wand zu schießen, sofort gelb an und saß geknickt in der Ecke – richtig rührend sah es aus! Na, und mehr als ein Rührei war auch nicht mehr draus zu machen – selber schuld! Hätte es ein heißes Bad genommen, wäre es ein bißchen kräftiger geworden, und sein Innenleben wie Verstand und Würde hätte einfach mehr Halt angenommen. Mit dem Innenleben der Ostereier ist das sowieso so eine

Sache: Die meisten können sich einfach nicht entscheiden, auf welche Weise sie ihr doch so kurz befristetes Leben verbringen wollen – klein oder groß, dick oder dünn, weich oder hart, oder die schlimmste Frage: voll oder leer –, buh, ächz, sozusagen ausgeblasen! Und dann dumm herumhängen – da, wo es irgend jemandem gerade so paßt; wie ein Verbrecher an einem Ast oder Baum mit einem unmöglichen leeren Gefühl im Magen! Ne, dann schon lieber Schokolade oder Marzipan im Bauch, Creme mit Himbeer-, Erdbeer- oder Bananengeschmack. Blöd und schwindelig wird's einem ja bloß, wenn da jemand auf die Idee kommt, Rum oder Schnaps, Likör oder Whisky hineinzuflößen. Dann rollen sie ja ziemlich versoffen und dodelnd durch die Gegend. Gestern meinte Papi, ich soll mir's nicht so leichtmachen und könnte ja vielleicht noch ein paar Punkte, Sterne, Kreise oder bunte Linien draufmalen – als ob das so leicht wäre! Da rutscht man dann ja immer wieder ab, und ein Punkt wird zum Strich, ein Stern zum Klecks und ein Kreis zu einer Kartoffel. Ne, das macht überhaupt keinen Spaß! Und dann sagt Mami auch noch immer, es wär' doch alles nur für die vielen lieben kleinen Kinder da draußen im Land hinter dem Regenbogen! Und die freuen sich alle so, wenn sie an Ostern ihre, na ja – unsere Eier finden. Und bei dem Gedanken könnt' ich schon wieder explodieren – so ein Schmarrn! Wir verstecken sie, und die suchen sie! Einfach verlorene Zeit! Und außerdem finden die doofen Kinder gar nicht alle Eier, die wir versteckt haben, und dann müssen die da vielleicht Wochen und Monate rumliegen, um dann zum guten Schluß noch als «faule Eier» bezeichnet zu werden – Mülltonne und so –, super, kann

ich drauf verzichten! Wer kam bloß auf die Idee, daß diese Eier eigentlich so bemalt und verziert sein müssen? Das können doch bloß diese blöden Hühner gewesen sein, oder nein – diese Gockel, denen die Eier ihrer gnädigen Hennen nicht gut genug oder sozusagen schön genug waren – sollen die sich doch selber goldene Eier legen, ätsch! Geht wohl nicht! Überhaupt komme ich mir ganz schön vergackeiert vor. Ich soll deren blöde Eier bepinseln, damit sie schön aussehen – sie geliebt und gefüttert werden, um nicht im Kochtopf oder am Platz an der heißen Sonne, dem Grill, zu landen. Wenn ich ganz ehrlich bin, habe ich die Nase ziemlich voll – mir reicht's!»
Als Lampino so munter und voller Aufregung vor sich hin schimpfte, setzte sich plötzlich ein altes Mütterchen mit silbergrauen Haaren neben ihn und begann, mit ihm zu reden: «Sag mal, Lampino, du bist ja so aufgeregt! Ich habe dir die ganze Zeit zugehört und frage mich, wie ich dir helfen kann.» – «Jaaah – ja, ich will raus hier! Ich habe keine Lust mehr, den dummen Osterhasen zu spielen, ohne nur die geringste Anerkennung zu bekommen – andere haben's viel besser! Der Nikolaus zum Beispiel, der hat's gut – ja, Nikolaus, das wär's!» «Hast du dir das auch reiflich überlegt?» fragte das Mütterchen mit sanfter Stimme. «Ja!» meinte Lampino. «Nun gut, weil du eigentlich schon so viele Eier in deinem Leben bemalt hast und so vielen Kindern Freude gemacht hast, will ich dir diesen Wunsch erfüllen. Merke aber, wenn du von hier gehst, wirst du einen Teil deines jetzigen Daseins mit dir nehmen und für immer behalten. Und weil du noch so klein bist, darfst du ihn dir selber aussuchen.» «Ojemine, ojemine, ich glaube, ich behalte meine geliebten langen Löffel –

ich meine natürlich meine Ohren.» – «Also gut, so sei es!» sprach das Mütterchen. «Schließe die Augen und höre meinen Zauberspruch:

> Osterhasi, Osterhasi,
> Seele, Körper, Hirngespinst!
> Nikolausi, Nikolausi,
> daß du dich dort wiederfindst!
> Halte fest dich an den Ohren,
> und du bist wie neugeboren!
> Klingelingepütz,
> – daß es dir was nütz'!»

Kaum hatte sie den Spruch gesagt, machte es einen großen, unheimlichen Knall, wie ein Paukenschlag mit Bekken, und danach folgte ein langes Rascheln und Klingeln von tausend Silberglöckchen. Was war das? Lampino öffnete seine Augen und staunte nicht schlecht, was er da sah: einen großen weißen Wald mit Millionen von Lichtern an den Bäumen, bunten Sternen und großen und kleinen funkelnden Kugeln an den Zweigen, überall Engelshaar und Lametta, goldene Äpfel und vielerlei Nüsse, Lebkuchen und zahllose Süßigkeiten und Plätzchen, Spielzeug in allen erdenklichen Formen und Farben, Puppen, Bären, Kasperltheater und Eisenbahnen, die durch ein Kindermärchenland fuhren …

Und an einem großen goldenen Tor, da standen sie: Hunderte von Nikoläusen in weiten roten Samtmänteln mit Kapuzen. Alle trugen lange weiße Bärte, und die meisten hatten eine dicke rote Nase. Auf dem Rücken oder in der Hand hielten sie große braune Säcke, und wenn man ganz still war und große Ohren bekam, konnte man so ein eigenartiges Murmeln vernehmen. Was die wohl so erzählten und zu sagen hatten? Lampino konnte es nicht verstehen.

Plötzlich aber wurde es ihm ganz komisch zumute – er fühlte sich auf einmal viel größer, stärker, dicker und ungelenkiger als noch vor kurzem. Und nein ... ja ... doch ... o Gottele, das darf doch nicht wahr sein ... er, Lampino, war kein Hase mehr, sondern ein richtiger Nikolaus mit allem Drum und Dran, was alle anderen Nikoläuse auch hatten: einen Bart, eine goldene Kette, die lange rote Kutte mit Gold- und Silberrand, einen dicken kordelartigen Gürtel und ... nein, das hatte nur Lampino – große lange Ohren unter der Kapuze! O Schreck, was werden die bloß sagen!

Aber kaum hatte er an so etwas gedacht, stand schon einer dieser alten großen ehrwürdigen Nikoläuse vor ihm und meinte wohlwollend: «Na, Lampino, da bist du ja – wir haben schon auf dich gewartet. Wir freuen uns, daß du uns helfen willst, auch an Weihnachten den Menschen auf dieser Erde Freude zu bereiten – komm, sei einer von uns! Und weil du so schöne Ohren hast, nennen wir dich ‹Nikohasi›.» – «Na gut», meinte Lampino, «wenn's denn sein muß – und ich bei euch bleiben darf!» – «Natürlich, wir brauchen genau so jemanden wie dich, denn mit deinen großen Ohren wirst du ja sicher immer sehr gut hören, was sich die Kinder und Erwachsenen alles so wünschen!»

«Wieso Erwachsene? Kriegen die denn auch was?» – «Ja, mein lieber Nikohasi, das hat sich in all den Jahren mächtig geändert. Früher bekamen nur die Kleinen kleine Geschenke, und heute bekommen die Großen große

Geschenke.» – «Um Himmels willen!» rief Lampino. «Hat der liebe Gott denn das so gewollt?» – «Bestimmt nicht», meinte der weiße, weise alte Nikolaus, «aber die Menschen tun heute viele Dinge, die der liebe Gott sich mit Sicherheit anders vorgestellt hat. An Weihnachten drückt er jedoch sicher ein Auge zu. Denn es ist ja das Fest der Liebe, und so sollen sich alle liebhaben – groß und klein.» – «Na gut», dachte Lampino, «ich bin dabei!» – nicht ahnend, was nun auf ihn zukommen würde.

Gleich hinter den Silbertannen und dem großen Lebkuchenhaus lag nämlich die unendlich scheinende Geschenkeabteilung für die großen Kinder – die Erwachsenen. Und plötzlich fiel es Lampino wie Schuppen von den Augen, auf was er sich da eingelassen hatte. «Steh nicht so nichtsnutzig herum, Nikohasi! Jetzt geht's los, jetzt werden Geschenke verpackt und fein säuberlich Schleifen gebunden, geklebt und geschnürt, beschriftet und sortiert ...» – «O Gott, was die sich so alles gewünscht hatten, und was da so alles besorgt und verpackt werden mußte ... eine Katastrophe! Seidenstrümpfe, Krawatten, Perlen, Ringe, Sakkos, Mäntel, Hosen, Kleider, Bücher, Schallplatten, Eisschränke, Plattenspieler, CD-Recorder, Fahrräder, Motorroller, Autos, Tische, Bänke und Möbel aller Art, Reifen, Schlitten, Skier, Whisky, Wein und was man sich überhaupt nur vorstellen kann ... und jetzt sollte der ganze Mist auch noch nicht nur verpackt, sondern ausgefahren und verteilt werden und zu allem Überfluß auch noch das richtige Geschenk zur richtigen Person, auf Schlitten, Wagen oder Rössern in tausend Säcken, die überfüllt und viel zu schwer waren, transportiert werden! Hinauf in die Berge, hinunter ins Tal, bis zum 80. Stock eines Wolkenkratzers und tief in entlegene Höhlen und Keller, an die entferntesten und verstecktesten Orte dieser Welt! Kein Weg durfte zu lang und kein Ziel zu weit sein.

Oh, ihr armen Nikoläuse – was heißt ‹ihr› – ich – Nikohasi! Wäre ich doch nur wieder auf meiner kleinen Wiese am Ende des Regenbogens im Osterhasenland!» Kaum hatte Lampino diesen Wunsch geäußert, saß plötzlich wieder dieses liebe, gute alte Mütterchen neben ihm und fragte: «Na, Lampino – das hast du dir in deinen Träumen doch sicherlich ganz anders vorgestellt! Die Wirklichkeit sieht oft ganz anders aus. Sag, willst du wieder zu deiner Familie und deinen Freunden am Ende des Regenbogens?» – «Ja!» rief Lampino. «Bitte, bitte, hol mich hier raus und laß mich wieder nach Hause!» – «Na gut, weil du es dir so sehr wünschst, darfst du ausnahmsweise wieder zurück. Du brauchst es nur zu sagen, und durch meinen Zauberspruch wird fast alles wieder so sein, wie es früher war.» – «Fast?» fragte Lampino. «Ja, fast, denn wenn du von hier fortgehst, wird auch ein Teil von deinem jetzigen Sein mit dir gehen. Denn wo immer man im Leben auch ist oder war, nimmt man einen Teil davon mit sich. Und dieses Mal suche ich diesen Teil aus.» – «Na gut», meinte Lampino, «wenn ich nur wieder nach Hause darf.»

«Nikolausi, Nikolausi,
Seele, Körper, Hirngespinst!
Osterhasi, Osterhasi,
daß du dich dort wiederfindst!
Halte fest an deinem Bart,
und du bist von and'rer Art!

Klingelingepütz
– daß es dir was nütz'!»

Kaum hatte das liebe Mütterlein seinen Spruch beendet, war er wieder da, der große Knall mit Pauken, Becken und tausend verklingenden Siberglöckchen. Und Lampino saß plötzlich wieder auf seiner altbekannten, geliebten grünen wohligen Wiese am Ende des Regenbogens, umgeben von gackernden Hühnern, stolzen Gockeln und natürlich unzähligen schwarzen, grauen und weißen Hasen – alle kamen sie auf ihn zu und freuten sich, daß Lampino, das verschwundene Hasenkind, wieder in ihrer Mitte war –, und er erzählte, wie es da drüben im Weihnachtsland gewesen war und daß er so glücklich sei, wieder zu Hause zu sein – was für ein gutes Leben so ein Osterhase im Vergleich zum Nikolaus doch hätte und er jetzt das Leben am Ende des Regenbogens erst so richtig zu schätzen wisse, und daß kleine Geschenke und besonders die selbstgemachten oft mehr Freude bereiten als große, die teuer und angeblich so wertvoll sind. Lieber ein kleines Ei mit Liebe bemalt als ein großes goldenes Herz, das ohne Liebe nicht strahlt… und alle Hasen um ihn herum sahen ihn erstaunt und verwundert an. Was doch plötzlich mit Lampino geschehen war! Er war klug, weise und voller Güte und Liebe für seine Mithasen und Freunde geworden.

Und nun ratet mal, was ihm das alte Müttterchen mit auf den Weg zurück ins Osterland gegeben hatte: den weißen Bart! Und so saß er nun zwischen allen Tieren, die von nun an glücklich und stolz waren, «nur» Hasen und Hühner zu sein. Lampino nannten sie aber seit diesem Tage

‹Osterlausi›… und wenn er nicht gestorben ist, dann sitzt er noch heute am Ende des Regenbogens.

Ralph Siegel wurde am 30. September in München als Sohn des legendären Komponisten und Texters Ralph Maria Siegel und seiner Frau, der Operettensängerin Sternchen Siegel, geboren. Mit 13 Jahren studierte Ralph bereits Harmonie- und Kompositionslehre, Akkordeon, Gitarre und Piano. Mit 20 Jahren begann er seine professionelle Laufbahn in München. 1974 gründete er sein eigenes Label JUPITER-RECORDS. Als Komponist, Produzent sowie Musikverleger und Promoter deutscher wie internationaler Autoren bzw. Copyrights ist Ralph Siegel seit über 30 Jahren erfolgreich tätig. Fast sämtliche große Autoren von Irving Berlin über Charlie Chaplin bis hin zu Bruce Springsteen sowie nationale Urheber von Christian Bruhn, Alfons und Hermann Weindorf bis hin zu Dr. Bernd Meinunger, Dr. Michael Kunze und Hunderte andere haben ihm und seinen Mitarbeitern ihre Werke anvertraut. Ralph Siegel erhielt als Preise den Paul-Lincke-Ring, das Bundesverdienstkreuz 1. Klasse, die Goldene Stimmgabel und gewann 1982 den Grand Prix de la Chanson. Er erhielt den Bambi und den Preis der Phonoakademie. Ralph Siegel schrieb über 2000 Lieder, unter anderem «Ein bißchen Frieden», «Der Papa wird's schon richten», «Feierabend», «Steck' Dir Deine Sorgen an den Hut», «Fiesta Mexicana», «Marie, der letzte Tanz ist nur für Dich», «Du kannst nicht immer 17 sein», «Theater», «Moskau», «Dschinghis Khan», «Rom», «Babicka», «Johnny Blue», «Goodbye Mama», «Laß die Sonne in Dein Herz», «Ich träume mit offenen Augen von Dir», «Einmal verliebt, immer verliebt», «La Provence», «Allein in Griechenland», «Mit Dir vielleicht», «Song for the world» …

Mensje van Keulen

Jesus im Ausverkauf

Weihnachten 1958. Ich hatte die Grippe gehabt, aber da ich die Älteste war und weil es zum Weihnachtsfest dazugehörte, durfte ich abends nach dem Essen zur Beichte gehen.

Die Seitenbänke waren voll mit Sündern. Man mußte sich anschließen, und jedesmal, wenn jemand den Beichtstuhl verließ, rückte man einen Platz weiter, bis man auf dem mit Samt bezogenen Einpersonenbänkchen kniete und man an der Reihe war. In diesem Augenblick bekam ich stets Bauchschmerzen.

Ich flüsterte einen Gruß, betrat den Verschlag und spähte durch das vergitterte Fensterchen nach dem Schatten dahinter, der auf meine Sünden hin ab und zu «pfui» oder «stark sein!» zurückflüsterte. Zum Schluß sagte er: «Sprich die Reueformel.» Ich tat es und verlor wie immer den Faden und ging über zum Mummummummel. Er verstand es ja doch nicht, weil er damit beschäftigt war, für mich auf lateinisch die Vergebung zu bestellen. «Bete drei Vaterunser und zwei Ave-Maria.» Ich bedankte mich, verließ den Beichtstuhl und lief nach vorne, wo ich mich in vermeintlicher Einsamkeit der Macht des ewigen Lichtes ergab. Dort saß Gott. Auch in der Nische, dem Tabernakel. Aufregend. Wenn er nur mal herauskäme. In mich versunken betete ich die Buße, so langsam wie möglich, damit es eine Qual war, denn eine Qual bedeutete ein Opfer, und durch ein Opfer kam man höher in den Himmel. Der Küster schlich über einen weichen Teppich und steckte vor Maria ein paar Kerzen an. Jede Kerze kostete eine Kwartje.

Fast hüpfend verließ ich die Kirche und steckte das übriggebliebene Taschengeld in den Armenstock. Auf der Straße hüpfte ich weiter, pfiff vor Vergnügen und kam heim mit Seitenstechen. Der Weihnachtsbaum, noch herrlich frisch, ein bißchen feucht, wurde gerade aus dem Garten geholt. Jedes Jahr wurde er ein bißchen größer, bis er genau zwischen Fußboden und Decke paßte, und dieses Jahr mußte ein Stückchen abgeschnitten werden, weil sonst die Spitze mit den vielen Glöckchen nicht draufging. Zufrieden guckten meine Geschwister und ich zu, wie unser Vater die Kugeln aufhing. Still und voll Staunen sahen wir nach den Kugeln und anderen kleinen Figuren, die schon wieder schönere Farben hatten als letztes Jahr. Unsere Mutter ging herum mit Kaffee und warmer Schokolade und gab ab und zu eine Anweisung. «Vati, kannst du die Kugel nicht etwas mehr nach rechts hängen? Nein, nicht die, die rote da.» Mit anfassen tat sie nicht. Wenn der Baum fertig war, durfte sie mit der Krippe beginnen. Sie nahm einen Bogen fettfreies Papier, das gleiche Papier, auf dem sie eine Woche später heiße Berliner abtropfen ließ, und formte eine Kugel daraus. Wir lachten. «Ruhig jetzt, sonst geht ihr ins Bett!» Wir blieben ruhig, sonst durften wir nicht mit zur Nachtmesse. Die Kugel wurde auseinandergefaltet, und es entstand eine gewaltige Felsenlandschaft. Vor die Felsen kam künstliches Moos, das jedes Jahr bröckeliger wurde. Die Krippe wurde zuerst hingestellt, dann kamen der Ochse und der Esel, Maria und Josef und die Hirten mit ihren Schafen. Auch die drei Könige wurden weit entfernt in einer Ecke aufgestellt, denn sonst müßten sie bis zum siebten Januar in der Schachtel bleiben, und das wäre schade. Eine schöne Krippe. Vorne ein Teelicht, das ich tagsüber heimlich ansteckte und wieder ausblies, weil ich meinen Finger in das Wachs hineinstecken konnte, wodurch eine tolle Blase entstand, an der man kneten und sanft beißen konnte. Eine sehr schöne Krippe, aber die von Oma war noch schöner. Die hatte ein echtes, hölzernes Häuschen mit Stallfenstern, hinter denen rotes Papier klebte. Das Stroh in dem Stall hatte schon einmal gebrannt und wurde damals mit frisch gekochtem Tee gelöscht. Die Schafe hatten immer noch einen angesengten Bauch. Wir tranken noch eine Tasse Schokolade, durften aber nichts mehr essen. Tat man es doch, durfte man nicht zur Kommunion, und dann fiel man als Sünder auf, denn Reihe für Reihe rutschte man devot zur Kommunionbank. Aber so ein leckerer Weihnachtskringel war eine zu große Versuchung, und ich klaute heimlich einen, aß ihn auf dem Klo, steckte meinen Finger in den Hals und kotzte ihn wieder aus. Ein reiner Magen, ein reines Gewissen und gleich, mit dem Leib Jesu, eine reine Seele.

Gegen elf Uhr bekamen wir unsere sonntäglichen, für Weihnachten meistens neuen Kleider an und warteten, bis die Glocken läuteten. Unser Vater ging ins Bett. Er war reformiert. Ein Heide also, meinte meine Oma, für den man beten muß. Oma hatte bei meiner Geburt gedroht, meinen Kopf abzuschneiden, wenn ich nicht katholisch getauft werden würde. Das gleiche Los würde später meine Geschwister erwarten, wenn nicht ihr Wille geschähe. Sie war eine fromme Frau. Sie betete ständig für unseren Vater, nicht wissend, daß er selbst auf seine Art betete. Bevor er schlafen ging, kniete er immer vor einem Stuhl, rief den Hund: «Porky, Porky», und wenn der Hund dann kam, ließ er einen fliegen.

Nach den ersten Glockenschlägen zogen wir unsere Mäntel an und machten uns auf den Weg. Die Nacht schien warm, viele Menschen waren unterwegs, die Lichter in den Häusern brannten, die Festbeleuchtung auf der Straße war noch an, und ich fühlte mich wie aufgedreht. Ich war ein edles Kind, an beiden Seiten ein großer bleicher Schutzengel, der mich vor allem Schlechten behütete. «Hallo», sagte ich und berührte sie vorsichtig. Sie waren ganz nah, so kurz nach dem Beichten.

Die Priester, die Kirche, alles war wunderschön geschmückt. Der Chor der Familienväter setzte ein, und wir sangen so laut wie möglich mit. «Ein Kind ist uns geboren...» Die Augen wurden feucht, und wie immer fiel jemand in Ohnmacht. Die schwierigen Lieder sang der Chor allein. Die Orgel klang so laut, daß mein Körper schlaff wurde. Das Holz der Bank vibrierte unter meinem Hintern. Ich dachte an meine gottlosen Freunde und Freundinnen in der Straße, und ich litt für sie, denn die Orgel spielte so schön, daß es Jesus geben mußte! Die Menschen waren ernsthafter als an einem normalen Sonntag. Bei der Konsekration war die Kirche totenstill, und nach dem letzten Klingeln bemerkte man, wie voll es war. Denn es brach ein befreiendes Husten aus.

Wir gingen nach Hause, angeführt von Opa. Oma und einige unverheiratete Tanten begleiteten uns. Sie hatten sich untergehakt. Man sah, daß die Frauen alle aus einer Familie kamen: sie wackelten im gleichen Rhythmus.

Unser Vater, der Heide, kam aus dem Bett, und wir gingen zu Tisch. Ein schönes Frühstück mit Christstollen voller Spezereien und Mandarinen. Für den, der mehr davon wollte, stand noch eine volle Kiste unter dem Baum – das alljährliche Geschenk von Opa. Wir wünschten unserem Vater ein gesegnetes Weihnachtsfest, machten die elektrischen Kerzen an, indem wir die eine lose Kerze wieder festdrehten, und entzündeten das Teelicht in der Weihnachtskrippe. Tante Miep war ganz weg von den Figuren. Sie drehte sie in ihren Händen. «Sie wiegen fast gar nichts», sagte sie. «Nein», sagte unser Vater, «die machen sie aus Pappmaché.» – «Hübscher als Gips», fand sie.

Einen Monat später kaufte sie im Ausverkauf die gleiche Krippe und fand sie noch hübscher, da sie nun um die Hälfte billiger war. «Für die nächste Weihnacht», sagte sie, «ein Sonderangebot.»

Übersetzung aus dem Niederländischen Josh v. Soer.

Mensje van Keulen, 1946 in Den Haag geboren, lebt und arbeitet z. Z. in Amsterdam. Sie veröffentlichte zahlreiche Romane, Kurzgeschichten und Gedichte.

Josh von Soer

Familie *H*olzwurm

Liebe *K*inder, liebe Tiere und alle anderen Wesen!
... Nicht sehr weit von meinem Bett entfernt steht ein großer, schöner, alter Bauernschrank.

Und in diesem schönen, alten Bauernschrank nun wohnte (ganz an der Seite, da etwa unten rechts, also ganz unten), da wohnte die *Familie Holzwurm*; Vater Klaus, Mutter Cornelia, die drei Holzwurmkinder Angela Holzwurm, Sussie Holzwurm und *Jacob* Holzwurm und dann noch die eingeheiratete Tante Trude, die sich aber immer Tante Babsie nennen ließ, denn Trude Holzwurm hört sich nicht so gut an, oder?

Und da unten in diesem alten Schrank, wo es sich eigentlich ganz gut leben läßt für Holzwürmer, da gab es aber ein Riesenproblem!

Zwar hatte Vater Klaus die ganze Wohnung vor kurzem noch mal schön renoviert; er hatte neue Gänge geknabbert, eine Sitzecke gewurmt, die Wohnung sogar um eine Etage erweitert: «Damit die Kinder später genug Platz haben werden.» Es sah also alles recht nett und hübsch aus – und trotzdem: Es gab ein Riesenproblem!!

Sorgen hatten Vater Klaus und Mutter Cornelia Holzwurm, denn der Junge, ihr Sohn Jacob, verursachte Kummer und Ärger. Er wollte nämlich nicht – wie es doch ganz normal und richtig ist –, er weigerte sich sogar (und das verursachte den braven Holzwurmeltern Leid und Schande) – er weigerte sich einfach, an dem alten Bauernschrank weiterzuknabbern, zu graben, zu wühlen und so!

Jacob träumte nämlich davon, Holzwurm auf einem alten Segelschiff «Kurs Afrika» zu sein, *neues* Holz wollte er riechen und schmecken, ausländische Holzwürmer treffen oder vielleicht mal ein ganzes Segelschiff für sich allein haben und es in aller Ruhe verspeisen!

Oder er wollte Holzwurmpunker werden: «Nicht so spießig ein ganzes Leben in einem alten Bauernschrank verbringen!»

Nein, er wollte raus: *neue* Schränke sehen, «wie viele Schränke stehen überall leer, eine Schande! *Besetzen* sollte man sie!»

Und obwohl Vater ihm drohte und Mutter traurig sagte, daß er doch *vernünftig* sein solle, denn «später gibt es vielleicht keine Eltern mehr, die für dich noch mal schnell ein Gänglein knabbern», er war sich ganz sicher, er wollte nichts wie weg!!!

Auch Tante Babsie hatte ihre Holzwurmnase von dem langweiligen Schrank voll, es war ihr da zu *öde* ...

Am liebsten wäre sie eine Motte geworden («Dann könnte man toll fliegen und die herrlichsten Sachen essen, wie schöne Pullover oder ab und zu ein Häppchen Trikot- oder gar Seiden-Leibwäsche!») – jetzt müsse sie immer altes Kiefernholz essen, wie geschmacklos, wie langweilig!

Also beschlossen die beiden (Jacob und Tante Babsie) ganz einfach, *zusammen* abzuhauen.

Sie wurmten sich aus dem Bauernschrank hinaus und guckten aufgeregt umher. So viel Neues, so viel Schönes gab es da zu sehen: da stand ein Tisch aus Rosenholz und da, etwas weiter – so appetitlich und schön –, ein Baum voller Licht aus Tannenholz!

Oh, wie wunderbar war das Leben draußen, wie glücklich die beiden waren! – Sie krochen, und sie lachten, sie hüpften, und sie kicherten. «Nie wieder Kiefernholz!» jubelten sie. «Nie wieder Bauernschrank!!!»

Als sie vom Entdecken und Spielen müde geworden waren, krochen die beiden in einen Holzpantoffel und entschieden, vorerst dort zu bleiben, denn es war schön warm und kuschelig.

Während Tante Babsie ein paar Happen Pantoffelholz knabberte, schrieb Jacob einen Brief an den Rest der Familie Holzwurm, Adresse:

«Bauernschrank, rechts unten.»

Er schrieb:

«Ihr lieben Fleißigen, uns geht es klasse, und hiermit laden wir Euch herzlich ein, denn wir veranstalten in unserer neuen Wohnung eine Einweihungs-Fete, und es gibt viel leckeres Knabberzeug und selbsteingekochten ‹Pantoffelholzsaft›.

Ihr könnt hier sogar übernachten, denn es gibt *zwei* Pantoffel.

Aber seid Euch auch im klaren: uns beiden, Tante Babsie und mir, gefällt es hier draußen viel besser, und wir wollen noch ganz viel entdecken und lange, lange Zeit zusammenbleiben!

Von unterwegs grüßen Euch
Eure zwei reisenden Holzwürmer
Babsie & Jacob!»

Josh v. Soer Clemm von Hohenberg, Dr. phil., geboren in Amsterdam, ist Suchttherapeut. Er hat langjährige Erfahrung mit Ersatzprogrammen und -therapien (sog. Substitutionsmodellen) in Amsterdam und Hamburg. Buchveröffentlichungen u. a.: «Jugendalkoholismus» (Beltz, 1980), «Niederländische Märchen (Hrsg.) (Fischer, 1981), «Marinus van der Lübbe und der Reichstagsbrand» (Nautilus, 1983), «H wie Heroin – Betroffene erzählen ihr Leben» (Hrsg.) (Rasch und Röhring, 1990).

Hermann Rauhe

Advent im Kriegswinter 1943

Ich bin ein 13jähriger Junge. Meine kleinen Schwestern Erika und Inge sind vier und zwei Jahre alt.

Mein Vater, Lehrer in meinem Heimatdorf, begeisterter Ornithologe und Heimatforscher, ist kriegsverpflichtet als Lehrer an einer Offiziersschule der Kriegsmarine am Wolfgangsee. Zu Weihnachten kommt er auf Urlaub.

Durch die blauweiße Haustür unseres alten Bauernhauses aus rotem Klinker kommen jeden Tag Kinder, denen meine Mutter Klavier- und Blockflötenunterricht gibt.

Der Krieg hat unser Dorf bisher verschont. Noch ist keine Bombe gefallen, kein Blindgänger hat sich hierher verirrt.

Wir brauchen auch in diesem Winter nicht zu frieren, denn wir bekommen ein Kontingent an Torf, das meiner Mutter als Organistin zusteht. Da mein Vater eingezogen war, mußte ich im Herbst Torf stechen, der im Hochmoor meiner Heimat reichlich vorhanden war. Heute steht das Moor schon lange unter Naturschutz, auch ein Verdienst meines Vaters. Wenn ich über die weiten Flächen im

Wind wogenden blühenden Wollgrases schaue oder an den braunen Moorseen stehe, in deren Schilf Baßtölpel, Trottellummen und Enten brüten, wird neben den Bildern aus meiner Kindheit die Erinnerung an meinen Vater wach und an unsere gemeinsamen Spaziergänge vor Sonnenaufgang: Er beobachtete Vögel, und ich lernte Vogelstimmen aufzuschreiben. Damals, als Junge, habe ich diese Spaziergänge nicht sehr geschätzt. Heute, in der Rückschau, weiß ich, daß hier der Grund gelegt wurde für meine Liebe zur Natur. Noch heute klingt für mich aus dem vielstimmigen morgendlichen Gesang der Vögel die Freude des Schöpfers an seinen Geschöpfen wie ihre Freude am Dasein und das Lob des Lebens.

Auch in den Kriegsjahren, als in den Städten Lebensmittel zunehmend knapper wurden, brauchten wir nicht zu hungern. Die Bauern versorgten uns mit Milch, Butter, Fleisch, Eiern und Getreide. Meine Mutter zog Gemüse, Kartoffeln und Beeren im großen Garten hinter unserem Haus. Hier standen auch einige alte Obstbäume neben prächtigen Fliederbüschen.

Mein Heimatdorf, im dem das Muhen der Kühe, das Blöken der Lämmer, das Schnattern der Gänse, Hühnergegacker und Hundegebell eine vertraute Geräuschkulisse bildeten, liegt zwischen Otterndorf und Bremerhaven auf einem Geestrücken am Rand des Moors. Das Dorf Osterwanna hatte damals, 1943, an die 500 Einwohner.

Ich besuchte das Gymnasium für Jungen in Cuxhaven.

Frühmorgens radelte ich – oft gegen den steifen Wind, der ungebremst über das flache Land fegte – zehn Kilometer zum Bahnhof Otterndorf, wo ich den Zug nach

Cuxhaven bestieg. Denke ich daran zurück, steigt mir noch heute der penetrante Geruch aus den Kleidern der in den Fischfabriken arbeitenden Frauen in die Nase.

Oft saß ich in durchnäßter Kleidung in der Schule. Ich kam lange vor Unterrichtsbeginn dort an und schlich oft heimlich in den Musiksaal. Auf dem Flügel improvisierte ich Jazz. Der Hausmeister drückte ein Auge zu. Er liebte Jazz. Vor allem aber empfand er ihn als Protest gegen das Naziregime, dem er zu widerstehen suchte. Nur der alte Musiklehrer faßte den Jazz als Kulturschande auf, trug mich wegen ungehörigen Verhaltens ins Klassenbuch ein und verpaßte mir im Zeugnis eine Vier in Musik.

Im Kriegswinter 1943 hatte ich auf meinem Schulweg schon mehrmals vom Rad springen und mich zu Boden werfen müssen, wenn feindliche Tiefflieger Cuxhaven anflogen und über mich hinwegdröhnten. Aber das Gefühl von Sicherheit und Geborgenheit in meinem Elternhaus und in meinem Dorf hatten mir diese Erlebnisse nicht zu zerstören vermocht.

Wenn nicht in einigen Familien gefallene Väter und Brüder betrauert würden, hätten wir auch 1943 noch in einer fast ungestörten dörflichen Idylle gelebt.

Ganz anders meine Großmutter in Hamburg. Bei ihr auf der Veddel war ich in den Sommerferien 1943 zu Besuch gewesen. In Hamburg wohnte auch mein Vetter Fritz, mit dem ich mich besonders gut verstand. Und hier in Hamburg hatte ich das schreckliche Bombardement, das «Unternehmen Gomorrha» erlebt: die Nacht voller Todesangst im Luftschutzkeller, den grauenvollen Weg am nächsten Tag, an dem es nicht hell wurde: Meine

Großmutter und ich gingen nach Hamburg-Hamm, wo Fritz und seine Familie wohnten, durch völlig zerstörte Straßen, wir mußten über rauchende Schuttberge steigen und um verbrannte Menschen herumgehen.

Das Bombardement Hamburgs, Rauch und Trümmer verfolgen mich besonders in meinen Träumen. Immer wieder schrecke ich schreiend und schweißgebadet auf. Bei Tag lenken mich die Spiele mit meinen Freunden und die Schule von den grauenhaften Bildern ab.

In der Schule haben es mir besonders die Naturwissenschaften angetan. Und seit dem Herbst 1943 kreisen meine Gedanken immer wieder um einen heißen Wunsch: einen Chemiebaukasten.

Aber darf ich solch einen Wunsch überhaupt äußern, mitten im Krieg, wenn es vielen Menschen am Notwendigsten fehlt, mancher kein Dach über dem Kopf hat, in Hamburg und anderen großen Städten die Menschen unter nächtlichen Fliegerangriffen zittern? Meine Mutter schneidert den kleinen Schwestern Kleidchen aus ihren eigenen Kleidern – und ich will einen Chemiebaukasten haben! Gibt es so etwas heute überhaupt noch zu kaufen – mitten im Krieg? Und selbst wenn: ist mein Wunsch unverschämt? maßlos?

Eines Abends im Advent sitzt meine Mutter am Klavier, meine Schwestern auf ihrem Schoß. Sie singt mit ihnen Weihnachtslieder, erzählt vom Christkind.

Auch ich denke an Weihnachten, sehe schon den Christbaum im warmen Licht der Kerzen vor mir, die bunten Kugeln, silbernes Lametta glitzert – und höre wie aus der Ferne die Stimme meiner Mutter: «Und du, mein Junge, was wünschst du dir denn zu Weihnachten?»

«Einen Chemiebaukasten», platze ich heraus. Ich erschrecke: Nun ist es heraus. «O Mama, ich will nicht unverschämt sein, es geht ja sicher auch gar nicht, ach nein, es ist mir nur so rausgerutscht», stottere ich. Meine Mutter schaut mich mit ihren großen blauen Augen liebevoll an. «Ich weiß schon, Hermann, wie du es meinst. Aber wünschen darf man alles. Nur – ob man es bekommt, das weiß man nicht. Ich glaube nicht, daß Papa und ich dir diesen Wunsch erfüllen können, so gern wir es auch täten!»

Und nun ist der Heilige Abend da.

Mein Vater ist auf Urlaub gekommen, der Tannenbaum geschmückt, das ganze Haus duftet nach Äpfeln und Weihnachtsgebäck. Und trotz der Kriegsweihnacht wird ein Gabentisch uns erwarten.

Ich weiß, daß meine Mutter Puppenkleidchen genäht hat. Wahrscheinlich hat sie für mich auch neue Handschuhe und warme Strümpfe gestrickt, wie für meinen Vater. Mit meinen 13 Jahren weiß ich, daß ich viel mehr nicht erwarten darf. Trotzdem ist, wie an jedem Heiligen Abend, die Spannung und Erwartung groß.

Endlich klingelt das helle Silberglöckchen, meine Mutter öffnet die Tür zum Weihnachtszimmer und geht zum Klavier. Wie schön ist unser Tannenbaum! Im warmen Licht der Kerzen leuchten die bunten Kugeln in geheimnisvollem Glanz.

«Stille Nacht, heilige Nacht» stimmt meine Mutter an, und wir alle singen andächtig mit. Trotz aller Andacht kann ich es nicht verhindern, daß meine Augen verstohlen zum Gabentisch wandern. Ein großer Kasten, eingepackt in das Weihnachtspapier vom letzten und vorletzten

Jahr: Sollte das ...? Ich wage es kaum zu denken. Mein Chemiebaukasten? Mit dem Singen ist es vorbei, mein Herz klopft zum Zerspringen.

Und endlich, endlich dürfen wir Kinder die Geschenke auspacken. Ich bin ganz stumm und starre auf einen wunderbaren Chemiebaukasten. Vorsichtig hebe ich den Dekkel hoch – ich kann es kaum fassen, alles ist da: Reagenzgläser, ein kleiner Bunsenbrenner, Gläser mit Flüssigkeiten und mit verschiedenen durchsichtigen und farbigen Kristallen: die lila Kristalle hier müßten Kaliumpermanganat sein, und dieses braune Pulver ist Braunstein ...

Ziemlich abwesend, ein in Gedanken experimentierender Faust, verbringe ich den Weihnachtsabend, bis meine Mutter meine Schwestern zu Bett bringt. Und nun trage ich meinen kostbaren Schatz vorsichtig die steile Bodentreppe hinauf in meine «Spielkammer», einen schmalen Verschlag direkt unter dem Dach. Es ist sehr kalt hier oben; ich ziehe mir noch meinen wärmsten Pullover über, und dann spüre ich nichts mehr von der Kälte – die Welt versinkt. Jetzt werde ich nämlich Wasserstoff herstellen.

Zuerst entzünde ich den Bunsenbrenner – *meinen* Bunsenbrenner! Dann gieße ich vorsichtig Salzsäure in einen Erlenmeyer-Kolben. Jetzt brauche ich Zinkgranulat. Ich schraube das Glas auf und schütte die Kügelchen in die Säure. Alles läuft nach Plan: Die ersten Bläschen steigen auf. Ich verkleinere die Öffnung des Kolbens mit dem Daumen, damit sich noch mehr Gas entwickelt, schüttele die Mixtur ein wenig über der Flamme ...

Und dann: ein ohrenbetäubender Knall, ein pfeifender Ton und das Geräusch der auf dem gepflasterten Hof zersplitternden Dachziegel. Betäubt von dem Knall, gelähmt vor Schreck und Entsetzen starre ich auf ein großes Loch im Dach.

Die Strafe würde fürchterlich sein! Meine Eltern bestraften mich schon für geringfügige «Vergehen» wie Verspätungen oder vergessene Schulaufgaben. Denn mein Vater, der in der einklassigen Dorfschule vier Jahre lang mein Lehrer gewesen war, wollte auf keinen Fall, daß ich hiervon Vorteile gegenüber meinen Mitschülern hatte, und behandelte mich mit besonderer Strenge, die er auch von meiner Mutter verlangte.

Und nun dieses Loch im Dach!

Schon hörte ich meine Eltern die steile Holztreppe heraufstürzen. Ich begann zu zittern. Mein Vater riß die Tür auf. «Er ist unverletzt!» rief er meiner Mutter zu – und dann waren sie beide bei mir und nahmen mich in die Arme. «Gott sei Dank, daß du heil bist, Junge! Alles andere ist nicht wichtig!» Ich konnte es nicht glauben! Erlöst begann ich in der Umarmung meiner Eltern zu weinen, und sie hielten mich so fest, als wollten sie mich nie mehr loslassen.

Allmählich hörten meine Tränen auf zu fließen. Ich wagte noch einen Blick auf das Dach – und nun sah ich nicht mehr nur das klaffende schwarze Loch, sondern die vielen Sterne, die klar und ruhig am nächtlichen Himmel strahlten. Tiefer Friede breitete sich in mir aus; Liebe, Dankbarkeit, das Gefühl unendlicher Geborgenheit erfüllten mich. Es war Weihnachten!

Für uns drei war es zwar keine stille Nacht, aber ganz gewiß eine heilige Nacht!

Prof. Dr. Hermann Rauhe, 1930 in Wanna (Niederelbe) geboren.
Präsident der Hochschule für Musik und Darstellende Kunst Hamburg seit 1978. Zahlreiche Publikationen zu Musikpädagogik, Medienforschung, Musiktherapie, Musiksoziologie, Jazz und Popularmusik, Kulturmanagement. Gründer und Präsident von New Generation, einer gemeinnützigen Einrichtung für Menschen ab 50 zur sinnvollen Gestaltung der dritten Lebensphase.

Marcel Reif

Eva kommt

Auch Eva kommt. Das ist schön, macht die Sache aber keineswegs leichter. Eva, müssen sie wissen, ist meine Schwester. Sie lebt in London. Zu sagen, Eva sei stur bis schrullig, ist eine freundliche Untertreibung. Wir haben ja seit mehr als vier Jahrzehnten miteinander zu tun – ihre Meinung, ihre Ansicht, ihre Wahrheit war immer die einzig richtige.

Weihnachten, das Fest der Familie, das Fest der Liebe. Die Generationen scharen sich um den Christbaum. Es ist allerdings der natürliche Lauf der Dinge, daß diese festlichen Vollversammlungen mit den Jahren immer schwieriger zustande zu bringen sind. Selbst die trägsten Küken werden flügge, verlassen irgendwann das Elternhaus, die Familie zerstreut sich in alle Winde. Meine Mutter lebt bei Wiesbaden, meine Schwester eben in London, mein Sohn in Köln und ich in der Schweiz. Teilweise haben wir's in den letzten Jahren immer hingekriegt, diesmal aber steht fest: alle ohne Ausnahme zu mir nach Zürich. Das will generalstabsmäßig organisiert sein. Schwesterchen schenken wir zu Weihnachten das Flugticket, dem Sohn besorgen wir einen langstreckentauglichen, fahrbaren Untersatz, er wird Mutter auf halber Strecke aufpicken und bei der Heimfahrt wieder abliefern.

Anreise geklärt – Unterbringung. Meine Wohnung ist geräumig, ein Palast mit mehreren Flügeln ist sie nicht. Also guter Wille. Meine Lebensgefährtin und ich werden das Schlafzimmer räumen und ins provisorische Gästezimmer ziehen. So wird angemessen Platz frei für Mutter und Schwester. Die beiden vertelefonieren sonst jeden Tag ein Vermögen. Jetzt können sie sich nächtelang im Doppelbett direkt austauschen. Den Sohn verfrachten wir auf die Couch im Wohnzimmer – durch die Streifzüge und also kurzen Nächte in Köln dürften seine Ansprüche auf Ruhelager nicht übertrieben hoch sein.

Anreise, Unterbringung – Verpflegung. Meine Mutter mag kein Weißbrot, meine Lebensgefährtin kein dunkles, auf alle Fälle keinen Sauerteig, ich wiederum bestehe auf Vollkorn und sauer (Kommentar des Sohnes dazu im Vorfeld: «Das wird ein frohes Fest.»). Der Filius haut eigentlich alles rein und in großen Mengen, kein Problem. Aber Eva. Als wir uns das letzte Mal trafen, war sie Vegetarierin. Jetzt hat sie aufgerüstet: Veganerin. Das heißt, nicht nur kein Fleisch nicht mehr, sondern überhaupt nichts Tierisches, also auch keine Eier, Butter, Käse, Milch. Und auch nicht versteckt in Teigwaren oder Gebäck. Die Spur führt ins Reformhaus. Fünf Päckchen Tofu (sieht aus wie nasse Tennissocke, schmeckt wie nasse Tennissocke, läßt sich aber wunderbar verwandeln in Rührei, Gulasch, ja, in überhaupt alles, sagt Eva) sind schnell gefunden, ebenso absolut floraler Brotaufstrich (undefinierbare Paste in fünf verschiedenen Geschmacksrichtungen und Farben). «Haben Sie eierfreie Nudeln und Weihnachtskekse?» Die hübsche Verkäuferin mustert mich mit Waage-Augen, dann ein Hauch von Mitleid in Blick und Stimme: «Die Nudeln sind hier vorne (– ich finde, sie sehen ungesund und grau aus –), und die Kekse, na ja, also richtige Weihnachtskekse sind das nicht, eher so fürs ganze Jahr.» – «Nein, nein, nicht für mich, für meine Schwester.» – «Ach, so.» O.k., schnell noch ein paar Vegi-Burger für Evas kleinen Hunger zwischendurch und ab zur Kasse. Dafür, daß da veganermäßig praktisch nichts drin ist, kostet's wenigstens das Doppelte. Ich beschließe, Schwesterchen den billigen Seitenhieb auf die doch sicher nicht pflanzlichen Ledersohlen an ihren Schuhen auf keinen Fall zu ersparen. Der Eisschrank zu Hause läßt sich kaum mehr schließen, so gesund und ungesund geht's darin zu. Der Brotkasten hat's weiß und schwarz und süß und sauer in sich – Ihr Kinderlein kommet …

Mutter und Schwester haben es eine Nacht lang nebeneinander versucht, dann wurde Eva das Schnarchen zuviel – sie vertrieb kurzerhand den Sohn von der Wohnzimmercouch. Dem war's, wie erwartet, wurscht, er hat dann einfach Mutter seinerseits niedergeschnarcht. Dafür überraschte Eva dann am nächsten Morgen – offensichtlich bestens erquickt – den Rest der doch noch verschlafenen Festgemeinde mit einem einstündigen Yoga-Programm samt entsprechender musikalischer Untermalung. Erst hat's genervt, aber dann war's irgendwie ganz entspannend und friedlich.

Zum Frühstück stellte Mutter fest, daß Marmelade auf Weißbrot eigentlich besser schmeckt, Eva schielte erstmals freundlich zum Schweizer Käse rüber. Machen wir's kurz: Eva hat schließlich Raclette gegessen («Weißt du, einmal im Jahr, ist ja Weihnachten...»), und die selbstverständlich konventionell mit Butter, Eier und Milch selbstgebackenen Weihnachtskekse hat sie verschlungen («Weißt du ...»). Ihretwegen hatten wir für einen Abend einen Tisch bestellt im vegetarischen Restaurant. Sie fand das nett, aber richtig gut geschmeckt hat's uns «Normalsterblichen». Selbst der vorher äußerst skeptische Sohn («Freunde, Eva kann ja machen, was sie will, aber nicht mit mir!») hat nicht einmal gemeckert. Friedlich.

Wir waren das erste Mal so vollzählig beisammen. Aber nicht das letzte Mal. Wir haben beschlossen, nächste Weihnachten alle gemeinsam bei Eva in London zu feiern – und alle freuen sich drauf.

Übrigens – hätten Sie Verwendung für fünf Päckchen Tofu und ein paar Veganer-Kekse?

Marcel Reif wurde im November 1949 in Waldenburg/Schlesien geboren. Nach dem Studium (u. a. Politikwissenschaften) begann er als freier Mitarbeiter beim ZDF im Ressort Politik und ging dann als ZDF-Korrespondent nach London. 1984 Wechsel zur ZDF-Sportredaktion. Seit 1994 Bereichsleiter Sport und Chefkommentator Fußball bei RTL.

Olivia Molina

Ein Gefühl für Weihnachten

Ich kam in Kopenhagen zur Welt, nachdem meine Mutter nach dem Kriege zu Fuß die Grenze von Flensburg nach Dänemark überquert hatte. Damit war mein Schicksal eigentlich schon bestimmt, denn kurz nach meiner Geburt zogen wir weiter nach Stockholm, wo meine Großmutter lebte. Für meine Mutter war es eine sehr schwere Zeit, da sie hart arbeiten mußte. Notgedrungen entschloß sie sich, mich in einer Pflegefamilie, die außerhalb Stockholms wohnte, unterzubringen, während sie mit meinem älteren Bruder eine Arbeitsstelle bei «Onkel Nielsen» bekam. Tagsüber arbeitete sie als Haushälterin, und an den Wochenenden verkaufte sie in Onkel Nielsens Restaurant Zigaretten. Ich kann mich nur sehr wenig an diese Jahre erinnern, da ich noch sehr klein war. Das einzige, was mir im Gedächtnis geblieben ist, sind das kleine Holzpuppenhaus im Garten und die Sträucher mit den wohlschmeckenden Brombeeren, aber ein Weihnachtsfest – nein, daran kann ich mich nicht erinnern.

Wie mir meine Mutter viel später erzählte, besuchte sie mich vier Jahre lang immer am Wochenende. Für mich war sie die «Tante», und als sie mich dann endgültig abholte, um nach Mexiko auszuwandern, gab es ein fürchterliches Geschrei, denn ich wäre damals lieber bei der Pflegefamilie geblieben. Mit dem Passagierschiff «Stockholm» fuhren wir nach New York und von dort aus weiter mit der «Grey Hound» nach Mexiko City, in der Hoffnung, dort meinen Vater, einen mexikanischen Musiker, der 20 Jahre in Europa gearbeitet hatte und 1948 wieder in seine Heimat zurückgekehrt war, zu finden. Wir hörten dann aber, daß er sich in Acapulco aufhielte. Daraufhin fuhren wir sofort weiter und fanden ihn, am Klavier sitzend und spielend, in dem Hotel «Las Hamacas». Für uns Kinder war dieses Hotel toll, weil sich in dem großen Garten zwei wunderschöne Pfauen befanden, aber vor allem haben wir uns mit einem kleinen Affen, der von Baum zu Baum sprang, herrlich amüsiert. Die Familienzusammenführung hat dann aber leider nicht mehr geklappt, und mein Vater verließ Acapulco, während meine Mutter meinen Stiefvater heiratete, und so blieben wir dort 13 Jahre unseres Lebens.

Für uns Kinder war Acapulco mit Sicherheit ein Paradies. Links und rechts Palmen, Palmen und noch mal Palmen und vor uns das Meer mit der wunderschönen Bucht von Acapulco. Dann wurden wir eingeschult und verbrachten eine zwar arme, aber unbekümmerte Kindheit. Weihnachtsfeste habe ich weder zu Hause noch in der Nachbarschaft erlebt, nur am 25. Dezember fand ich immer, wenn ich aufwachte, ein Geschenk unter meinem Bett. Ich erinnere mich ganz genau an eine Puppe mit einem blauen Schlafanzug und einer Zipfelmütze. Sie hatte einen Stoffkörper und einen Keramikkopf. Unter der Zipfelmütze befand sich ein Knopf, den man drehen konnte, so daß die Puppe drei Gesichter hatte: ein schlafendes, ein weinendes und ein lachendes. Eine solche Puppe bekam ich zu Weihnachten insgesamt dreimal, denn es war das einzige, was man damals in Acapulco kaufen konnte. Über die Bedeutung des Heiligen Abends hatte mir niemand etwas erzählt. Ich weiß noch, daß in dieser Zeit zwar sehr viel gefeiert wurde, aber hauptsächlich ertönten aus den Radios und den Musikboxen Cha Cha Cha, Bolero, Merengue, argentinische Tangos und afrokubanische Musik. In den 13 Jahren meines Aufenthaltes in Acapulco habe ich nicht ein einziges Mal ein Weihnachtslied gehört, und wie meine gute Mutter immer sagte: «Was man nicht kennt, vermißt man auch nicht.»

Als ich 17 Jahre alt war und schon zwei Jahre professionell in Acapulco gesungen hatte, entschied ich mich, nach Mexiko City zu ziehen. Ich sprach mit meiner Mutter und sagte ihr: «Ich fahre nach Mexiko City, ob du es willst oder nicht!» Sie kannte mich und wußte genau, daß ich meinen Dickkopf doch durchsetzen würde, und so gab sie mir ihre Zustimmung. Ich versprach ihr aber, sie so schnell wie möglich nachzuholen. Sie sorgte dann dafür, da sie in einem Reisebüro arbeitete, daß ein netter Reiseleiter mich kostenlos nach Mexiko City brachte. Über die ersten Tage nach meiner Ankunft zu erzählen, wäre zu mühsam. Auf jeden Fall war es schwer für eine 17jährige, in dieser großen Stadt überhaupt einen Anfang zu finden, aber dank meiner lieben Freundin Patricia, genannt Patty, die ich in einem Café kennengelernt hatte, konnte ich zumindest für die ersten sechs Monate bei ihr eine Unterkunft finden.

Ich fand dann aber doch sehr schnell Arbeit. In verschiedenen Lokalen begann ich, Rock 'n' Roll zu singen, und nach sechs Monaten hatte ich es tatsächlich geschafft, eine Wohnung zu mieten, und konnte mein Versprechen einlösen, meine Mutter und meine jüngere Schwester zu mir zu holen. Als sie da waren, hatte ich ein wundervolles Gefühl von Zuhause. Wir richteten uns hübsch ein, und die Wohnung lag in einer sehr schönen Gegend, fünf Minuten von der Avenida Reforma entfernt. Meine Schwester Aurora, die in Acapulco geboren war, ging brav zur Schule, und ich wurde zum «Häuptling» der Familie. Inzwischen trat ich in einem sehr luxuriösen Restaurant mit einer Jazz-Piano-Bar, dem berühmten Chipp's, das sich in der «Zona Rosa» in Mexiko City befand, auf. Ich sang zur Begleitung eines sehr guten Jazz-Sextetts, dessen Pianist ein Freund meines Vaters war. In dieser Zeit lernte ich auch Micky kennen. Er war Schlagzeuger der Rockgruppe «Los Sinners», mit der ich in dem damals in Mexiko populären «Café-Konzert» sang. «Café-Konzerte» waren Lokale für Jugendliche. Dort wurde kein Alkohol serviert, und abends wurden Musikprogramme der damals populären jungen Künstler aufgeführt. Eines Abends holte Micky mich mit seinem BMW-Motorrad, das für das Image dieser Rockgruppe wichtig war, ab, und da ich meinen letzten Auftritt um 24 Uhr im Chipp's hatte, fuhren wir so gegen ein Uhr nachts auf die schöne große Avenida Insurgentes, denn wir wollten anschließend, wie es in Mexiko üblich ist, noch etwas essen. Es war Mitte Dezember, und ich kann mich noch sehr genau an diesen Abend erinnern. Ich trug einen dicken Mantel mit Lederbesatz, hohe Stiefel bis zu den Knien und schwarze Handschuhe, nicht etwa weil es so furchtbar kalt war, aber diese Art, mich zu kleiden, gehörte damals zu meinem Image, denn schließlich hatte man mich zu jener Zeit in einer Zeitschrift zur «Königin des Café-Konzertes» erklärt.

Plötzlich bemerkten wir, daß wir von einem Auto, in dem vier Männer saßen, verfolgt wurden. Wie ich später erfuhr, handelte es sich um betrunkene Regierungsmitglieder. Sie verfolgten uns eine ganze Weile, und nachdem sie uns dreimal angefahren hatten, fielen wir vom Motorrad und blieben auf der Straße liegen, während die Herren erfreut weiterfuhren. Plötzlich blieb die Zeit stehen. Ich weiß nicht, wie lange wir dort lagen. Auf jeden Fall wachte ich erst beim Roten Kreuz wieder auf, mir war übel, ich stand auf und brach nach ein paar Schritten wieder zusammen. Von meinem Freund Micky keine Spur. Am nächsten Tag wurde ich in das französische Krankenhaus in Mexiko City eingeliefert, und erst dort erfuhr ich, wie es um meinen Freund stand. Während bei mir alle Knochen heil geblieben waren, hatte er leider nicht soviel Glück gehabt und lag mit gebrochenem Kiefer im gleichen Krankenhaus. Inzwischen hatte man ihn zweimal operiert, und als ich nach zehn Tagen Aufenthalt entlassen wurde, besuchte ich ihn und erschrak, als ich die vielen Nägel an seinem Kiefer sah. Am Abend stand ich wieder im Chipp's, und während ich mich am Flügel von Chamaco Dominguez, dem Freund meines Vaters, festhielt, sang ich wie gewöhnlich meine Lieder.

Kurz darauf kam der berühmte 24. Dezember, der Heilige Abend, um den es eigentlich in dieser Geschichte geht. Ich sagte zu meiner Mutter, ich würde ins Krankenhaus fahren, um den Nachmittag mit meinem Freund zu verbringen. Ich weiß nicht, weshalb dieser Tag plötzlich so wichtig für mich war, denn mein ganzes Leben lang hatte er keine Bedeutung für mich gehabt. Meine Mutter, die meinen Freund nicht ausstehen konnte, da dieser ihrer Meinung nach die Schuld an dem Unfall hatte, machte mir so viele Schwierigkeiten, daß ich dann doch zu Hause blieb. Es war auch das erstemal, daß meine Mutter so großen Wert darauf legte, daß man an einem solchen Tag zu Hause bei der Familie blieb. Dieses erste Weihnachtsfest, das ich zusammen mit meiner Mutter und meiner Schwester verbrachte (mein Bruder lebte schon längst in Nordamerika), war ein Trauerspiel für uns alle. Nicht einmal das gute Essen, welches meine Mutter vorbereitet hatte, konnte mich erfreuen. Um mich aufzuheitern, versuchte sie, den Kamin anzuzünden. Sie stopfte alles, was brennbar war, hinein und zündete es an. In «Null Komma nichts» (der einzige deutsche Satz, den ich schon seit der Kindheit von meiner Mutter kannte) war die Wohnung voller Qualm, und wir verbrachten den Rest des Abends damit, das Feuer im Kamin zu löschen und durch das Öffnen aller Fenster den Qualm loszuwerden. Am nächsten Tag hörten wir von unserem Vermieter, daß der Kamin nur als Dekoration gedacht wäre und daß es weder einen Abzug noch einen Schornstein dafür gäbe.

Sechs Monate später befand ich mich wieder auf einem Schiff namens «Augsburg», diesmal auf dem Weg nach Deutschland, und erst viel später bekam ich ein Gefühl für das Weihnachtsfest, das mich so sehr geprägt hat, daß ich seit 18 Jahren während unserer Weihnachtstournee mit meinen Musikern aus Mexiko, Kindern aus Lateinamerika und natürlich unseren deutschen Ensemble-Mitgliedern am Heiligen Abend gemeinsam das Weihnachtsfest feiere. Natürlich haben wir auch einen Weihnachtsbaum; es gibt Geschenke für alle und ein wunderbares Festessen. Ich bin überzeugt, daß ich auf dieses Fest heute nicht mehr verzichten möchte.

Die Sängerin *Olivia Molina* kam in Kopenhagen als Tochter einer deutschen Mutter und eines mexikanischen Vaters auf die Welt. Bereits mit 14 Jahren startete sie ihre Karriere in Acapulco/Mexiko. Nach ihrem Umzug nach Deutschland spielte und sang sie auch unter der Regie von Helmut Käutner und Prof. Ulrich Erfurth, sie sang in Kirchenkonzerten, spielte neben Uwe Friedrichsen und Herbert Fleischmann. André Heller schrieb für sie Chansons, sie wurde von der Deutschen Phono-Akademie zur Künstlerin des Jahres 1977 gewählt, gründete ihre Firma Edicion Indoamerica und widmet sich der Musik Lateinamerikas. Mit den schönsten lateinamerikanischen Evergreens setzt Olivia Molina ihrer Heimat und ihren Vorfahren ein Denkmal. Seit 1987 hilft sie als Präsidentin des Vereins «PATENSCHAFT KINDER LATEINAMERIKAS – OLIVIA MOLINA e.V.» Kindern und Jugendlichen in Mittel- und Südamerika.

Ingo Sonntag

Natale

Heiligabend 1973 – als diensthabender Arzt in einem großen Hamburger Krankenhaus zuständig fürs Geburtshilflich-Gynäkologische, kam gegen 23 Uhr über Pieper der Notruf: «Doktor Sonntag, bitte dringendst in die Ambulanz der gynäkologischen Abteilung in Haus B!»

Zuvor hatte ich's mir im kargen Dienstzimmer in Haus C, 2. Stock, weihnachtlich gemütlich gemacht: statt Arztbriefe und Krankenberichte zu diktieren, zwei brennende Kerzen, das Bachsche «Jauchzet – frohlocket» im Recorder und den selbstgebackenen Christstollen meiner Original Dresdner Mutter in Reichweite.

Der Notruf klang nicht nach dem üblichen «Herr Dr. Sonntag, es kommt zur Geburt», sondern nach Außergewöhnlichem. Also Kittel überziehen, Kerzen aus, Treppen runter und direkt über den vereisten Parkrasen durch die eiskalte Nacht von Haus C in die Notambulanz in Haus B.

Auf der OP-Trage lag eine etwa 20jährige, dunkelhaarige Frau, die sich vor Schmerzen wand und ihren Unterleib mit beiden Armen fest umschlossen hielt – das Laken unter ihr mit frischem Blut durchtränkt. Sie war ansprechbar, leider nur auf italienisch. Ihrem verzweifelten Lamento entnahm ich mit meinen noch vorhandenen Lateinkenntnissen nur einen Satz, den sie immer wiederholte und der mir noch heute in den Ohren klingt: «Mio dio – cosa ho fatto!» – Mein Gott, was habe ich getan!

Der herbeigerufene Anästhesist und das übrige Bereitschaftspersonal hatten Mühe, sie zur OP vorzubereiten. Die Narkoseuntersuchung ergab, daß sie in der 16. Woche schwanger war und sich intravaginal stark blutende Verletzungen zugefügt hatte, um das Kind abzutreiben. Die sichtbaren Wunden konnte ich operativ versorgen, wußte jedoch nicht, ob das Kind noch lebte und ob sie auch innere Verletzungen davongetragen hatte.

Per Ultraschalldetektor konnten wir jedoch gegen Mitternacht das kindliche Herz klar und deutlich schlagen hören – im Einklang mit den Kirchenglocken, die gerade zur Mitternachtsmesse riefen.

Später stellte sich heraus, daß Patricia von ihrem frisch angetrauten Ehemann in Italien betrogen worden war und sie gehört hatte, daß legale Abtreibungen in Deutschland auch noch im vierten Monat möglich wären. Nach verzweifelter und vergeblicher Odyssee hatte sie schließlich in einem Stundenhotel zur «Selbsthilfe» gegriffen.

Wir konnten Kontakt zu ihrem Ehemann herstellen, der sie – reumütig angereist – dann persönlich in der Klinik abholte.

Seit Jahren bekomme ich aus Gallipoli am tarentinischen Meer eine Weihnachtskarte von Natale – so haben sie den Jungen damals getauft. Er ist jetzt 24 Jahre alt, seine Frau ist schwanger und wird im Dezember entbinden.

Eines Tages werde ich Natale und seine kleine Familie besuchen – wer weiß, vielleicht sogar zu Weihnachten ...

Dr. med. Ingo Sonntag, geboren im Juli 1941 in Dresden, Medizinstudium u. a. in Würzburg, Innsbruck und Georgia/USA. Promoviert im Fachbereich Mammographie. Seit 1976 als niedergelassener Gynäkologe in Hamburg tätig (Spezialgebiet: Früherkennung von Brustkrebs). Zahlreiche fachspezifische Veröffentlichungen in der Presse. Dr. Ingo Sonntag hat den Privatpiloten-Schein, ist aktiver Sportbootfahrer und Golfer. Er hat eine Tochter und lebt in Hamburg.

Marianne Rogée

Danach nannte ich sie Mama

Zögernd setzte ich meinen Fuß auf den verlassen wirkenden Bahnsteig. Der kleine Bahnhof lag ganz still da. Niemand war zu sehen. Ein «12-Uhr-mittags-Gefühl» beschlich mich. Aber statt eines «Showdown» erwartete ich meine Mutter, mit der ich zum ersten Mal den Heiligen Abend verbringen sollte.

Gott sei Dank lag Schnee, ein kleines, äußerliches Zeichen von Weihnachtlichkeit. Mein Herz schlug schneller bei dem Gedanken, einen ganzen Abend mit dieser Frau zu verbringen, die meine Mutter war.

Dann sah ich sie kommen. Eine gutaussehende ältere Dame, dachte ich, so Kleidergröße 38.

Damals war diese «ältere Dame» jünger als ich heute, und bei «ältere Dame» müßte ich eine «Kröte» schlucken.

Wie das Gespräch beginnen? Sollte ich mich entschuldigen, daß sie nie etwas von mir gehört hatte?

Wir umarmten uns.

Ich: «Wie geht's?» (Das hätte ich auch den Briefträger fragen können.)

Ich habe nie nach ihr geforscht, seit ich erfahren hatte, daß sie außer mir noch ein uneheliches Kind hatte!

Eins ja, aber zwei!!!

Sie sagte so etwas wie «ja, hier geradeaus, dann dahinten links», als wäre sie nicht neben mir gegangen auf dem Weg zu ihrem Zuhause.

Es waren kaum Menschen unterwegs – ein paar mit sehr neugierigen Augen. – Lange Zeit nach Weihnachten, ich ging mit meiner Mutter und meinem Bruder Manfred durch den Ort, stellte meine Mutter uns einer Frau, der vor Neugier die Augen quollen, mit den Worten vor: «Ja, Sie sehen richtig, das Fräulein Rogée mit ihren Kindern Manfred und Marianne, guten Tag noch.»

So, wir waren da. Ein kleines Häuschen auf einem Kirchplatz, so klein, daß ich dachte, ich könne ihm übers Dach streicheln. Nelli war da. Ein kleiner Hund, wie eigentlich die Hunde meiner Kindheit fast alle aussahen: kurzhaarig, schwarz-weiß kariert, zu dick, Schweinchenschwanz.

Wir gingen in ein Zimmerchen. Dort stand ein wundervoll geschmückter Weihnachtsbaum. Mutter sagte: «Einen schöneren habe ich im ganzen Wald nicht finden können.»

Ich: «Aha!!»

Dann entdeckte Mutter das Malheur. Sie hatte eine Platte mit Schnittchen vorbereitet. Schnittchen waren auch noch da, aber bis aufs Skelett abgefressen – von Nelli!

Mutter: «Nelli, komm her!»

Nelli kam platt wie eine Briefmarke auf uns zu, kläglich die Augen auf Mutter gerichtet. Sie energisch: «Sitz!»

Nelli setzt sich. «Gib Pfote!» Nelli, mit einem kleinen Laut, gibt ihr die Pfote. Mutter sagt: «Frohe Weihnachten Nelli!»

Nie hätte ich in so kurzer Zeit so viel über meine Mutter erfahren können.

Glückliches Weihnachtsfest.

Marianne Rogée, den Freunden der «Lindenstraße» bekannt als Isolde Pavarotti, ist in Münster geboren, lernte Industriekauffrau, nahm Gesangs- und Schauspielunterricht in Münster und lebt in Köln. Sie hat in Dortmund, Frankfurt, Stuttgart, München, Köln und Düsseldorf Theater gespielt, für den Film «1000 Rosen», erhielt sie den niederländischen Filmfestivalpreis, Utrecht. Bei allen ARD-Anstalten war sie als Synchron-Sprecherin tätig. Sie arbeitete als Animateurin, Regisseurin, Schauspielerin im «Modellversuch Künstler und Schüler» mit Schülern und Lehrern. Sie ist Gründerin, Autorin und Schauspielerin im Kabarett «Die Gradmesser» in Köln.

Christian Blunck
Weihnachten

Irgendwie war es schon ein merkwürdiger Morgen. Ich verspürte ein Gefühl der Unsicherheit, irgend etwas war anders, aber ich konnte nicht gleich feststellen, was es sein könnte. Ein seltsamer Traum hatte mich schon in der Nacht einen sehr unruhigen Schlaf haben lassen, doch wußte ich wie immer beim Aufwachen nicht, was es gewesen war. Es beschäftigte mich eine Weile, doch dann gehen die Gedanken doch recht schnell zur ganz normalen Tagesordnung über, und die kommenden täglichen Problemchen fangen an, sich im Kopf festzusetzen und fast den ganzen Teil des Gehirns in Anspruch zu nehmen.

Es war kurz vor Weihnachten, und ich stand wie gewöhnlich früh auf, um zur Arbeit zu gehen. Nachdem ich mich fertig gemacht und die dicke Jacke angezogen hatte und schon für den Schnee gerüstet war, klingelte das Telefon. Meine Schwester war am anderen Ende und erzählte, daß ihr in der letzten Nacht die Fruchtblase geplatzt sei, in der in den letzten neun Monaten ihr Nachwuchs herangewachsen war. Es wurde dann kurzerhand beschlossen, noch ein gemeinsames Frühstück bei unserer Mutter zu veranstalten, bevor sie sich auf den Weg in die Entbindungsstation machen mußte, um ein neues Leben zur Welt zu bringen.

Das Frühstück war natürlich doch von Hektik geprägt, denn erstens war meine Schwester doch ein wenig aufgeregt, und zweitens klingelten ständig das Telefon und die Türglocke.

Endlich war es soweit, meine Schwester machte sich so langsam auf den Weg in die nur um die Ecke liegende Frauenklinik, noch einmal machte sich ein wenig Unruhe breit, und auch ich wollte mich langsam mit meinem Hund in Richtung Arbeit bewegen. In der ganzen Hektik dieses Morgens war mein Hund ganz klammheimlich aus der Haustür verschwunden und hatte sich aus dem Staub gemacht. Dies war nichts Neues, denn ich war daran gewöhnt, daß er allein die Gegend unsicher machte und oftmals einige Stunden unterwegs war, ohne daß ich mir Sorgen machen mußte. Meistens erfuhr ich, wo er sich gerade aufhielt, denn die Leute kannten ihn und erzählten mir im Geschäft immer gleich, wo sie ihn zuletzt gesehen hatten. Ich ging also zur Arbeit und hoffte, daß der Kleine auch so schlau war, über den Weg zurück zu meiner Mutter die Fährte Richtung Geschäft aufzunehmen. Besonders zufrieden war ich mit dieser Situation allerdings nicht, denn ich hatte definitiv nicht genügend Zeit, ihn zu suchen, war aber auch nicht so cool, daß ich mir nicht ernsthaft Gedanken gemacht hätte, wie das an diesem Tag denn nun werden sollte. Meine Schwester konnte ja nun jeden Moment Mutter werden, und vielleicht wurde auch ich dort irgendwann gebraucht. Es lag schon seit einigen Tagen Schnee, und während ich so über den festgestampften Schnee in mein Geschäft schlitterte, hielt ich gleichzeitig Ausschau nach dem eigenwilligen Tier, das immer machte, was es wollte und anscheinend auch heute erst mal allein seinen Spaß haben wollte. Ich hoffte, den kleinen Rotzlöffel zu sehen und ihn dann mitzunehmen, um ihn heute nicht mehr davonlaufen zu lassen. Ich kam im Geschäft an und war immer noch allein. Sofort war ich voll in meinem Element und hatte reichlich zu tun. Alle Gedanken, die an diesem Tag schon so intensiv durch meinen Kopf geströmt waren, besonders diese «natürlichste Sache von der Welt», ein neues Leben zur Welt zu bringen, waren einfach verflogen. Irgendwie war es möglich, die eine Schublade zuzumachen und eine neue aufzureißen.

Die Kunden, das Telefon, die Mitarbeiter und alles Sonstige erforderten meine Aufmerksamkeit. Die Zeit verging, ohne daß ich an meine Schwester oder an meinen Hund dachte. Der Alltag hatte mich wieder voll eingenommen.

Das Telefon klingelte. Ich selbst nahm den Hörer nicht ab. Ich war zwar mit etwas anderem beschäftigt, konnte aber oft bei den Telefonaten der Mitarbeiter zumindest mit einem Viertel Ohr mithören, damit ich bei jedem Problem schnell eingreifen konnte. Es ging um meinen Hund. Sofort hatte ich einen heftigen Adrenalinausstoß. Ich hatte ihm vor einigen Tagen ein Schild machen lassen, auf dem zwei Telefonnummern eingraviert waren, damit man mich anrufen konnte, falls man ihn irgendwo finden würde. Die Wahrscheinlichkeit, daß etwas passiert sein konnte, war ja ohnehin recht hoch und nach dem seltsamen Gefühl, das ich an diesem Morgen hatte, war für mich klar, daß es ihn irgendwie erwischt haben mußte. Ich wurde ans Telefon gerufen. Ich hatte einen Kloß im Hals, fing an zu schwitzen und eine Art Film spielte sich in meinem Kopf ab. Die Stimme am anderen Ende sagte nur, daß ein kleiner, brauner Hund am Straßenrand vor ihrer Wohnung liegen würde, an dessen Halsband sie ein Schild mit der Nummer, die sie gerade gewählt hatte, entdeckt hätte. Es konnte nur mein kleiner, verrückter Köter sein, der immer meinte, daß ihm nichts passieren würde, der stolz wie Oskar durch die Nachbarschaft stolzierte und sein doch recht großes Revier voll im Griff hatte. Ein echter Straßenköter, der mit seinen zwei Jahren zwar noch sehr jung, aber schon sehr erfahren war. Nun lag er gleich um die Ecke an der größten Straße seines Reviers. Ich nahm irgendein Fahrrad eines Mitarbeiters und war schon fast am Ort des Geschehens, bevor die Dame den Hörer aufgelegt hatte, um auch wieder auf die Straße zu gehen, denn sie wollte natürlich wissen, wie es weitergehen würde. Der Kleine lag leblos da, die Zunge hing heraus, er sah elend aus. Die Augen waren offen, nahmen aber kaum noch etwas wahr. Ich war wie gelähmt. Im ersten Moment dachte ich an meine Schwester, die gerade im Begriff war, ihr Kind zur Welt zu bringen, und gleichzeitig an den Tod, denn der Kleine sah nicht gut aus und die Möglichkeit, daß er diesen Unfall nicht lebend überstehen würde, war für mich im ersten Moment mehr als wahrscheinlich. Leben und Tod. Ein Tod für ein neues Leben. Sollte mein Hund dieses Opfer sein, sollte ich das Leid tragen, damit ein neues, gesundes Leben zur Welt kommen konnte? Ich liebte diesen Hund wie kaum einen Menschen, ich würde in diesem Moment der unglücklichste Mensch dieser Erde sein. Diese Gedanken spielten sich in Millisekunden ab. Ich wußte nicht mehr, wie viele Menschen um mich herum waren, daß ein Motorradfahrer den Hund angefahren hatte, ob es überhaupt einen Unfall gegeben hatte, nichts, aber auch gar nichts hatte ich wahrgenommen. Ich hatte nur diese kleine hilflose Kreatur am Straßenrand liegen gesehen, und es war mir klar, daß sehr schnell etwas getan werden mußte. Ich beugte mich herunter und versuchte ihn anzusprechen, um zu testen, ob er mich wahrnehmen konnte. Zumindest wußte ich, daß er noch lebte und schnelle Hilfe nötig war. Ich schob meine Hände ganz langsam unter seinen warmen Körper, der nicht mehr als zwölf Kilo wog und gerade von einem Motorrad überfahren worden war. Ich wollte ihm nicht noch mehr wehtun und war sehr vorsichtig. Ich hatte ihn auf dem Arm und stellte mich mitten auf die Straße, um ein Auto anzuhalten, das mich zum Tierarzt fahren konnte. Zum Glück war der Tierarzt nur einige Querstraßen vom Unfallort entfernt und der Fahrer, der anhalten mußte, da ich so provokativ auf der Straße stand, brachte mich freundlicherweise auf dem schnellsten Weg dorthin. Die Minuten mit dem Kleinen im Arm vergingen viel zu langsam und ich hatte Mühe festzustellen, ob er noch am Leben war. Die Gedanken über Leben und Tod kreisten wieder durch meinen Kopf. Ich hoffte natürlich, daß es der Kleine schaffen würde. Allerdings hoffte ich natürlich auch, daß meine Schwester keine Komplikationen bei der Geburt ihres Kindes haben würde. War es zuviel des Bittens, zwei Leben zu wünschen, und nicht das eine für das andere?

Es war schrecklich. Ich wollte beides. Eine gesunde

Nichte oder Neffen und meinen kleinen Hund in einem lebensfähigen Zustand.

Er kam sofort an den Tropf, und nun ging die Warterei erst richtig los. Ich blieb natürlich bei ihm und versuchte ihm zuzureden so gut wie ich konnte.

Mein bester Freund war inzwischen eingetroffen und machte mir Mut. Er sagte, der Kleine würde es schon schaffen, er wäre doch ein zäher Bursche.

Wir gingen zurück ins Geschäft, denn der Tierarzt meinte, daß wir ja eh nichts machen könnten, und es würde schon alles gut gehen. Mit gemischten Gefühlen verließ ich meinen Kleinen und erkundigte mich sofort, ob meine Schwester schon so weit wäre. Gegen Abend war noch immer nichts geschehen, weder das Kind geboren, noch eine Nachricht über meinen Hund.

Er sollte über Nacht beim Tierarzt bleiben, und ich sollte am nächsten Morgen wiederkommen. Wie sollte ich bloß diese Nacht überstehen?

Ich konnte an diesem Abend also nur zu Hause sitzen und auf die Dinge warten, die da kommen würden. Wieder dieselben Gedanken, dieselben Wünsche, dieselben Hoffnungen. Einige unruhige Stunden waren vergangen. Das Telefon klingelte. Was für ein schreckliches Geräusch! Leben oder Tod? Vielleicht auch Ende gut, alles gut? Ich nahm schnell den Hörer ab, um von dem Unwissen erlöst zu werden. Meine Schwester hatte eine Tochter geboren. Was für eine Freude. Es war alles gutgegangen, alle waren gesund und wohlauf. Ein kleines gesundes, fröhliches und natürlich süßes junges Mädchen hatte an diesem Tag das Licht dieser interessanten Welt erblickt. Sofort schoß mir die Frage durch den Kopf, was dieses junge Mädchen denn wohl zu erwarten hatte. Und würde sie meinen kleinen Hund noch kennenlernen oder nicht?

Vor der Antwort auf diese Frage stand noch eine schlaflose Nacht. Als das Telefon am nächsten Morgen klingelte, hatte meine innere Unruhe schon so heftig an meinen Nerven gezerrt, daß ich die Stimme nur noch in Trance wahrnehmen konnte. Der Kleine war noch am Leben. Ich sollte bitte in die Praxis kommen. Sofort machte ich mich auf den Weg durch den Schnee. Auf dem Weg zur Praxis wurde mir bewußt, daß es kurz vor Weihnachten war. Weihnachtsstreß, Hektik, Geschenke, an andere Menschen denken, Weihnachtsgans oder ähnliches war in den letzten 24 Stunden aus meinem Kopf gewichen. Es war kein Platz für solche «unwichtigen» Dinge. In den letzten 24 Stunden war es nur um Leben und Tod gegangen. Ich war glücklich. Dieses Weihnachten war für mich das Leben der Gewinner. Doch hatte ich mich nicht gefragt: Ein altes Leben für ein neues? Welches ist es denn dann gewesen? Neue Gedanken schossen mir durch meine Hirnrinden. Ich hatte Glück, mir war bewußt, wie gut es mir ging. Vielleicht konnte ich ja zu Weihnachten etwas von diesem Glück noch abgeben. Ich wollte eigentlich jeden an meinem Glück teilhaben lassen. Ich brauchte nichts mehr. Meinen kleinen humpelnden Hund und der Gedanke, daß es den Menschen, die ich liebte, gutging. Ein besinnliches Weihnachtsfest stand bevor.

Büdi (Christian) Blunck wurde 1968 in Hamburg geboren, spielt seit seinem sechsten Lebensjahr Hockey im Harvestehuder Tennis- und Hockey-Club (HTHC) – seine Mutter ist die ehemalige Hockey-Nationalspielerin Greta Blunck. Büdi

Blunck gehört seit 1989 zur deutschen Nationalmannschaft – seit 1992 als Kapitän – und erzielte in 195 Länderspielen 58 Tore. Mit seiner Mannschaft wurde er Europameister, holte mehrfach die Champions Trophy und 1992 Gold bei der Olympiade in Barcelona. Seit 1990 ist Büdi Blunck selbständiger Unternehmer, verkauft in fünf Filialen seines «Büdi's Hockey Pools» alles, was das Hockeyspieler-Herz begehrt.

Wolfgang Spier

Und das am *H*eiligabend...

Die Geschichte ereignete sich Weihnachten 1944, also am letzten Weihnachtsfest des «1000jährigen» Reichs.

Um sie verstehen zu können, muß ich leider ein wenig in meine eigene Biographie zurückgehen.

Ich stamme aus einer «Mischehe» – ein von den Nazis erfundener Ausdruck für eine Ehe, die zwischen einem jüdischen und einem christlichen Partner geschlossen wurde. Mein Vater war Jude, meine Mutter Christin, und ich war evangelisch getauft. Damit war ich nach den sogenannten «Nürnberger Gesetzen» ein «Mischling 1. Grades» und gegenüber meinen jüdischen Mitbürgern insofern «privilegiert», daß ich keinen «Judenstern» tragen mußte und vor allem von Deportationen verschont blieb. Meine Abgrenzung zu den anderen Deutschen bestand darin, daß mir nicht erlaubt war, zu studieren oder als «Kulturschaffender» (Künstler, Journalist, etc.) tätig zu sein. D. h. Arbeiter oder Angestellter – und das keinesfalls in leitender Stellung – war meine einzige Arbeitsmöglichkeit. Und so wurde ich Bankangestellter. Und das hat nun schon mit meiner Geschichte zu tun. Mehr jedenfalls als die Tatsache, daß es mir auch verboten war, mich deutschen Mädchen zu nähern. Wie ich das überstanden habe – ich war in jener Zeit immerhin zwischen 18 und 25 Jahre alt –, ist eine andere, vielleicht eine Ostergeschichte.

Wie schon erwähnt, wurden wir «Mischlinge» (wir nannten uns damals mit Galgenhumor «Mampe halb und halb») nicht deportiert, d. h., wir kamen in keine Lager – bis Mitte oder Anfang 1944. Ab da wurden wir zu O. T. (Organisation Todt) eingezogen. Das waren Arbeitslager (keine KZs), aber schon ähnlich aufgezogen. Von da aus wurde man zu diversen schweren körperlichen Arbeiten eingeteilt in Rüstungsbetrieben, Befestigungsstellungen usw.

Im Juli 1944 erlitt ich nach einem schweren Luftangriff auf Berlin in der Bank, in der ich tätig war, bei Aufräumungsarbeiten an beiden Beinen schwerste Verbrennungen (ich war mit einem zusammenbrechenden Stockwerk in glühende Asche gefallen).

Ich kam in ein Krankenhaus, das ich erst Ende November wieder verlassen konnte. Zu der Zeit gab es noch kein Penicillin bei uns – und den Ärzten gelang es nur mit Mühe, eine Amputation zu verhindern. Während ich dort lag, bekam ich über die Gestapo (Geheime Staatspolizei) die Einberufung zur O. T. Aber der Gestapomann konnte sich persönlich davon überzeugen, daß ich nicht transportfähig war. Ich war also vorläufig erst mal gerettet. Das nenne ich Glück im Unglück!

Als ich Ende November entlassen wurde – meine Narben sahen noch furchterregend aus –, ging ich, um möglichst behindert auszusehen, nur mit Stock, was aber in Wirklichkeit überhaupt nicht mehr nötig war. Ich dachte mir, es sei gut, wenn ich zur «Erholung» irgendwie aus Berlin rausginge, da ja auch die Bürokratenmühlen bei der Gestapo langsam arbeiteten, und ich so vielleicht die Sache noch hinauszögern könnte.

Ich setzte mich also in den Zug nach Freiberg in Sachsen, ein kleines Städtchen bei Dresden. Dort war meine Schwester an der Oper als Sängerin engagiert. Warum sie künstlerisch tätig sein konnte und ich nicht, ist eine andere absurde Geschichte und hängt damit zusammen, daß sie schon 3 Monate nach der Hochzeit meiner Eltern zur Welt kam.

Nun also kam der 24.12.44. Wir waren schon ganz in weihnachtlicher Stimmung – meine Schwester hatte eine kleine Tochter –, als es gegen 14 Uhr klingelte und ein Bote einen eingeschriebenen Eilbrief brachte: die Aufforderung von der Gestapo Halle, mich unverzüglich in dem OT-Lager Weißenfels (bei Halle) einzufinden. Die Mühlen hatten also langsam, aber preußisch-zuverlässig gearbeitet. Zu der Zeit mußte man sich ja – auch wenn man sich nur zwei Tage irgendwo aufhielt – sofort polizeilich melden, und so hatte mich eben die «sächsische» Gestapo aufgespürt.

Nun war mir bekannt – die Kommunikation zwischen uns «Verfolgten» funktionierte immer noch hervorragend –, daß das Lager «Weißenfels» berüchtigt dafür war, KZ-ähnlich geführt zu werden. Am «angenehmsten» seien immer noch die Lager in und um Berlin. Vielleicht, weil es in Berlin so viele unserer Spezies gab und wir nicht so «exotisch» waren, wie einzelne von uns in der Provinz.

Jedenfalls machte ich mich noch am Heiligabend auf nach Berlin, meldete mich am nächsten Morgen – immerhin der 1. Feiertag! – bei der Gestapo Berlin mit dem Schreiben aus Halle und der empörten Frage, was ich denn mit Halle zu tun hätte, ich gehörte doch zur Gestapo Berlin. Das war ein genialer Schachzug, denn nun erwachte das preußische Zuständigkeits-Konkurrenzdenken, und ich hörte nur: «Natürlich, geben Sie mal her den Wisch, und melden Sie sich nach Weihnachten bei unserm zuständigen Arzt zur Tauglichkeitsuntersuchung!»

Das tat ich denn auch. Da meine Narbe noch fürchterlich aussah, und ich entsprechend schmerzverzerrt reagierte, wurde ich als «laguntauglich» eingestuft. Allerdings würde ich in Kürze zu Aufräumungsarbeiten einberufen werden. Das waren Trupps, die jeden Morgen neu eingeteilt wurden, um die schlimmsten Trümmer der letzten Nachtangriffe zu beseitigen.

Als die Aufforderung kam – es war nun schon Mitte Januar –, habe ich sie einfach ignoriert. Das hab' ich gewagt, denn kurz zuvor war das Haus, in dem ich wohnte, durch einen Bombenvolltreffer total zerstört worden. Und ich war in jener Nacht zum ersten Mal seit 40 Tagen nicht zu Hause. Zum zweiten Mal Glück im Unglück!

Von da an bis Kriegsende bin ich dann untergetaucht und konnte den nächsten Heiligabend friedlich, gesund und befreit feiern.

Wolfgang Spier, 1920 in Frankfurt/M. geboren, Schulzeit in Berlin. Ausbildung zum Bankkaufmann – ein Medizinstudium war ihm wegen seiner Abstammung verboten. Nach Kriegsende Schauspielunterricht, dann als Schauspieler und Assistent von Karlheinz Stroux nach Wiesbaden. Ab 1949 als Regisseur in Berlin. Mitbegründer des legendären Theater-

Clubs im British Center (u. a. mit Horst Buchholz, Martin Benrath, Kurt Meisel). Zahlreiche Auszeichnungen (u. a. Kulturpreis der Stadt Berlin, Kritikerpreis). Große Erfolge im Fernsehen (50 Sendungen von «Wer dreimal lügt»), als Regisseur von «Ein verrücktes Paar» (mit Harald Juhnke und Grit Boettcher) und auf den deutschen Theaterbühnen. Wolfgang Spier lebt in Berlin.

Nicole Uphoff

Weihnachten mit Rembrandt

Viele Leser werden mein Pferd *Rembrandt-Borbet* kennen, mit dem ich vier olympische Goldmedaillen gewonnen habe. Ihm habe ich meine reitsportliche Karriere zu verdanken. Alle nationalen und internationalen Championate haben wir zwischen 1987 und 1996 gewinnen können. Zwischen uns besteht mehr als eine sportliche Partnerschaft – es hat sich im Laufe der Jahre ein inniges Verhältnis entwickelt. Mein *Remmi* ist für mich (fast) das Wichtigste auf der Welt.

«Ein Genie tritt ab», so beschrieben es die Medien, als wir in der Vorweihnachtszeit 1996 unseren letzten großen Auftritt hatten. Im Rahmen des internationalen Reitturniers in der Kieler Ostseehalle wurde *Rembrandt-Borbet* vor vollem Haus aus dem aktiven Reitsport verabschiedet.

Das Turnier in Kiel habe ich immer ganz besonders gerne besucht. Die weihnachtlich geschmückte Innenstadt, der Duft von Zimt und Glühwein in der Ostseehalle, die gemütliche Atmosphäre im Umfeld der Veranstaltung – all das hat mich immer gerne dorthin kommen lassen. Ende 1996 kam ich mit gemischten Gefühlen nach Kiel.

Der letzte Auftritt mit *Remmi*. Was hatten wir bis dahin alles gemeinsam erlebt! Fast zehn Jahre an der Spitze der «Dressurszene», fast die gesamte Welt gesehen, viel Freude und Glück erlebt, aber auch manche Enttäuschung überstanden. Ein letztes Mal sollten wir im Rampenlicht stehen. – So hatte es der Kieler Veranstalter geplant. Die *Rembrandt-Gala* bestand aus einem zweistündigen Programm.

Ganz zum Schluß sollte unser Auftritt sein. Da ritt ich nun, ganz alleine, in der Vorbereitungshalle. Früher bereiteten mit mir auch die sportlichen Konkurrenten ihre Pferde vor. Jetzt waren wir ganz alleine. Beobachtet nur von Fotoapparaten und Kameras. Wir wußten beide: Unser Publikum, unsere Fans hatten hohe Erwartungen. Und da war es wieder: das Kribbeln, das immer dann kommt, wenn es um alles geht. Und da zeigte auch *Rembrandt-Borbet* wieder seine ganzen Charaktereigenschaften: nervös und erwartungsvoll gespannt, dennoch voll konzentriert, aber immer bereit, sich ablenken zu lassen, genial und elegant in seinen Bewegungen. Der Aufruf «Nicole, bitte zum Vorhang vorreiten». Nochmals der Gedanke «das letzte Mal» – Trauer, Wehmut? Keine Zeit! Wir wollen unser Publikum nicht enttäuschen. Dann die Worte des Ansagers Hans-Heinrich Isenbart: «Eine Legende tritt ab.» Danach die Auflistung unserer Erfolge. Alles läuft an meinem geistigen Auge nochmals vorbei. Mit 21 Jahren die jüngste Dressur-Olympiasiegerin aller Zeiten – damals 1988 in Seoul. Und jetzt – das letzte Mal. Der Vorhang geht auf. Die Halle ist abgedunkelt. Zwei Scheinwerfer erfassen uns und geleiten uns in die Arena. Und es ist wie immer. *Rembrandt-Borbet*, der Star. Genialität und ein bißchen Eitelkeit bringen auch heute wieder die Mischung, die *Remmi* stets zur Höchstform auflaufen ließ. Noch einmal die schwierigste Dressurprüfung der Welt, der GRAND PRIX SPECIAL. Zwei olympische Einzel-Goldmedaillen haben wir mit den Piaffen und Passagen, mit starkem Trab und den fliegenden Galoppwechseln gewonnen. Konzentration. Jetzt kein Gedanke an «das letzte Mal». Die Schlußaufstellung. Halten und grüßen. Das Publikum applaudiert, minutenlang. *Remmi* hebt den Kopf. «Wir haben gewonnen», scheint er in diesem Moment zu denken. Und ich gebe ihm recht. Wir haben gewonnen: die vielen Fans in aller Welt, die vielen Herzen der Menschen, die uns täglich schreiben (An *Rembrandt-Borbet*, Warendorf), die Sympathie der Menschen in der Ostseehalle. «Time to Say Good-Bye» schallt es zum Schluß aus den Lautsprechern. Die Menschen winken mit Wunderkerzen. Eine Legende tritt von der sportlichen Bühne ab. – Aber mein *Remmi* und ich bleiben zusammen – solange es geht!

Nicole Uphoff, geboren 1967 in Duisburg, ist mit zahlreichen Deutschen Meisterschafts-, Europa- und Weltmeister-Titeln und vier olympischen Siegen die erfolgreichste Dressur-Reiterin aller Zeiten. Von 1987 bis 1989 gewann sie mit ihrem Ausnahme-Pferd «Rembrandt» (Westfalen-Wallach, 1977 geboren und von Nicoles Vater Jürgen Uphoff entdeckt) insgesamt 30 Grand-Prix- und Special-Turniere, davon 21 in Folge. Im Herbst 1996 verabschiedete Nicole Uphoff ihren «Rembrandt-Borbet» im Rahmen einer Abschiedstournee und hat seit März 1998 den Beritt und die Vorstellung der Hengste aus dem Cappelner Gestüt Vorwerk übernommen.

Johannes von Buttlar

Die grüne Tür

Es liegt Jahre zurück und geschah in Australien zur Weihnachtszeit. Mein Bericht gibt einen Vorfall wieder, den man dort zuallerletzt erwarten würde. Denn Australien ist nach wie vor ein Land der Pioniere, und das Leben spielt sich größtenteils im Freien ab. Eine neue Welt, in der kein Platz ist für Metaphysik, so sollte man glauben.

Es passierte 1957, als ich an der Universität Melbourne studierte. Die Semesterferien hatten gerade begonnen, und ich pflückte Beeren auf einer riesigen Obstfarm in den Dandenong Hills, mit meinem chinesischen Kommilitonen Ang. Zwei Wochen waren vergangen, und die Beerenpflückerei hing mir zum Halse heraus. Viel früher als ursprünglich vorgesehen, setzte ich mich in Dandenong in den Zug und fuhr nach Melbourne zurück. Ang war auf der Farm geblieben.

Da ich bei Semesterschluß mein möbliertes Zimmer aufgegeben hatte, mußte ich mir nun ein neues suchen. Im Anzeigenteil einer Tageszeitung fand ich bald, was ich suchte. In East Melbourne war ein Zimmer annonciert, das genau richtig zu sein schien.

Es war ein brütendheißer Tag.

Ich schlenderte an der Flinder Street Station vorbei und durchquerte den Park nach East Melbourne.

Dort gibt es die schönsten weißen Villen, die man sich denken kann. Bald erreichte ich die Straße, in der das Zimmer zu vermieten war. Eine Villa löste die andere in der Zurückgezogenzeit ihrer weitläufigen Gärten ab. Und in Gedanken sah ich meine zukünftige Bleibe bereits in einem der stattlichen Häuser. Nun, als sich ausgerechnet ‹mein Haus› als düster und verwaschen herausstellte, war die Enttäuschung groß. Es war ein grauer, heruntergekommener Kasten und dort völlig fehl am Platz. Ich hätte auf der Stelle umkehren sollen.

Aber irgend etwas Unerklärliches zog mich förmlich zu diesem Haus, trieb mich die wenigen Zementstufen hinauf bis zur offenen Tür, die vor langer Zeit einmal dunkelgrün gestrichen war und deren Farbe jetzt langsam abblätterte.

Eine muffige, dunkle Atmosphäre schlug mir entgegen, als ich zögernd klopfte.

Ich muß noch einmal betonen, daß von diesem Haus etwas obskur Anziehendes ausging, das mich in Bann schlug.

Ich klopfte noch einmal. Dann rührte sich drinnen etwas, und jemand kam ‹plattfüßig› die Treppe herunter. Erst als dieser ‹Jemand› die unterste Stufe erreicht hatte, erkannte ich im dunklen Flur eine Frau; eine gedrungene, dicke Frau mit großem bleichem Gesicht und glatten, fettsträhnigen Haaren.

Sie musterte mich aus kleinen stechenden Augen und stellte sich dann als Zimmerwirtin vor. Ich gab ihr zu verstehen, daß ich an dem ausgeschriebenen Zimmer interessiert sei. Ich benutzte absichtlich die Phrasierung ‹interessiert›, da ich bis zu diesem Augenblick immer noch glaubte, jederzeit umkehren zu können.

Wie dem auch sei, für ‹sie› jedenfalls war alles schon geregelt. Sie führte mich in ihrem grünweiß Quergestreiften nach oben, um mir das Zimmer zu zeigen.

Am Anfang des Flurs im ersten Stock stand eine Tür offen. Im Vorbeigehen notierte ich ein riesiges Doppelbett mit einem mickrigen farblosen Mann zwischen einigen Decken auf den blanken Matratzen. Vier oder sechs Kinder tobten um ihn herum, die er abwechselnd anschrie oder ohrfeigte. Der Wirt, wie sich herausstellte.

Wir passierten zwei verschlossene Türen. Die dritte machte die Vermieterin auf, als öffne sie die Flügeltüren des Versailler Schlosses. – Sie schob mich in einen kahlen Raum, dessen verblichene zitronengelbe Wände mich in müder Resignation anstarrten. Selbst ein Vorhang hätte die verstaubten Fenster nicht verstecken können. Das einzige Möbelstück war ein Bett.

Jetzt hätte ich auf der Stelle gehen müssen. Ich hatte nicht die geringste Veranlassung, dieses ‹Zimmer› zu mieten, es gab genug bessere in Melbourne. Statt dessen drückte ich der Wirtin stillschweigend vier Pfund in die fette schwitzende Hand, zog die Tür hinter ihr zu und ‹richtete mich in der neuen Behausung ein›. Das heißt, ich entnahm meinem Koffer einige Bücher, denn von auspacken konnte keine Rede sein, schob den Türriegel vor, obwohl ich sonst nicht gerade ängstlich bin, legte mich hin und las; den alten Goriot von Balzac, daran erinnere ich mich heute noch.

Nach etwa zehn Minuten klopfte es zu meiner Überraschung. Wer konnte das sein? Meine Freunde wußten – Gott sei Dank – nicht, daß ich hier hauste.

Ich öffnete die Tür und fand mich einem kleinen schwartigen Mann gegenüber, der mich in Bierdunst einhüllte. Mit gutturalem Akzent machte er sich als Zimmernachbar bekannt und ließ mich wissen, daß er Neu-Australier polnischer Herkunft sei. Grund genug, mir auf die Schulter zu schlagen und in Tränen auszubrechen. Gleichzeitig hielt er mir eine Bierflasche hin. «Trink», sagte er, «ich bin Schichtarbeiter in der Brauerei und krieg's umsonst.» Seine Freizeit verbrachte er damit, auf dem Rennplatz schichtweise zu gewinnen oder zu verlieren. Und wieder rollten ihm die Tränen die Backen herunter. Dabei mußte er von der ‹Gewinnschicht› kommen, denn die Pfundnoten hingen ihm bündelweise aus den Taschen. Ich mußte unbedingt sein Zimmer ansehen, wenigstens besaß er einige Möbel. Die Bierkästen standen kreuz und quer im Zimmer herum, und an einer Wäscheleine von einer Wand zur anderen hingen ungefähr ein Dutzend Salami-Würste. Nach einem weiteren Bier konnte ich mich loseisen.

Es waren kaum fünf Minuten vergangen, als es abermals klopfte. Mein erster Gedanke war, um Himmels willen, nur nicht schon wieder Wadjislav. Widerwillig öffnete ich die Tür. Da stand zu meiner Verwunderung ein langer dürrer Mann mir roten Lidern über verwaschenen Augen.

«Na, wie geht's dir, Kumpel», begrüßte er mich in breitestem australischem Akzent, «ich wohne zwei Türen weiter, mein Name ist Charles.» Wobei ‹Charles›, in exquisitestem Oxford English betont, völlig aus dem Rahmen fiel.

«Du mußt meine Sheila kennenlernen», drängte er. In Australien ist Sheila nicht nur ein Mädchenname, sondern auch der allgemein benutzte Begriff für Freundin.

Was blieb mir übrig. Ich folgte Charles und stellte mir im Geist ein großes schlankes Mädchen vor, in weißem Kleid und passendem breitrandigem Sommerhut, der Mode entsprechend, das sittsam auf einem Stuhl Charles' Rückkehr erwartete.

Als Charles die Türe öffnete, bot sich mir ein geradezu groteskes Bild. Denn Sheila, in Charles' Schlafanzugjakke verpackt, hockte wie ein trauriger Papagei mit roten Ringellöckchen im Bett. Um die blaßblauen Augen hatte sich ihr übertriebenes Make-up aufgelöst und lief in schwarzen Streifen die Backen entlang.

Auch Charles führte ein möbelloses Dasein, darum mußten wir uns aufs Bett setzen. Wie sich ergab, war Sheila die lokale Prostituierte und philosophierte gern. Denn als wir so dasaßen, warf sie plötzlich die Frage auf, ob wir wirklich sind oder etwa nur träumen, daß wir sind. Dabei bedachte sie mich mit einem sorgenvollen, nachdenklichen Blick! Charles geriet durch Sheilas unerwartete philosophische Aspekte derart in Wut, daß er ihr mit den Worten «jetzt merkst du, daß wir sind», eine schallende Ohrfeige verpaßte. Beim nachfolgenden Streit verschwand ich unbemerkt. –

In den kommenden Tagen las ich fast ohne Unterbrechung. Nur wenn ich hungrig war, mußte ich in die Küche hinunter; ein abstoßendes Beinah-Quadrat mit vorhanglosem Fenster und Ausblick auf die nächste Hauswand. In der Mitte stand ein großer schmieriger Tisch und ein alter Gasherd an der einen Wand. Ein paar Spinde, für jeden Mieter eines, an der anderen vervollständigte die Einrichtung. Eine vom Bratdunst geräucherte, nackte Birne spendete ein Minimum von Beleuchtung. Durch den dunkelgrünen Ölanstrich wurde die unfreundliche Atmosphäre noch unterstrichen.

Am anderen Ende, gegenüber der Küchentür, führte eine kleine schmale Tür zur Besenkammer, wie ich annahm. Es roch ständig nach Fisch und verbrannten Würstchen.

Manchmal traf ich dort Charles und Wadjislav, wenn wir nach Junggesellenart kochten.

Etwa nach vier oder fünf Tagen hatte ich das dringende Bedürfnis zu zeichnen. Ich besorgte mir also Farbstifte, Zeichenpapier und Reißzwecken. Da ich keinen Tisch besaß, mußte ich den Zeichenbogen an der Wand befestigen.

Es war Nachmittag.

Ich zeichnete eine Männergestalt, deren rechte Hand zur Faust geballt war, während die linke eine fragende Geste ausdrücken sollte. Doch diese linke Hand gelang mir einfach nicht. Ich hörte damit auf und zeichnete eine Reihe von Symbolen um die Gestalt herum – Bäume, Schlangen, Särge, seitenverkehrte Hakenkreuze, Kreise und Kirchenfenster.

Die Sonne ging unter, das Licht wurde schlecht.

Im Haus war es ausnahmsweise einmal ruhig. Charles und Wadjislav waren nicht da, und die Wirtsleute stritten sich zur Abwechslung einmal nicht.

Ich arbeitete fieberhaft, doch diese fragende Hand wollte einfach nicht gelingen. Es dämmerte bereits, trotzdem arbeitete ich unermüdlich weiter. Dann plötzlich, ohne jeden logischen Grund, nahm ich die Zeichnung von der Wand und ging damit in die Küche.

Dort war es noch dunkler. Trotzdem befestigte ich meine Zeichnung neben dem Fenster an der Wand, um das letzte Abendlicht auszunützen.

Die Stille war absolut.

Ich stand mit angestrengten Augen vor meiner Zeichnung. Plötzlich hörte ich ein leichtes Geräusch. Und ohne mich umzudrehen wußte ich, daß sich die schmale Tür geöffnet hatte. Ich war nicht im geringsten beunruhigt und starrte weiter auf meine Zeichnung. Dann hörte ich ein leichtes Schlurfen, das sich auf mich zu bewegte. Jemand atmete asthmatisch und blieb hinter mir stehen.

Ich war angespannt.

«Da und dort fehlen Schatten», sagte eine dunkle Frauenstimme. Wie hypnotisiert folgte ich den Anweisungen, und auf einmal war die vertrackte Hand richtig!

« – Die Schlange bedeutet das ‹ananta› – das Unendliche. Der Männerkopf verkörpert ‹brahmarandhra› – den Scheitel des Hauptes, das erhabenste Ziel. Und die fragende Hand ist das ‹vāma mārga› – der Pfad zur linken Hand; der Weg des ‹ānanda›, der die geheime Quelle und Förderung des ganzen Daseins ist, die Seligkeit des Geistes», erklärte sie mir weiter.

Unbewußt hatte ich Yoga-Symbole gewählt.

Doch als ich dann hörte, «endlich bist du gekommen,

ich habe auf dich gewartet. Jetzt kann ich es dir endlich geben, denn du bist von adhyaksa erwählt», drehte ich mich ärgerlich um. Das war mir einfach zuviel!

Doch als ich die Gestalt vor mir sah, eine zarte ältere Frau mit sehr lebendigen dunklen Augen und zum Knoten gerafften gleichfarbenen Haar, das ein helles, schmales Gesicht einrahmte, verflog mein Unwillen. Sie trug ein braunkariertes Tweedkostüm mit taillierter Jacke.

Wortlos wandte sie sich um und schlurfte zur schmalen Tür zurück, von der ich angenommen hatte, sie führe in die Besenkammer. Sie öffnete die Tür, und ich kann beschwören, daß kein Licht brannte, als die Fremde dahinter verschwand.

Ich wartete gespannt, bewegungslos, eingehüllt in blaugrünen Dunst, denn inzwischen war Dunkelheit angebrochen. Nach einer Weile öffnete sich die Tür wieder, unter der Last eines Bücherstapels gebeugt, kam die kleine Gestalt wieder auf mich zu. Verblüfft nahm ich ihr den Bücherstoß ab. Sie wandte sich wieder der Tür zu und sagte dabei etwas, von dem ich nur einen Bruchteil verstand. «... wenn du damit fertig bist, mußt du sie an den Richtigen weitergeben.»

Sie verschwand. Die Tür klickte ins Schloß.

Für eine ganze Weile stand ich regungslos da, ohne einen Gedanken fassen zu können.

Endlich trug ich die Bücher in mein Zimmer hinauf, ließ sie aufs Bett gleiten und machte Licht.

Zu meiner großen Verwunderung stellte ich fest, daß es sich um unschätzbar wertvolle, handgeschriebene alte Yoga-Bände in englischer Sprache handelte.

In der Einführung stand, daß diese Bücher für die Ausgewählten im Westen bestimmt und nicht verkäuflich seien.

Ich las, durchflog diese Bände die ganze Nacht. Und wenn es auch noch so pompös klingt, mir wurden die Augen geöffnet! Ich entdeckte Geheimnisse, die ich in keinem der Yoga-Bücher, die ich später erwarb, je wieder fand.

Als ich sie am nächsten Morgen gegen acht völlig erschöpft aus der Hand legte, klopfte jemand an die Tür.

Draußen stand Ang, mein chinesischer Studienfreund. «Wie kannst du nur in einer so schauderhaften Umgebung leben», empörte er sich. «Ich hab dich über tausend Umwege aufgetrieben, am besten kommst du gleich mit zu mir.»

Unerklärlich, auf einmal fühlte ich mich wieder frei und konnte das Haus verlassen, ich war nicht mehr gefangen. Meine Habe war schnell verpackt.

«Ich ziehe aus, das restliche Geld können Sie behalten», sagte ich der Wirtin beim Gehen.

«Übrigens, wer ist eigentlich die Frau, die in dem Raum hinter der Küche wohnt?»

«Welche Frau? Welcher Raum?» fragte die Wirtin perplex.

«Ich meine die schmale Tür in der Küche, die muß doch in das Zimmer führen, in dem die alte Frau wohnt?»

Die Wirtin sah mich an, als zweifle sie an meinem Verstand. «Sie wissen doch genau, daß dort die Besenkammer ist.» Damit ließ sie mich kopfschüttelnd stehen.

Ich verließ dieses Haus mit Ang und ging nie wieder dorthin zurück.

Inzwischen sind Jahre vergangen. Und wenn ich heute darüber nachdenke, ist mir klar, daß es tatsächlich eine Besenkammer war.

Außerdem trug die Fremde für Australien die völlig falsche Kleidung. Man läuft dort nicht im Tweedkostüm herum, am allerwenigsten im heißen Sommer.

Und noch etwas – das kam mir allerdings erst später ins Bewußtsein –, die Fremde sprach mit einem starken schottischen Akzent.

Und die Yoga-Bände? Die habe ich später an den Richtigen weitergegeben, das weiß ich bestimmt.

Johannes Baron von Buttlar-Brandenfels wurde 1940 in Berlin geboren und ist in Australien aufgewachsen. Er zählt zu den auflagenstärksten Sachbuchautoren der Gegenwart (Gesamtauflage: 28 Millionen) und beginnt dort zu erzählen, wo ein Science-fiction-Autor von der Wirklichkeit eingeholt wird und ein Wissenschaftler nicht die richtigen Worte findet. Für das ZDF drehte Johannes von Buttlar den Film «Es steht geschrieben – Auf der Suche nach der Weltformel». Zur Zeit arbeitet er an TV-Serien für das deutsche und englische Fernsehen.

Justus Noll

Die eigene Stimme

Ein weihnachtliches Musikmärchen

Es begab sich einmal zur Weihnachtszeit vor vielen, vielen Jahren, gegen 17 Uhr 31, daß ein Musiklehrer, den seine musikliebenden Eltern auf den Namen Wolfgang Sebastian Schulze getauft hatten, einsam und allein am Bette seines sterbenden Schwiegervaters saß. Seine Frau war beim Einkaufen, seine Tochter beim Friseur, auch er selbst war mit den Gedanken nicht zu Hause, sondern träumte davon, wie er Direktor werden könne. Er war fleißig und stotterte, aber seine Schule wollte keinen stotternden Direktor. Er schloß die Augen und vergaß ganz und gar den blassen, kahlköpfigen alten Mann, der vor ihm lag, tief in die Kissen gedrückt.

Über den Wolken wandte Petrus seine Aufmerksamkeit unwillig von einer Blaskapelle im Münchner Hofbräuhaus ab. «Wenn der jetzt gleich zu uns kommt, dieser amusische Banause», schimpfte Petrus, «haben wir wieder so einen Nichtskönner mehr: er kann nicht singen, spielt kein Instrument, malt nicht, kann nicht schnitzen, kann nicht jodeln, kann nicht dichten, kann nicht zaubern. Er ist wirklich nur ein Schwiegervater...»

Der Herr unterbrach: «Ein braver Mann, der seine Familie treu versorgt hat, ein guter Kollege, hilfsbereit, fromm...»

«Der Himmel ist voll von solchen Tagedieben. Wir brauchen hier Leute, die was konnten. Verzeiht, Herr, aber Ihr schwebt ja immer zehn Zentimeter überm Teppich, während ich mich ums Personal kümmern muß. Es ist nicht mehr wie früher! Die Ansprüche sind gestiegen. Wir sind hier im Himmel, und ich brauche Fachkräfte!»

Der Herr lächelte. «Es ist bald Weihnachten, und ich habe Lust auf ein kleines Wunder. Geben wir ihm doch eine Chance. Ein guter Lehrer wirkt oft Wunder, und wir haben doch reichlich Zeit.»

«Herr, das ist fast unmöglich. Die Menschen arbeiten jetzt für ein Leben so viel wie früher für zwei – die Deutschen sogar für drei. Kommen sie dann in den Himmel, sind sie so abgearbeitet, daß alles Neue eine Ewigkeit dauert.»

«Versuch's mit Psychologie», sagte der Herr, «schick jemanden runter, der sich in das Milieu einfühlt, ein guter Musiker ist und ihm dann hier bei uns das Singen beibringt. Du hast doch sicher jemanden, der für eine Weile gerne wieder auf die Erde möchte.»

Petrus kratzte sich den weißen Bart: «Eigentlich kann ich niemanden entbehren. Und seit der Sache mit dem Bayern im Himmel, dem Loysl, bin ich mißtrauisch geworden: Der sitzt immer noch im Hofbräuhaus. Aber einen hätte ich wohl, der mich entsetzlich nervt, weil er ständig mault und unser Halleluja-Singen als musikalisch nicht auf der Höhe der Zeit bekrittelt...»

«Adorno?» frage der Herr.

«Aber nein», sagte Petrus, «der ist doch mein bester Hallelujist, seitdem er die postmoderne Tendenz des Materials im gregorianischen Choral entdeckt hat. Nein, ich spreche von diesem Widerling Beethoven.»

«Du weißt», sagte der Herr, «ich verstehe nicht viel von Musik, aber Beethoven finde ich himmlisch. Ich glaube, der hält es da unten keine Viertelstunde lang aus. Würde er aber wie dein Bayer nicht zurückkommen, den Versuchungen des Jahrhunderts erliegen und dadurch in der Hölle landen – es wäre ein großer Verlust.»

«Herr, dieser Beethoven ist nicht sonderlich musikalisch, Ihr überschätzt ihn; er ist ein grober, unsensibler Patron und außerdem fast taub. Er hat sich mit dem laufenden Jahrhundert eingehend beschäftigt und könnte sich endlich einmal nützlich machen.»

«Bitte», sagte der Herr, «bitte ...»

Schläfrig öffnete Schulze die Augen und blickte melancholisch auf das Klavier im Wohnzimmer, das man vom Bett des Kranken aus sehen konnte. Wie gerne hätte er jetzt seinen geliebten Beethoven gespielt – aber der Sterbende brauchte Ruhe.

Plötzlich vollzog sich mit dem alten Mann eine Wandlung, an der Kafka seine Freude gehabt hätte. Eine riesige Lockenmähne trieb hervor, seine Nase rötete sich alkoholisch, ein Ruck ging durch den gebrechlichen Körper, und bevor sich Schulze von seinem Schrecken erholen konnte, warf der neue Alte die Decken von sich, sprang auf, ergriff den am Bette hängenden Bademantel, stieß Schulze mit einem groben «Weg da!» zur Seite, so daß der unsanft mit seinem Stuhle umkippte, und rannte ans Klavier, dem er gewaltig in die Tasten griff.

Schulze rappelte sich auf und wollte zum Telefonhörer greifen, um die Polizei zu alarmieren, als eine innere Stimme ihm Einhalt gebot. Er erkannte den merkwürdigen Gast, sein Schrecken verwandelte sich in ein Gefühl des Auserwähltseins, in dessen Süße sich die Bitternis einer seit Jahren verkannten Künstlernatur auflöste, nichts schien natürlicher, als daß gerade ihm dieses Wunder zustieß, und je länger er darüber nachdachte, desto weniger dünkte ihm das Wunder Wunder, vielmehr Schicksal, Fügung, höheres Geschick, höchst natürliches Wunder.

«Beethoven!» stammelte er betäubt, «O Meister! Maestro!»

Der aber hörte nichts und wühlte in den Eingeweiden seiner «Appassionata», bis er mit einer gewalttätigen Modulation, kurz nachdem er das herrliche Des-Dur-«Andante con moto» begonnen hatte, in der «Waldsteinsonate» landete, die er halsbrecherisch heruntehudelte. Wie im billigsten Schlager hatte der Meister es nicht verschmäht, einen Halbton herumzurutschen – und man wird die Befürchtung nicht los, daß auch Beethoven auf seiner Erdenmission den Versuchungen dieses schrecklichen Jahrhunderts erliegt. Dabei stieß er grunzende Laute aus, die zu verstehen Schulze alle Mühe hatte: «... über hundert Jahre hat es gebraucht ... bis dieser begabte Kerl ... dieser Gieseking ... gemerkt hat ... daß das hier nicht f ... sondern fes ... fes ... fes ... heißt ...», und mit üblem Takt hackte der Meister besagte Stelle auf dem armseligen Klavier des armen Schulze, der nur ärmlich hörte, worauf es dem Meister ankam, und dessen einzige Entgegnung ein schwaches «Maestro, darf ich Euch einen Kaffee machen?» war.

Es war ein bescheidener Erfolg der Bemühungen von Petrus, daß der Meister jetzt das Wörtchen «Kaffee» verstand. Petrus wußte, wie gefährlich die Harthörigkeit Beethovens etwa im modernen Straßenverkehr sein würde, und hatte darum den Leibarzt eines in der Badewanne ertrunkenen Heavy-Metal-Gitarristen auf Beethoven angesetzt. «Los!» befahl Beethoven, der inzwischen «Für Elise» den Garaus machte.

Noch nie war Schulze so glücklich beim Kaffeekochen! Wie sehr fühlte er sich doch Beethoven verwandt! Wie hatte er nicht immer auf ein Wunder gehofft! Und wie natürlich war das Wunder eingetreten! Obwohl er wußte, daß ein guter Musiker nicht zu stark über seine Musik reflektieren sollte, damit es ihm nicht wie jenem berühmten Tausendfüßler ergehe, der nach der Frage «was machst du eigentlich mit deinem 999. Bein?» nicht mehr gehen konnte, hatte Schulze eine kolossale Liebe zur Musikwissenschaft. Allerdings nicht für penible Fakten, intensives Partiturstudium oder herzlos genaues Hinhören, sondern nur für das Allgemeine, Menschliche, Überzeitliche, Gültige, Schöne, Gute. Es war ihm deshalb von größter Wichtigkeit zu erfahren, ob Mozart vergiftet wurde, ob Schubert unter einer syphilitischen Erkrankung litt, wieviel Seitensprünge sich Clara Schumann leistete oder ob Bach einen unehelichen Sohn hatte. Die letzte Frage erwies ihm die ganze Ineffizienz jener Wissenschaft, denn kein Mensch wäre jemals auf dieses Thema verfallen, wenn nicht er, ein bescheidener deutscher Schulmeister, sich der zwingenden Logik eigener Schlüsse gestellt hätte. Und wüßte man mehr über den Verkehr Schuberts, gewönne seine «Unvollendete» nicht die gesteigerte Qualität ansteckender Tragik?

«Aber ich werde mir nicht die Finger verbrennen», murmelte er und goß heißes Wasser auf Tchibos «Milde Sorte».

Schulze litt, zitterte, hoffte, zweifelte mit Beethoven, weil ihn schon in frühester Jugend die «unsterbliche Geliebte» des Meisters und das mit ihr verknüpfte biographische Rätsel gefesselt hatte. Kein Takt in Beethovens Musik, in dem Schulze nicht An- oder Abwesenheit der Unsterblichen hörte, eingebettet in die bewegte, schmerz-, freud-, leidvolle Empfindung des Meisters, die Schulze überwältigend tief bis zur Verwechselung der Identität nachvollzog. Jahrelang hatte er die Fülle der Literatur zum Thema aufgearbeitet, bis er im Buche des Ehepaars Sterba auf eine Spur stieß, die seine innige Sehnsucht nach dem Außergewöhnlichen befriedigte. War Beethovens «unsterbliche Geliebte» wirklich eine Frau? Nach der späten Veröffentlichung jener frühen Briefe an Josephine Brunswick war Schulze sicher: Die Briefe waren in Wirklichkeit an ihren Kammerdiener gerichtet, der Beethoven abgewiesen hatte, nur scheinbar im Auftrag Josephines.

Schulze hatte die Sachlage einmal mit seiner Mutter besprochen. Sie hatte ihn aber nur durchdringend lange verwundert angeschaut, schließlich gesagt: «Ich mache mir über dein Privatleben Sorgen, Junge, du bist doch verheiratet...» und weitergestrickt. Nun würde er durch das Wunder mit etwas Geschick als einer der ganz Großen wenigstens in die Geschichte der Musikwissenschaft eingehen, denn eine authentischere Lösung, als den Meister selbst zu fragen, kann man sich wohl kaum denken.

«Kaffee! ... Gerechtigkeit!» schrie soeben Beethoven, «ich habe mich mit diesem Jahrhundert beschäftigt: statistischer Idealismus! Demokratisch!» Und langgezogen, schleppend, intonierte er den Anfang des Variationssatzes der «Eroika», während Schulze den Kaffee und eine Dose mit Spekulatius auftrug. Er hatte nur noch den einen Gedanken, das Geheimnis zu lüften, und in gänzlicher Verkennung dessen, daß große Leute an kleinen oft gerade das Unterwürfige verachten, redete er auf das Wunder ein. Beethoven spielte unter der narkotischen Einwirkung der durch die Wohnung duftenden «Milden Sorte» immer stärker staccato, brach ab, als Schulze auftrug, und griff mit der freien Hand in die Spekulatius-Dose.

«Auch ich habe ein kleines Menuett mit Variationen komponiert», begann Schulze in aller Bescheidenheit, die er unter normalen Umständen für falsch hielt. «Bei unserem letzten Weihnachtskonzert habe ich es uraufgeführt. Ach, Meister, wäret Ihr doch dabeigewesen! Alle Eure Symphonien habe ich beim Sommerfest an einem Tag mit dem Schulorchester gegeben, obwohl ich nur 5 Geigen, 7 Saxophone, 20 Gitarren und aus pädagogischen Gründen 3 Elektrobässe zur Verfügung hatte. Wir mußten morgens um neun Uhr beginnen, um mit der ganzen Fülle Eurer herrlichen Musik durchzukommen. Nach der Dritten fand das Sackhüpfen, nach der Fünften das Würstelbraten, nach der Siebenten der Lehrerfußball und vor der Neunten die amerikanische Versteigerung zugunsten unserer Instrumentensammlung statt. Leider war zu diesem Zeitpunkt kein Publikum mehr vorhanden. Aber Ihr wißt ja, wie es um den Künstler in der Gesellschaft bestellt ist: Wir mögen mit unseren Menuetten noch so originell sein – es mag keiner nach ihnen tanzen. Auch Eure Konzerte waren wohl nicht immer gut besucht, mit Verlaub?»

«Ach was», brummte Beethoven, «das Publikum wollte sehen, wie ich mich blamiere, und so war's immer voll. Kunst ist die Kunst, mit den Klischees, an denen die Leute nun einmal hängen, zu jonglieren und ihnen neue Wirkungen abzugewinnen.»

«Meister!» unterbrach Schulze stolz, «ich habe in meinem Menuett kein einziges Klischee gebraucht...»

«Deshalb bist du eben auch kein Künstler», erwiderte Beethoven trocken.

«Aber ich spüre doch», protestierte Schulze, «wie mich mein eigenes Menuett, an dem ich jahrelang gearbeitet, gelitten und gefeilt habe, erschüttert und überwältigt!», und schüchtern, gleichsam mit errötendem Anschlag, intonierte er am Klavier das «Andante astmatico» aus seinem Variationswerk.

Als Beethoven in Schulzes strahlendblaue Augen sah, beherrschte er sich, alles Grobe fiel von ihm ab, er lächelte gütig und sagte: «Wer sich von seiner eigenen Stimme überwältigen läßt, wird sprachlos ...» Und mit ironischem Anschlag spielte er die filigrane Bagatelle aus op. 126, «Cantabile e compiacevole». Schulze kannte sie nicht, weil er sich nicht mit Bagatellen befaßte, sondern ausschließlich mit schicksalsträchtigen Werken. Der Oberstudienrat wähnte sich am Ziel seiner Wünsche, er stellte endlich die Frage, die ihn so beschäftigte:

«Maestro», bat er einschmeichelnd, «erinnert Ihr Euch? Damals, zwischen Teplitz und Prag, der Wagen hatte nachts einen Unfall –?»

Der Meister war still geworden.

«Ihr kamt von Josephine, Amalie, Antonia ...» kam es bebend und ritardando von Schulzes Lippen.

Schweigen.

Schulze fiel das Gehörleiden des Meisters ein. Er atmete durch und schrie aus voller Lunge: «IHR KAMT VON JOSEPHINE, AMALIE, ANTONIA ...?» Auch die Fünfte hat solch eine Fortissimo-Stelle ...

Schweigen.

«Bitte», flehte etwas leiser der Oberstudienrat, «Ihr habt der Nachwelt so herrliche Werke hinterlassen, aber ist nicht Euer Privatleben das größte unter ihnen, ein Kunstwerk, in dem sich auch der Unkundige wiedererkennt? Setzt dem Gelehrtenstreit über dieses herrliche Meisterwerk ein Ende, das so ganz von den Frauen unabhängig und allein auf den männlichen Geist gestellt war ...»

Und pianissimo stotternd:

«Ihr müßt wissen, ich habe gute Beziehungen zum ‹Stern›, wir könnten Eure Geschichte exklusiv ... vielleicht schreibt Ihr noch ein paar Tagebücher ...»

Beethoven sprang heftig auf und warf zum zweitenmal an diesem Tage Schulze mitsamt dem Stuhl um. Krachend fiel die Stubentür zu, und Schulze hörte, wie im Treppenhaus der Meister mit drei Ausrufezeichen donnerte:

«Was geht mich mein Privatleben an!!!»

Dann hatte Beethoven die Haustür erreicht.

«Vorsicht!» schrie Schulze hinter ihm her. «Die Straße!»

Zu spät!

Zweitausend Büsten des Meisters aus Gips, bestimmt

für den Export nach Japan, gegossen nach dem Gemälde, das Josef Stieler 1819 von Beethoven für Antonia malte, überrollten das Original, das sich nur oberflächlich an dieses Jahrhundert gewöhnt hatte.

Zwecks Erledigung paradiesischer Einreiseformalitäten stand Beethoven wenig später wieder vor Petrus, dessen negatives Urteil nun für alle Ewigkeit feststand. Beide waren mißgelaunt. Nur Schulzes Schwiegervater saß fröhlich auf einer Wolke und klatschte in die Hände zum Takt der Blaskapelle vom Hofbräuhaus. Petrus hatte sie persönlich durch einen Blitzschlag in den Himmel engagiert, welcher gleichzeitig den pflichtvergessenen Loysl ins Fegefeuer beförderte. Das Kommen und Gehen zwischen Himmel und Erde ist eine unendliche Geschichte.

Beethoven kam natürlich auch dieses Mal wieder in den Himmel.

Justus Noll studierte Musikwissenschaft, Mathematik und Slawistik an den Universitäten Frankfurt (Main) und Marburg. Promotion in Musikwissenschaft. Staatsexamen für Klavier an der Hochschule für Musik und Darstellende Kunst in Frankfurt (Main). Musikredakteur beim Südwestfunk in Mainz. Zahlreiche Kammermusik- und Bühnenkompositionen, eine Langspielplatte mit eigenen Liedern kam auf die Bestenliste der Deutschen Schallplattenkritik. Tätigkeit als Programmierer für die Universitäten Marburg und Kiel. Pianist und Begleitmusiker auf den Kreuzfahrtschiffen «Hanseatic», «Arkona», «Bremen», «Europa», «Berlin» und «Deutschland».
Buchveröffentlichungen: u. a. «Multimedi, Midi und Musik» (Fischer, 1994), «Musik-Programmierung» (Addison-Wesley, 1994), «Die Hitfabrik» (Hanser, 1995), «Mathematica interaktiv» (Hanser, 1997), «Die andere Liebe der Philosophen – Wittgenstein und David Pinsent» (Rowohlt, 1998).

Helga Darboven

Ganz nach Plan

*I*ch war jung verheiratet, und ich war glücklich – ich hatte den Mann geheiratet, den ich liebe. Mein Leben verlief in geordneten Bahnen, meinem Naturell entsprechend, ganz nach Plan. So waren wir überglücklich, als nach zwei Jahren Ehe im Sommer unser erster Sohn geboren wurde. Im Sommer wohlgemerkt, genauso wie ich es mir ausgerechnet hatte ...

Daß es ein Sohn war, der erste Stammhalter der Familie seit langen Jahren, das sah ich als großes Geschenk an. Ich muß dazu sagen, daß ich keine Geschwister habe und meine Familie somit sehr klein ist. Aber obwohl ich mir immer drei Söhne gewünscht hatte, war ich nicht so vermessen zu glauben, auch dieses planen zu können.

Kurz vor Weihnachten des folgenden Jahres bekam eine meiner beiden Cousinen ihr erstes Kind. Ich stand mit meinem Blumenstrauß am Babybettchen und gratulierte der glücklichen Mutter – allerdings mit etwas Unverständnis über den «unüberlegten» Geburtstermin. Als ich dann genau ein Jahr später meiner zweiten Cousine zur Tochter gratulierte, konnte ich nicht umhin zu betonen, daß so etwas doch in der heutigen Zeit nicht mehr sein müsse – das arme Kind. Geburtstag in der Weihnachtszeit! Das könnte mir nicht passieren.

Unser Sohn machte uns sehr viel Freude, obwohl er mich durch sein Temperament rund um die Uhr beschäftigte. Deshalb sollte er auf jeden Fall aus den Windeln sein, wenn sein Geschwisterchen auf die Welt käme. Wieder rechnete und plante ich. Jetzt wäre ein Geburtstag im Winter schön. Meine Rechnung ging auf, ich wurde schwanger. Der errechnete Stichtag war der 4. Januar – eigentlich ein bißchen zu früh im neuen Jahr, aber wenn es die Natur so wollte ...

In jener Zeit hatten wir viel Kontakt zu Freunden, die eine kleine Tochter haben. An einem gemütlichen Abend, den wir wieder einmal zusammen verbrachten, erzählten wir, daß sich auch bei uns wieder Nachwuchs angemeldet hatte. Sie schmunzelten, auch bei ihnen war das zweite Kind unterwegs. Als ich dann erfuhr, daß bei der Freundin der 22. Dezember als Geburtstermin errechnet worden war, habe ich sie nur bedauert und ständig damit aufgezogen, daß sie das Weihnachtsfest wohl im Krankenhaus verbringen würde.

Meine Schwangerschaft verlief normal, wir freuten uns sehr auf unser zweites Kind. Wieder hatte ich alles gründlich geplant. Die Weihnachtseinkäufe waren rechtzeitig erledigt, die Weihnachtsgans vorbereitet, und auch der Tannenbaum stand fertig geschmückt hinter der verschlossenen Wohnzimmertür. Endlich war der Tag des Heiligen Abends gekommen. Mein Mann war nicht zu Hause, er verteilte in der Firma noch die letzten Weihnachtsgeschenke. Also setzte ich mich mit meinem

Sohn, der schon sehr aufgeregt war, mittags allein an den Tisch.

Zum Essen kam ich dann nicht mehr – ich hatte sofort gemerkt, was mit mir los war: Meine Fruchtblase war geplatzt. Also rannte ich ins Badezimmer und «verarztete» mich notdürftig mit Handtüchern. Noch heute sehe ich mich heulend gegen die Kachelwand schlagen und schluchzend immer und immer wieder rufen: «Nein! Nein – das darf nicht wahr sein!» Als mein Mann kurz darauf nach Hause kam und mich heulend vorfand, war sein Schreck natürlich groß. Ich hatte inzwischen meinen Frauenarzt angerufen. Wenn ich ihm versprechen würde, mich sofort ganz ruhig hinzulegen, könnte ich mir aussuchen, ob ich mein Kind am 24. oder 25. Dezember bekommen wollte. «Nein! Weihnachten überhaupt nicht», erklärte ich mit Bestimmtheit. Er lachte und klärte mich schnell darüber auf, daß das nun leider nicht mehr möglich wäre ... Also legte ich mich brav aufs Sofa. Meine Eltern kamen, wir zogen die Bescherung vor, und mein Sohn war überglücklich, daß der Weihnachtsmann schon so früh erschien.

Ich verhielt mich weiterhin ruhig, und eigentlich ging es mir gut. Wenn nur nicht meine Familie gewesen wäre, die mich mit ständigen Fragen nach meinem Befinden und etwaigen Wehen ganz nervös machte. Als ich mich dann gegen 19 Uhr doch entschloß, in die Klinik zu fahren, sah ich lauter entspannte Gesichter. Bei der Untersuchung stellte sich heraus, daß es wohl doch noch dauern würde. Also lag ich am Heiligen Abend im Krankenhaus und hatte Zeit zum Nachdenken – über meine Überheblichkeit und über meine Freundin, die mit ihrer Familie gemütlich

Weihnachten feierte. Bei ihr hatte sich der Geburtstermin verzögert ... Mein Mann hat mir später erzählt, es wäre das einzige Weihnachtsfest gewesen, an dem er mit wirklicher Überzeugung «Ihr Kinderlein kommet» gesungen hätte.

Wie auch immer, am 1. Weihnachtstag wurde kurz nach 11 Uhr mein zweiter Sohn geboren. Er war ein Pfundskerl und hatte mit einem Gewicht von acht Pfund und einer Länge von 60 Zentimetern im Krankenhaus schnell den Spitznamen «Herkules» weg.

Nun mußte ich mich wohl oder übel damit abfinden, daß meine Planung völlig danebengegangen war. Aber ich wußte mir zu helfen: Wir würden den Geburtstag unseres Sohnes einfach auf den 4. Januar verschieben – auf den Tag, an dem er eigentlich das Licht der Welt hätte erblicken sollen. Und so geschah es dann auch, ganz konsequent. Immer wieder saßen wir in den folgenden Jahren am 25. Dezember beim Frühstück und zwinkerten uns zu – eigentlich wäre ja heute sein Geburtstag ...

Nach kleinen Anfangsschwierigkeiten gewöhnte sich auch die Familie daran – unser Sohn hatte am 4. Januar Geburtstag! Wieder lief alles nach Plan, bis dann die Zeit seiner Einschulung kam. Da mußten wir ihn wohl oder übel aufklären. Ich weiß, daß er seinen Lehrern immer mit großem Vergnügen erzählt hat: «Geburtstag habe ich am 4. Januar, aber geboren bin ich am 25. Dezember ...»

Seinen 18. Geburtstag haben wir dann – auf seinen eigenen Wunsch hin – erstmals am 25. Dezember gefeiert. Seitdem ist es bei uns Tradition, daß die gesamte Familie, inzwischen mit zwei Enkelkindern, an diesem Tag zu einer großen Feier in unserem Haus zusammenkommt. Und ich hoffe, daß das noch lange so bleibt.

Helga Darboven, geboren und aufgewachsen in Hamburg, seit 1960 verheiratet mit Herbert Darboven, Geschäftsführender Gesellschafter der J. J. Darboven GmbH. Zwei Söhne, 36 und 32 Jahre alt, zwei Enkelkinder. Helga Darboven engagiert sich nicht nur für PLAN International (zwei Patenkinder in Nicaragua), sondern ist besonders aktiv auch für die Deutsche Muskelschwundhilfe. Sie liebt Pferde, den Reitsport und Porzellan-Malerei.

Elmar Gunsch

Mein Freund, der Soldat

Sechste Kriegsweihnacht 1944! Ich war 13, ein halberwachsenes Kind. Die Fronten hatten die Grenzen unseres Landes erreicht. Großstädte in Deutschland lagen zum Großteil in Trümmern. Im November dieses Jahres wurde ich zur Ausbildung für die Kinderlandverschickung nach Podêbrady bei Prag geschickt. Kinder aus den bombengefährdeten Großstädten wurden in dieser letzten Kriegsphase in ländliche Gegenden ausquartiert. Die Aktion hieß «KLV» (Kinderlandverschickung). Drei Tage vor Weihnachten war der Lehrgang zu Ende.

Es war Mitternacht auf dem Bahnsteig des Prager Bahnhofs. Die Pfützen waren zu Eis gefroren. Durch das Schuhwerk kroch die Kälte die Beine hinauf und machte den ganzen Körper zittern. Leichter Schneefall hatte eingesetzt und fiel auf den Boden des unüberdachten Bahnsteigs. Mein Ziel war Nürnberg. Weihnachten wollte ich bei meinen Großeltern verbringen. Mit einstündiger Verspätung ratterte der Zug in den Prager Bahnhof ein. Von weitem schon sah ich seltsame weiße Bündel, die an den Fenstern baumelten, und als der Zug eingefahren war, erkannte ich die Bündel als Gänse, die die Soldaten vor die Fenster gehängt hatten, um sie frisch nach Hause zu bringen.

Ich bestieg den verdunkelten Zug – Lichter waren wegen der Luftangriffe abgeschaltet –, stolperte über ein paar Menschen auf dem Boden, denn jeder Quadratzentimeter der Waggons war ausgenutzt. Schließlich fand ich dann doch noch ein Stückerl Fußboden, auf dem ich mich zusammenkringelte. Nur einmal fuhr ich auf, als ein Soldat über mich stolperte.

Durch meinen Schrei waren einige Soldaten wach geworden. Landserwitze kursierten. Allmählich wurde es wieder still. Allein der, der über mich gestolpert war, blieb wach und begann ein Gespräch mit mir: woher ich komme, wohin ich fahre und wo ich Weihnachten verbringe, wollte er wissen. Ich erzählte ihm von meinen Großeltern in Nürnberg, von den Luftangriffen, vor denen wir zitterten, von meiner Schule, die evakuiert worden war und daß ich nun ein KLV-Lager übernehmen würde. Mitten im Gespräch schlief ich ein und wurde erst wieder wach, als der Soldat mich kurz vor Einlaufen des Zuges in Nürnberg weckte. Er bugsierte mich förmlich aus dem Zug, zog sein Bajonett aus der Scheide, schnitt eine Gans am Fenster von der Schnur, drückte sie mir in den Arm und sagte ganz beiläufig:

«Ich habe keine Angehörigen. Die Gans habe ich mitgebracht, um jemandem eine Freude zu machen. Jetzt kannst du deine Großeltern damit überraschen.»

Das «Nein», das ich zu formulieren versuchte, ging im Schnauben der Lokomotive unter. Der eben gewonnene Freund sprang aufs Trittbrett, knallte die Tür zu und entschwand meinen Blicken.

Da stand ich nun mitten in der Nacht und wußte nicht, wie ich die Gans aus dem Bahnhof schmuggeln sollte; denn eine Gans war für jeden Polizisten Schwarzmarktware, die es zu konfiszieren galt. Ich hatte ja auch nichts, worin ich sie verstecken konnte. Der einzig mögliche Ausweg schien mir die Flucht über die Gleise zu sein. Tatsächlich kam ich unbehelligt aus dem Bahnhofsbereich und bewegte mich schleichend durch die nächtlichen Straßen Nürnbergs, um nicht doch noch einer Kontrolle in den Weg zu laufen.

Um 6 Uhr früh war ich an der Haustür der Großeltern. Ich weiß das so genau, weil meine Großmutter jeden Tag, außer am Sonntag, so früh aufstand, um mit der Hausarbeit zu beginnen.

Als sie mich erkannte, wollte sie nicht wahrhaben, daß ich zwei Tage vor Weihnachten zu Besuch kam.

Schließlich schaute sie wie gebannt auf das Federbündel in meinem Arm:

«Sag mal: ist das vielleicht eine Gans? Und woher kommt die?»

«Weiß ich nicht», sagte ich.

«Ich meine, wo du sie her hast?»

«Von einem Freund, einem Soldaten, der keine Angehörigen hat. Er hat sie mir geschenkt.»

Ich hatte das Gefühl, daß meine Großmutter mir nicht so recht glaubte.

Dann sagte sie: «Ich kann es nicht so recht fassen; denn bis jetzt ist es mir zu jeder Kriegsweihnacht gelungen, eine Gans bei Verwandten auf dem Land zu hamstern, einzutauschen gegen einen Teppich, ein Fahrrad oder einen Goldring. An diesem Weihnachtsfest aber wären wir leer ausgegangen. Niemand war bereit, uns eine Gans zu verkaufen oder gegen Ware zu tauschen. Und nun kommst du, Lausbub, mit einem Riesenvogel dahergeschneit, als hätte dich der Herrgott geschickt.»

Dann hat sie noch irgend etwas vor sich hin gemurmelt, das ich nicht so recht verstanden habe. Erst Jahre später, als ich die Geschichte vom heiligen Martin gehört hatte, der seinen Mantel mit einem Bettler teilte, kamen mir die Worte meiner Großmutter wieder in den Sinn. Ich erinnerte mich: sie sprach damals von Martin und der barmherzigen Teilung.

Nur, mein Freund, der Soldat, hatte nicht geteilt, sondern selbstlos seine wertvolle Gans geopfert, um Menschen, die er nicht kannte, eine Freude zu machen, eine Weihnachtsfreude.

Elmar Gunsch, Journalist, Entertainer und Schauspieler, wurde 1931 in Österreich geboren und lebt seit 1961 in Deutschland. Nach dem Abitur, dem Studium der Theaterwissenschaften, Nebenfach Musik, der Sprecherziehung und dem Schauspielunterricht erhielt er Engagements beim Stadttheater Klagenfurt, ging auf Tourneen, war Regieassistent am Burgtheater in Wien. Beim Rundfunk war er Sprecher, Nachrichtensprecher, Reporter und Moderator und im Fernsehen in unterschiedlichen Sendungen wie in «ZDF-Wetterfrosch», «Wiedersehen macht Freude», «Sonntagskonzert», «Prominenz im Renitenz», «Nun sagen Sie mal», «Wer weiß es?», «Darf's a bisserl klassisch sein?» u. v. m. zu sehen.

Barbara Mürmann

Innig und mit gläubigem *Herzen* zu singen...

«Ist dem *Bergedorfer* Kammerchor die Hitze zu Kopf gestiegen? Weihnachtslieder im Juli – das darf doch nicht wahr sein!»

Unser Probenraum befand – und befindet sich noch heute – in einer Schule mitten im Villenviertel Bergedorfs (ein Stadtteil im Südosten Hamburgs). Wie so oft in den 60er Jahren waren wir für eine Schallplattenproduktion mit Weihnachtsliedern engagiert worden. Um kostbare Studiozeit zu sparen, mußten die weihnachtlichen Chorsätze wohl oder übel vorher noch einmal durchgesungen werden. Die Nachbarn der angrenzenden Häuser saßen abends bei eisgekühlter Bowle und Grillwürstchen entspannt auf ihren Terrassen. Und dann das: An Stelle der sonst zur Jahreszeit passenden Brahms-, Schubert- oder Mendelssohn-Chorlieder, deren Klänge zart durch die Gärten schwebten und die warmen Sommerabende noch einen Hauch romantischer erscheinen ließen, wurde unser Publikum wider Willen durch ein donnerndes «Tochter Zion, freue dich!» aus den Gartenstühlen und Hollywood-Schaukeln gerissen. Es folgten ein sanftes, aber nicht weniger unpassendes «Leise rieselt der Schnee», ein kräftiges «Jauchzet, frohlocket» aus dem Bachschen Weihnachtsoratorium und noch eine ganze Reihe anderer «Weihnachts-Hits».

Nicht, daß wir besonders rücksichtslos gewesen wären, aber da den ganzen Tag die Sonne erbarmungslos auf den ohnehin viel zu kleinen Probenraum gebrannt hatte, schwanden einigen unserer kreislaufschwächeren Mitglieder langsam die Sinne. Also ließen wir manchmal etwas «frische» Luft herein und schlossen die Fenster aber auch gleich wieder fest. Trotzdem, es reichte, um bei der umliegenden Nachbarschaft erhebliche Zweifel an unserer Zurechnungsfähigkeit aufkommen zu lassen. Aber damit die Schallplatten, Kassetten oder CDs rechtzeitig zum Weihnachtsfest in den Geschäften liegen, müssen sie bereits im Sommer aufgenommen werden. Für unsere durch eine rege Konzerttätigkeit arg gebeutelte Chorkasse waren diese Aufnahmen der reinste Balsam. Etwas von diesem «Balsam» trugen wir nach der Chorprobe schnellsten Weges mit vor Hitze knallroten Gesichtern und nach Abkühlung lechzend in die nächste Eisdiele.

Wir sind kein professioneller Chor und gehen darum fast alle tagsüber noch einem «Nebenjob» nach. Das bedeutet, daß Schallplattenaufnahmen immer in die Abendstunden fallen und sich bis tief in die Nacht hinein ziehen. So trafen wir uns also meistens an den heißesten Tagen des Jahres gleich nach der Arbeit im Tonstudio, um Weihnachtsstimmung aufs Band zu zaubern: in leichter Sommerkleidung, Eis lutschend und mit Thermosflaschen voll kalter Getränke.

Anfang der 60er Jahre steckte die Mehrspur-Aufnahmetechnik noch in den Kinderschuhen – und ganz abgesehen davon, schworen manche Produzenten wegen der Atmosphäre auf eine «Aufnahme aus einem Guß» mit Solisten, Chor und großem Orchester, wie im Konzertsaal. Mit wachsender Anzahl der Mitwirkenden erhöhte sich auch die Anzahl möglicher Fehler- und Geräuschquellen. Schon vierzig Choristen auf altersschwachen Holzpodesten bedeuteten zahlreiche Wiederholungen der Aufnahme wegen undefinierbarer Knackser. Dazu kamen ständig knisternde Notenblätter, noch nicht abgelegter klirrender Armschmuck, Huster – oder gar Lacher, Fehler in der Technik, gurgelnde oder kieksende Blasinstrumente, quietschende Saiten, Unstimmigkeiten im Notenmaterial und all die üblichen Patzer, die jedem der Ausführenden hin und wieder unterlaufen und die die Zeit wie im Fluge vergehen lassen.

Damit auch bei der x-ten Wiederholung eines ohnehin bestens bekannten Weihnachtsliedes keine Störung der Weihnachtsstimmung und verstohlenes Gähnen aufkommen konnten, hatte einer der Produzenten Regieanweisungen wie: «Innig und mit gläubigem Herzen zu singen» über die Noten geschrieben.

Der Chor versuchte, mit diversen Hilfsmitteln der Sommerhitze zu trotzen und Weihnachtsstimmung aufkommen zu lassen: Wir verteilten extra für diesen Anlaß gebackene, duftende Weihnachtsplätzchen, versprühten abwaschbaren Kunstschnee oder verzierten das Studio dezent mit Lametta. Unsere beste Idee, einen echten, liebevoll geschmückten Weihnachtsbaum aufzustellen, um möglichst authentisch «Am Weihnachtsbaum die Lichter brennen» darzubieten, konnten wir nur teilweise verwirklichen. Das Anzünden der Kerzen wurde uns leider wegen der Brandgefahr im Studio sofort verboten. So schauten wir beim Singen auf unseren Dirigenten und auf das Weihnachtsbäumchen, dessen Wachskerzen sich in der Hitze langsam und wenig stilvoll verbogen.

Bei einer der Aufnahmen mußten wir neidisch zusehen, wie der Solist mit hochgekrempelten Hosenbeinen, in einer Wanne mit Wasser stehend, «Ich steh' an deiner Krippe hier» anstimmte. Diese Art von Erfrischung war wegen der drangvollen Enge auf den Podesten für uns Chorsänger nicht möglich. Wir hatten anderweitig vorgebeugt: Um nicht zu «riechen», wurden vor der Aufnahme im stillen Kämmerlein reichlicher als sonst die jeweiligen Lieblings-Deos und Duftwässerchen eingesetzt; und so mischten sich bei dem Lied «Apfel, Nuß und Mandelkern» fröhlich «Irish Rose», «Citrus herb», «Dschungelnacht» und andere interessante Düfte.

Bewegte sich der Uhrzeiger über Mitternacht hinaus, wurde die langsam einsetzende Müdigkeit durch muntere Sprüche vertrieben: «Ab Mitternacht werden wir immer besser» tönte es aus dem Chor. Hellmut Wormsbächer, unser Chorleiter und ein wahres Wunder an Konzentrationsfähigkeit und Ausdauer, sah das anders: «Ein richtiger Ton an der falschen Stelle ist auch ein falscher Ton!» bemängelte er ein paar sich einschleichende Fehler. Aber sein «Das habe ich auch schon mal besser gehört!» wurde stets vielstimmig aus dem Chor mit «Aber nicht von uns!» beantwortet.

Aufnahmen mit Hansi «James» Last sind uns allen bis heute in bester Erinnerung geblieben. Die von ihm eingesetzte Mehrspurtechnik hatte allerdings auch ihre Tükken: Wir mußten haargenau auf das bereits vorproduzierte Playback singen, und mit den anfangs noch verkabelten Kopfhörern, die ständig auf den Ohren verrutschten, verursachten wir regelmäßig einen schier unentwirrbaren Kabelsalat. Irgend jemand trat immer auf die «Strippe» seines Vor- oder Nebenmannes, so daß es plötzlich mitten in der Aufnahme einen kräftigen Ruck gab und wieder ein Kopfhörer wie ein Geschoß durch den Chor flog und für allgemeine Erheiterung sorgte. Dafür gab es in den ersten Jahren mit Hansi Last keine Probleme mit den Texten der vielstrophigen Weihnachtslieder. Wir summten oder sangen auf «ah» oder «oh» und gaben höchstens bei Tonartwechseln ein vorgeschriebenes «Hang» von uns.

Oft wartete in einem Nebenraum ein köstliches kaltes Buffet auf uns, das unserer erlahmenden Sangeskraft schnell wieder auf die Beine half. Wenn es dann um ein oder zwei Uhr nachts hieß «Danke, gestorben, eine gute Heimfahrt und bis morgen!», überlegten wir doch ab und zu, ob es überhaupt noch Sinn hatte, nach Hause zu fahren, denn am nächsten Morgen wartete auf die meisten von uns ja der «Nebenjob». Und wenn wir dann «O du fröhliche» summend das Studio verließen, kühlte uns manchmal ein gerade niedergehendes, kräftiges Sommergewitter ab.

Aber Heiligabend, wenn nach den letzten Weihnachtsvorbereitungen endlich Ruhe eingekehrt ist, dann hören auch wir Chormitglieder «unsere» Weihnachtslieder und freuen uns «Alle Jahre wieder» über die festliche Stimmung, die sie verbreiten.

Barbara Mürmann wurde am 20. 10. 1946 in Goslar am Harz geboren und ging in Reinbek bei Hamburg zur Schule (der Schulweg führte sie übrigens täglich am Gebäude des Rowohlt Verlages vorbei). Schon als Kind hatte sie eine starke Vorliebe für Chormusik. Später lernte sie in dem Hamburger Musikverlag Sikorski und trat in den renommierten Bergedorfer Kammerchor ein, der von Hellmut Wormsbächer geleitet wird. Beruflich beschäftigt sie sich hauptsächlich mit Pop-Musik und betreibt (als eine der wenigen deutschen Verlegerinnen) den Arezzo Musikverlag, der sich – wen wundert's – hauptsächlich der Herausgabe von Chormusik widmet.

AREZZO MUSIKVERLAG

Schöneberger Straße 102 · 22149 Hamburg · Telefon (040) 672 20 30 · Fax (040) 672 30 69

O du fröhliche
(Johannes Falk)

Gemischter Chor

Sicilianische Volksweise
Satz: Hellmut Wormsbächer

© Copyright 1991 by AREZZO Musikverlag · Schöneberger Str. 102 · 2000 Hamburg 73 · Nachdruck verboten · All rights reserved · Das Fotokopieren, oder eine sonstige Vervielfältigung dieser Ausgabe ist ausdrücklich verboten und wird straf- und zivilrechtlich verfolgt.
Notengrafik: Kuntze, GMHütte · Herstellung: Arezzo

Terry McDonagh

Es ist voll wunderbarer Dinge von weither

Weihnachten im Irland meiner Erinnerungen ist wie eine fallende Schneeflocke. Es ist voll wunderbarer Dinge von weither, voller Stechpalmen mit und ohne Beeren, derbem Schuhwerk und Santa Claus, Nachrufen und Wiederbeginn, kaltem Atem, der als gefiederte Wolke entschwebt – dabei gab es Schnee fast nie. Freunde und Nachbarn kamen vorbei und blieben oft länger, als uns lieb war oder bis die Whiskeyflasche geöffnet wurde. Manche von ihnen zierten sich etwas («Nur ein Tröpfchen» und dann: «Auf den lieben Gott»). Doch schon nach dem ersten Schluck begannen sie zu erzählen: von einer einsamen Tante, über die sie seit Jahren nicht geredet hatten, oder von einem Nachbarn, der eigentlich längst hätte da sein sollen. Wir hatten Weihnachtsferien, und die Tage bis Heiligabend und bis zur Bescherung am ersten Weihnachtstag flossen ineinander wie gut erzählte Geschichten – ohne Absätze, ohne Punkt und Komma. Wir ließen uns einfach der Bescherung entgegentreiben, den Gewehren und Puppen, sofern wir noch an den Weihnachtsmann glaubten, oder den Geldscheinen, wenn wir es nicht mehr taten.

Truthähne oder Gänse für das Festessen saßen bereits aussortiert in einem Einzelkäfig – falls man Truthähne oder Gänse besaß. Wenn nicht, wurden sie beim Schlachter bestellt.

Die Vorfreude auf Stechpalmen hing in der Luft, auf Onkel mit Ehefrauen, die höchstens an Weihnachten miteinander redeten und auch dann nur das Nötigste, auf altjüngferliche Tanten, die in der Küche mithalfen und sich entschlossen aus der politischen Besserwisserei der Männer und dem Fluch des Kommunismus heraushielten.

Auch Gott besuchte uns. In den Wochen vor dem großen Ereignis lauschten wir den Geschichten von Maria und Josef und weinten leise dabei. In diesem Augenblick hätte jeder von uns ein heimliches Gelübde ewiger Treue abgelegt und dann weitergebastelt an seiner Krippe, die die beste der Klasse werden sollte. Die Lehrerin sah an diesen Tagen glücklicher aus und legte ein Extrastück Torf aufs Feuer, bevor der Priester kam, um mit uns über das Wunder von Bethlehem zu reden, über die Heilige Familie und den Frieden auf Erden.

Die Lehrerin würde ihn von meisterlicher Krippe zu meisterlicher Krippe und dann zu einer gemeinsamen Tasse Tee führen. Wir strahlten und schwatzten, und manchmal brach plötzlich ein Streit aus.

Die Mädchen waren die Lieblinge der Lehrerin und petzten immer. Die Lehrerin würde die Stirn runzeln, und der Priester würde sagen: «Hört auf, Kinderchen.» Die Rauferei ging nach der Schule weiter, an irgendeiner

Ecke, bis die Streithähne genug hatten oder die anderen einen Sieger bestimmten. Der Verlierer würde dem Sieger einen Stein hinterherwerfen, kaum daß er um die Ecke verschwunden war, und bis zum nächsten Morgen wäre sowieso alles vergessen. Selbst die beiden Streithähne würden während der Feiertage einander vermissen. Sie liebten ihre Mütter, ihre reichen Tanten und die Heilige Jungfrau Maria. Ihre Schwestern und alle anderen Mädchen waren dick und doof.

Ich war ungefähr acht, da besuchte uns ein Priester in der Schule. Er erzählte uns, daß er jahrelang als Missionar in Afrika gearbeitet habe. Wir hatten nicht die leiseste Vorstellung, wo Afrika lag, aber wir waren tief beeindruckt, wie die irischen Missionare jede Menge Schwarzer bekehrten. Einer von uns, Tommy O'Brien, wollte wissen, ob die dort überhaupt etwas anhaben. Wir kicherten alle. Der Priester antwortete, daß man schließlich nichts dafür könne, wenn man kein Christ sei. In Afrika sei Weihnachten nicht so schön wie hier, aber immer mehr Schwarze lernten, daß es das liebe Jesuskind gibt.

Wir fanden das toll. Auf dem Heimweg diskutierten wir sogar darüber. Jimmy Walsh, er war sieben, sagte, er würde Priester, wenn er groß sei. Klar, es sei sehr heiß in Afrika, aber trotzdem würde er schwarze Babys taufen, weil sie es nötig hatten. Ich wollte den Priester bitten, mir beim nächsten Mal ein paar Speere mitzubringen, aber dann überlegte ich es mir anders und bastelte mir einen eigenen aus einem Stechpalmenzweig.

Ganz kleine Kinder wurden selten zur Mitternachtsmesse mitgenommen. Die älteren Geschwister mußten zu Hause aufpassen, oder die Großeltern kamen vorbei. Ganze Familien, mit oder ohne Väter, zogen in Richtung Kirche, riefen einander «Good night» oder «Merry Christmas» zu. Teenager standen in kleinen Gruppen beieinander und hofften, daß sie nicht von den Eltern oder von neugierigen Nachbarn erwischt würden.

Die Türen der Kneipen öffneten und schlossen sich nach Belieben. In allen Fenstern brannten Lichter, und manche Leute sangen. Die ernsthafteren Bürger der Stadt fragten sich, warum die Polizei nichts dagegen tat. Einige behaupteten, daß die Polizisten selber einen hoben, und fanden, daß es eine Schande sei.

Das Wetter war immer schlecht, es regnete und nieselte, aber irgendwie war das den Leuten, die zur Mitternachtsmesse gingen, egal. Für ein Kind, das zur Grundschule ging, war das alles höchst aufregend.

Inmitten von Glockengeläut und flackernden Kerzen schritt der Priester zum Altar. Der Kirchenchor sang Weihnachtslieder in gälischer, lateinischer und englischer Sprache. Solist war immer ein «bedeutendes» Mitglied der Gemeinde – der Arzt, der Anwalt oder der Apotheker. Die meisten Leute schüttelten den Kopf darüber und murrten, aber ich fand es wunderbar.

Der Priester sprach in feierlichem Ton von der Unbefleckten Empfängnis. Ich konnte ihm nur recht geben und starrte dabei unentwegt auf die Weihnachtskrippe. Ihre Figuren begannen sich vor meinen Augen zu bewegen, und plötzlich beleuchtete der Stern von Bethlehem einen Kreis irischer Feen, die bei Vollmond auf dem Hügel einen Reigen tanzten.

Mein Lieblingsonkel erzählte mir oft von Feen und von Kindern, die plötzlich verschwanden und nie wiedergefunden wurden. Hin und wieder, wenn Kinder sich seltsam benahmen, glaubte man, sie kämen aus der Feenwelt, deswegen rückte man ab von ihnen. Vielleicht war das Jesuskind eines von ihnen? Ich schwebte zwischen den Welten von guten und bösen Feen, und nach der Messe ließ mich meine Mutter eine Kerze am Seitenaltar anzünden.

Immer wieder ging ein Lachen durch die Gemeinde, wenn ein Mann laut zu singen anfing. Ich fragte meine Mutter, wer das sei. «Hör nicht hin», sagte sie nur. Aber wie konnte ich weghören, wenn ein Mann sich hinstellte und mitten in der Kirche zu singen begann, wo doch nicht einmal mein Vater, der manchmal sehr laut sein konnte, den Mund dort aufmachte. Es wurde unruhig in der Kirche, der Priester wirkte besorgt und erinnerte die Gläubigen daran, daß sie sich im Hause Gottes befänden. Irgendwann schien das auch der Sänger zu begreifen, setzte sich hin und schlief ein.

Jahre später verstand ich das alles besser und wurde sogar Mitglied im Kirchenchor. Wir hatten während der Mitternachtsmesse einen wundervollen Blick von der Galerie herab. Ollie Burke war wie immer. Er kam zu spät, sprach mit sich selber oder sang vor sich hin. Er war fett und rotgesichtig und konnte höchst unterhaltsam sein, wenn er getrunken hatte. Das ganze Jahr über war er stocknüchtern, ein liebevoller Ehemann, redegewandt, doch kaum stand Weihnachten vor der Tür, vergaß er alle Regeln, was jeder genoß außer seiner Frau, die die ganze Zeit verlegen zu Boden starrte. Einmal brachte ein Freund von mir eine Flasche Whiskey mit auf die Galerie, und als das Sanctus geläutet wurde und die Flasche leer war, strahlten selbst die Lampen in einem freundlicheren Licht – so wie ein guter Geschichtenerzähler selbst einen schlechten Witz erzählen darf. So ging das Jahr für Jahr fröhlich weiter, bis die Priester, in der Hoffnung auf eine nüchterne Gemeinde, die Mitternachtsmesse auf neun Uhr abends vorverlegten. Doch mir schien, daß uns dadurch etwas verlorengegangen war.

Santa Claus oder Father Christmas, oder wie immer wir den Weihnachtsmann nennen wollen, hat unser Leben beeinflußt, bis wir nicht mehr an ihn glaubten. Damals wußten wir, daß er in der Nacht vom 24. auf den 25. Dezember, wenn alle Kinder schliefen, den Kamin herunterrutschte. Wir hängten unsere Socken mit dem Wunschzettel an den Kaminsims. Manchmal fanden wir am nächsten Morgen das, was wir uns gewünscht hatten, manchmal auch nicht, aber wir waren trotzdem zufrieden. Vor dem Einschlafen nahmen wir uns alle vor, die ganze Nacht wach zu bleiben, aber wir schafften es nie. Beim Morgengrauen waren wir auf den Beinen, zogen uns die Geschenke an und verwandelten uns damit in Indianer und Cowboys. Dann rannten wir hinaus, um die Spuren von Father Christmas' Rentierschlitten im Schnee zu entdecken – wenn er denn mal gefallen war. Und obwohl bei uns der Schnee nie liegenblieb, fanden wir immer, was wir suchten.

Und wieder ging es in die Kirche oder – für den von weiterher Angereisten – zum Christmas-Dinner ins Elternhaus. Meistens waren die Heimkehrer besser gekleidet als ihre Gastgeber. Sie hatten Zeitungen dabei und in Weihnachtspapier verpackte Geschenke. Die Männer schleppten Stühle und Bänke hin und her, die Frauen kümmerten sich um Blumen und Kerzen. Hände wurden geschüttelt, Kragenknöpfe und Gürtel gelockert.

Um verlegenes Schweigen zu überspielen, blätterte man in Zeitungen. Die Sherryflasche kam auf den Tisch, weil es Weihnachten war. Die Unterhaltung floß und stockte, und eine Tante steckte ihren Kopf aus der Küche in die Männergesellschaft. Doch ihr Mann ließ sich dadurch keineswegs ablenken, also verschwand sie wieder in der Küche. Inzwischen war die Männerrunde bei der Jugend angelangt. Jugendliche dürfen heutzutage viel zuviel mitreden. Die Schule sei schuld daran, es gebe «zuviel Erziehung».

Jedesmal, wenn der Truthahn hereingetragen wurde, stieg die Stimmung. Die Köchin wurde in den höchsten Tönen gelobt, Kerzen wurden zur Seite geschoben, der Vater sprach das Tischgebet. Nach dem Essen glitt die Feier hinüber in weiche Lehnsessel. Einige schliefen gleich ein, andere versuchten zu lesen, doch nach und nach rutschten auch ihnen Zeitungen und Brille herunter, sie schnarchten langsam in den Abend hinein.

Derweil gingen mein Lieblingsonkel und ich wie jedes Jahr zum Wald von Chill Aodain, der hinter unserem Haus begann. Wir standen auf Lis Ard, dem berühmten Hügel, wo sich die Feen zum Spiel treffen. Teufelsbäume wuchsen dort, und der berühmte «Dreiklang» aus Eiche, Esche und Dornbusch wucherte überall an den Abhängen unter uns. Auf diesem Hügel lebten einst meine keltischen Vorväter. Heute sind sie von den «Little People» bewohnt, unsichtbare kleine Märchenwesen, die in Irland seit Jahrtausenden die Natur und die Gedanken der Menschen bevölkern.

Von Lis Ard herab sieht man über die Felder hinweg auf die Stelle, wo der blinde Dichter Anthony Raftery geboren wurde. Er schrieb auf gälisch, starb 1835, doch seine Gedichte werden heute noch auswendig gelernt. Mein Onkel zitierte aus Rafterys berühmtem Gedicht Chill Aodain, in dem er die Schönheit der Landschaft unter uns besingt.

Weihnachten ist für mich auch heute noch wie eine fallende Schneeflocke, wie der Tanz der Feen oder wie Raftery, der, geleitet vom Licht seines Herzens, durch Irland wandert. Ich gehe zu Bett und spüre die Freiheit in mir.

Deutsch von Rainer Kühn

Terry McDonagh wurde 1946 in Irland geboren. Der Autor und Dramatiker lebt seit 16 Jahren in Hamburg und unterrichtet an der Internationalen Schule in den Fächern Drama und Englisch. Seine Gedichte wurden weltweit in zahlreichen Anthologien und Zeitschriften veröffentlicht. 1996 stand er auf der Auswahlliste für den Tandem Poetry Prize (England). Das Dichterhandwerk hat in seiner Familie Tradition: Das Amt des Barden von Kiltimagh wird seit Generationen von McDonagh vererbt, zuletzt vom schweigsamen Onkel auf ihn. Veröffentlichungen: «The Road Out» (Olaf Hille Verlag, Hamburg). 13 Gedichte wurden für Gesang und Streichquartett vertont. Gedichte: «At Home In My Shoes».

Marie-Luise Marjan

Das verlegte Weihnachtsgeschenk

Geschenke besorge ich meistens nicht auf Fälligkeitsdatum hin, sondern ich suche sie das ganze Jahr über. Wo ich etwas Hübsches entdecke, nehme ich es mit für meine Überraschungskiste und überlege, welches Geschenk wann zu wem am besten paßt. Manchmal ordne ich ein Geschenk auch gleich zu, wenn mir beim Anblick des Gegenstandes eine bestimmte Person einfällt.

Doch in der Hektik des Weihnachtstrubels loszumarschieren und etwas Bestimmtes zu kaufen, widerstrebt mir. Die Menschen drängen sich, alles ist übervoll, man verliert Zeit, ich werde ungeduldig, und die ganze feierliche Stimmung ist dahin.

Im Frühjahr 1987 war ich auf einer Rundreise in Ceylon. Im Norden herrschten kriegsähnliche Zustände, und die Reiseleitung mußte die Route aus Sicherheitsgründen ändern. Den herrlichen Norden mit seinen unendlichen Stränden sahen wir nicht, statt dessen fuhren wir durch weite Teeplantagen in das Innere des Landes in die Berge nach Nuwara Eliya.

Im Nordosten drängten die Tamilen vom Süden Indiens

her ins Land und lieferten sich erbitterte Kämpfe mit den Singhalesen. Manche Straßensperre mußte der Reisebus umfahren, und bei Anuradhapura hatten die Kämpfer in die betende Menge geschossen – wir sahen die Einschüsse in den Tempelmauern, die Blutspuren waren noch nicht im Boden versickert.

Alle Reisenden entschlossen sich zum Gebet unter dem Bodibaum, dem Lebensbaum Buddhas, unter dem er seine Erleuchtung hatte. Der Baum war bunt mit Papierstreifen geschmückt – jeder Gläubige befestigt einen Papierstreifen als Opfergabe am Baum.

Irgendwie mußte ich in diesem Moment an Weihnachten denken – an die Geburt Jesu im Stall von Bethlehem. Ich schaute mich um. Um mich herum beteten die Völker vieler Nationen, die alle gekommen waren, um sich unter dem Bodibaum zu versammeln. Friedlich beteten sie nebeneinander unter dem Baum in der Märzsonne Ceylons. Irgendwie überkam mich ein Gefühl der Verwirrtheit – Inder, Singhalesen, Afrikaner, Europäer – jeder betete zu seinem Gott, friedlich nebeneinander und miteinander. Meine Gedanken purzelten durcheinander. In demselben Land ist Krieg. Menschen morden Menschen, die doch alle gleich geschaffen sind vom selben lieben Gott – Buddha, Krishna, Juda – oder wie immer man Gott auch nennen mag.

Warum hat das Böse soviel Raum in dieser Welt? Ich grübelte darüber nach und merkte, wie sich meine Hände fester zusammendrückten, als könnte ich dadurch das Böse aus der Welt vertreiben.

Von dieser Reise brachte ich neben Batiktüchern und Tee auch einen kleinen gegossenen Buddha mit – für meinen Freund als Weihnachtsgeschenk – so hatte ich es mir vorgenommen. Ich wickelte den Buddha in Schals und legte ihn, nach Hause zurückgekehrt, gut weg, denn Weihnachten war ja noch weit.

Der Dezember kam und damit die Überlegung, was schenke ich meinem Freund zum Weihnachtsfest? Ach ja, ich hatte ja den kleinen Buddha ... So sah ich dem Weihnachtsfest beruhigt entgegen. Wir suchten gemeinsam den Tannenbaum aus. Am Heiligabend schmückte ich wie jedes Jahr das Bäumchen, während mein Freund in der Küche das Festmahl zubereitete. Bunt sollte das Bäumchen dieses Jahr werden mit roten und goldenen Schleifen – vielleicht in Erinnerung an den buntgeschmückten Bodibaum in Ceylon. Der Buddha sollte gleich neben der Wiege mit dem Jesuskind stehen. Es sollen alle Glaubensrichtungen tolerant nebeneinander bestehen, so wie ich es in Ceylon erlebt hatte. Schließlich standen an Jesu Krippe auch die drei Könige aus dem Morgenland – Balthasar, Kaspar und Melchior –, warum also sollte nicht auch Buddha an Jesu Krippe stehen. In meinem globalen Religionsverständnis fand ich das völlig in Ordnung. Ich schickte mich an, die Krippenfiguren und den kleinen Buddha zu holen. Aber, o Gott, wo war er? Wo hatte ich ihn hingelegt? Aufgeregt lief ich herum, öffnete eine Schublade nach der anderen.

«Was ist, mein Schatz, kann ich dir helfen?» tönte es aus der Küche. «Nein, nein, nicht gucken, das Christkind bringt eine Überraschung.» Mein Gott, wo war der kleine Buddha? Erneut flogen die Schubladen auf, wurden Kistchen und Schachteln geöffnet, sogar im Bettkasten schaute ich nach. Wo hatte ich ihn nur hingelegt? Ob das mit dem Frieden auch so ist, daß man ihn manchmal «verlegt»? Ich gab nicht auf. Irgendwo mußte der kleine Buddha in letzter Minute noch gefunden werden. Ich räumte Bücher und Schallplatten weg, und mein Freund scherzte: «Willst du umziehen?» Ein letzter Einfall – vielleicht auf der Ablage hinter dem Schreibtisch – nichts – im Bad nicht. Im Eckschrank in der Diele, wo man manchmal schnell etwas ablegt – nichts – der kleine Buddha blieb verschwunden. Enttäuscht gab ich die Suche auf, schrieb ein weihnachtliches Kärtchen: Überraschungsgeschenk verlegt, ein kleiner Buddha aus Ceylon. Ich legte das Kärtchen mit einem Pullover unter den Tannenbaum. Ich muß sehr traurig ausgesehen haben, mein Freund tröstete mich lieb, besonders lieb: «Wir suchen ihn gemeinsam, wir werden ihn schon finden.» Dabei lachte er und servierte das Fischfondue, das wir oft zu Weihnachten essen, und so wurde es doch noch ein schöner Weihnachtsabend, der mit dem Besuch der mitternächtlichen Christmette abgeschlossen wurde. «Fröhliche Weihnachten, mein Schatz.» – «Fröhliche Weihnachten, mein Herz.»

Übrigens, den kleinen Buddha fand ich Ostern auf dem Speicher in einem Schuhkarton, der bei Aufräumungsarbeiten im Herbst dort gelandet war. Jetzt steht er im Wohnzimmer auf der Vitrine und bekommt jeden Tag eine kleine, frische Blüte.

Marie-Luise Marjan, geboren in Essen, aufgewachsen bei Adoptiveltern in Hattingen. 20 Jahre Theater an ersten Bühnen in Deutschland, 40 Fernsehrollen. Erste Mutterrolle mit

19 Jahren. Die große Popularität brachte die 25. Mutterrolle – als «Helga Beimer» in der ARD-Langzeitserie «Lindenstraße». Zahlreiche Auszeichnungen (u. a. Bambi, Telestar, Goldene Kamera). Die Schauspielerin ist engagierte UNICEF-Botschafterin und Kuratoriumsmitglied bei PLAN International. Zahlreiche Veröffentlichungen (darunter ein Kochbuch und feste Kolumnen in einer großen Illustrierten). Marie-Luise Marjan lebt in Köln und Hamburg.

Hansi Müller

Der Karpfen, Opa und der Schlips

Adventszeit und Weihnachten hatten bei uns zu Hause immer etwas Fatales an sich. Mutter war nervös und versteckte die Plätzchen so, daß wir sie finden mußten. Erneutes Backen war angesagt. Vater mußte vor Jahresende immer Überstunden machen und wollte von dem Fest nichts mehr hören. Dennoch tuschelten die zwei, daß meine Ohren immer länger wurden. Von einem Fußball war die Rede, von einem Skipullover, von Tanne oder Fichte, von, von, von – soweit ich am Schlüsselloch die mehr oder weniger lauten Diskussionen mitbekam. Irgendwie war die Luft hochgradig explosiv – von Weihnachtsfrieden keine Spur.

Ja, und dann gab's noch die Großeltern im Haus. Opa hatte bereits die Weisheit des Alters erreicht und sagte mir täglich: «Junge, reg dich nicht auf, diese Weihnachten werden noch schöner als die letzten.» Steckte mir eins von den geklauten Keksen (aha, da war einer der Übeltäter!) in den Mund und entließ mich mit einem freundschaftlichen Klaps auf meinen Allerwertesten. So war er. Immer gütig, klug, Freund seines Enkels.

Der 24. «nahte sich immer näher», wie ich mich damals in meiner Kindlichkeit auszudrücken pflegte. Es gehörte zum familiären Ritual, daß ich am 23. Dezember mit meinem Vater zum Teich eines befreundeten Bauern marschierte, um einen besonders großen, schönen Karpfen ausfindig zu machen. Der durfte dann bis an sein plötzliches Ende in der Badewanne schwimmen. Ich konnte diese Fische nie so richtig leiden. Erstens schauten sie so dumm aus der Wäsche – sprich Schuppenkleid. Zweitens glich deren Verspeisen einem Spießrutenlauf. Gräten über Gräten, auch dort, wo man sie nicht vermutete. Aber Vater machte am Heiligen Abend traditionell ein wunderbares Karpfengulasch aus ihm, und als kleiner Mensch hatte man ja noch nicht zu motzen. Hauptsache, die Sauce war toll. So schwieg ich tapfer Jahr für Jahr über die versteckten Gräten – dem Weihnachtsfrieden zuliebe. Und der war an diesem Nachmittag des Heiligen Abends – ich muß da ungefähr sieben Jahre alt gewesen sein – ernstlich gefährdet. Auf völlig ungeklärte Art und Weise war der Christbaumständer verschwunden! Dieses monströse Ding aus Gußeisen, kitschig grün gestrichen, im Keller immer an gleicher Stelle. Eingepackt am 6. Januar, ausgepackt am 24. Dezember. Jahr für Jahr. Nun war er weg. Ratlosigkeit. Hysterische Ausbrüche. Kein Weihnachten. Draußen wurde es dunkel.

Da kam er. Der Großvater. Schon feingemacht, im dunkelblauen Anzug. Sah die verschreckten Gesichter, das Chaos, das allein schon unsere Körperhaltung ausdrückte. Wir müssen so komisch ausgesehen haben, daß der alte Herr in schallendes Gelächter ausbrach. Als er dann von uns – stockend vorgebracht – auch noch den Grund der Verstörung erfuhr, meinte er nur, er als gelernter Tischler sei ja wohl in der Lage, im Keller schnell ein Holzkreuz als Ständer für den Baum zu zimmern.

Mutter beruhigte sich, Vater setzte dem Leben des Karpfens ein jähes Ende, machte dieses unnachahmliche Drei-Sterne-Gulasch aus ihm, ich träumte vom Fußball. Nur: Opa kam nicht aus dem Keller. Ich schlich mich hinunter. Hörte meinen Opa gemeingefährlich fluchen. Na so was! Mein Vorbild, mein Idol, meine Fluchtburg vor Widerwärtigkeiten des kindlichen Lebens sprach Worte aus, die ich in Gegenwart meiner Eltern nicht einmal zu denken wagte. Was war passiert? Beim Einpassen der beiden Hölzer in ein Kreuz hatte sich die nagelneue Krawatte (dunkelblau mit roten Querstreifen) mit beiden Enden in der jeweiligen Fuge verfangen. Hat besser als jeder Kitt oder Leim gehalten. Opas Gesicht war dunkelrot angelaufen. Mir scheint in der Erinnerung, daß auch seine Augen schon etwas hervorgetreten waren. Denn der gute Mann versuchte ja, mit aller Gewalt das gute Stück zu retten – und zog die Schlinge immer enger um den Hals «Mama, Papa, der Opa stirbt», brüllte ich so laut ich konnte. Die Eltern stürzten schreckensbleich herbei – und bekamen einen Lachanfall, für den ich mich heute noch schäme. Mama holte eine Schere, schnitt den Schlips ab, beruhigte den tobenden Opa mit einem gehörigen Schnaps, Vater stellte den Baum im garantiert wakkelfesten Holzkreuz auf, schmückte ihn, zündete die Kerzen an – und rief zur Bescherung. Lichtjahre nach dem üblichen großen Moment. Auf Opas Platz lag neben anderen ein unverpacktes Geschenk. Eine dunkelblau und rot quergestreifte Seidenkrawatte (ganz heimlich: Geschenk eines Geschäftsfreundes, der nicht wußte, daß Vater Schlipse nur zu Hochzeiten und Beerdigungen trug). Und der Karpfen? Der hatte die «Zeitverschiebung» mehr schlecht als recht überstanden. Aber da war mir schon übel. Hab ja gewußt, wo die feinen Kekse vor uns drei Männern versteckt gewesen waren ...

Hansi Müller, geb. am 27. Juli 1957 in Stuttgart, bekam schon während seiner Schulzeit einen Profivertrag beim VfB Stuttgart und verzichtete deswegen nach dem Abitur auf ein Studium. Die Medien priesen den blendend aussehenden Fußballer, der fünf Sprachen beherrscht, als «genialen Regisseur und Zauberer» auf dem Rasen. Er wurde 1980 Europameister, 1982 Vizeweltmeister und mit seinem letzten Verein, dem FC Swarowski Tirol, zweimal Österreichischer Meister. Müller ist mit seiner Jugendliebe Claudia verheiratet und Vater von zwei Kindern.

Wolfgang Castell

Ecce lux mundi

20. Dezember, New York

Der Tanz um den goldenen Weihnachtsmann tobt nun schon seit Wochen. Unentwegt am Jingeln sind die vielen Kassenbells. Die Seele, die eigentlich beschenkt werden sollte, geht leer aus. Überall wird gestöhnt über Völlerei auf Christmaspartys und in gesprächig sinnleeren Gesprächen. Die alten Jacketts mit den langen Revers sieht man nirgends mehr.

Eine Welle von Kaufwut produzierte Angepaßte. Gegenseitig wirft man sich «Ah, wie schick!», «Toll!» im süßesten Süßholz vor. Selbst in den früher verachtenswert billigen Kaufhäusern schwebt heute der Duft teuren Parfums. Nichts macht nachdenklicher – außer vielleicht der Gedanke an Armut – aber wenn, nur der eigenen. Neuerdings blitzt auch kein Chrom mehr an den Hunderttausenddollarkarossen – neue Bescheidenheit.

Christmas-time, die Zeit der «Schlechtes-Gewissen»-Spenden ist gekommen – immerhin. Der Geruch von U-Bahn, Menschen, gebrannten Mandeln hängt genauso in der Luft wie Streß.

Mit leicht glasigen Augen liest ein Penner ein Faltblatt, auf dem in dicken Lettern «Andheri-Hilfe» steht. Er schüttelt ungläubig seinen verfilzten Kopf, aus dessen Öffnung der Fuselgestank schon bedrohlich weniger geworden ist, er würde nicht daran denken, für so 'nen armen Blinden, irgendwo am Ende der Welt, sechsundzwanzig Piepen auszugeben, damit der wieder glotzen kann. Er denkt nur an die Menge Schnaps und läßt mit einem Seufzer den Zettel fallen, während im nächsten Moment ein Maßschuh achtlos darübertritt. Einundzwanzig Uhr, und noch immer blenden alle Lichter.

Stöhnend massiert die Spätblonde aus dem piekfeinen Juwelierladen in der vierunddreißigsten Straße ihre müden Beine. Gedankenverloren träumt sie – nur nicht von Christmas. Sie zuckt zusammen, der Eingang läßt eine elegante Dame, um die Dreißig, mit einem unverbindlichen, teilnahmslosen Lächeln, sichtbar werden. Pflichtgemäß begegnet ihr die Spätblonde mit den müden Beinen, devot höflich, denn es gilt, das Umsatzsoll des Vorjahres zu erfüllen. Ihr Chef denkt schon an jüngeres Personal und mehr Gewinn. Hoffnung wird an Verzweiflung ersticken.

Wegen der um diese Jahreszeit viel zu warmen Witterung hegen Inhaber von Pelzgeschäften bereits Suizidabsichten. Währenddessen werden heftigst Küßchen rechts und Küßchen links unter grünen Misteln verteilt. Über Kaminen hängen Weihnachtskarten wie Verdienstorden. Überall verkünden Symbole Status.

21. Dezember, Sydney
Für Schnee zu warm, also gibt's künstlichen. Der

Plastiktannenbaum stört nicht mehr. Weihnachtsmänner verfluchen schwitzend ihren Job. Überall vor Freude – Freude. Vorfreude auf was?

Man weiß zu berichten, Weihnachten mit der erzwungenen Familienharmonie liefert, sehr zur Freude von Heerscharen unterbeschäftigter Psychologen, heftigste Fehden. Rummel – Frieden – Zoff, und alles umrahmt von heiligen Ideen.

Ein ständig angerempelter Geistlicher wird von einer kaufwütigen Masse Mensch von seinem Ziel, Zufluchtsort Kirche, erfolgreich abgedrängt. Glocken aus Lautsprechern sorgen für Stimmung. Konzerne korrigieren Bilanzen nach oben, eigentlich ist alles wie im vorigen Jahr und den Jahren davor. Ein altes Mütterlein hat noch Erinnerungen, aber keiner schenkt ihr Glauben.

22. Dezember, Oslo

Eine unbeschwert fröhliche Schar Angetrunkener zieht, sehr zum Ärger der Geschäftsleute, durch die verschneiten Straßen. Jeder denkt fröhlich an den nächsten Punsch auf der nächsten Feier. Im Dunkel fallen flirrend unschuldige Schneeflocken. Hinter hellerleuchteten Scheiben ist es mollig warm und gemütlich. Überall wird mehr getrunken als gegessen.

Die Fischer haben in diesem Jahr Glück, ein Eisbrecher hält die Fahrrinne frei, und sie gelangen ohne Probleme aufs offene Meer, um das Soll für einen japanischen Konzern zu erfüllen. Die rauhen Männer auf den Schiffen ergehen sich in Sentimentalität. Verständlich, wer wäre da nicht lieber am warmen, behaglichen Ofen, liebevoll umsorgt. Aber irgendwie muß ja die Urlaubsreise mit dem neuen Auto auch bezahlt werden. Manchmal haben sie sogar Tränen in den Augen, die harten Männer mit den weichen Weihnachts-Herzen.

23. Dezember, Berlin

Wehmütig erklingen Weihnachtslieder – fast überall. Echte Weihnachtsbäume, wohin das Auge schaut. Engel in allen Größen, silberne Sternchen und Lametta tonnenweise. Zwischen Liebesschwüre beteuernden Lebkuchenherzen, Christstollen zum Sonderpreis für nur neun Mark fuffzig erlebt eine Nation eine wahre Weihnachtsinflation. Kaum einer kann sich dem entziehen.

Ein Kriegsinvalide mit nur einem Bein verweilt vor einem Schaufenster mit einer Bethlehem-Krippen-Dekoration. Während in getragenen Molltönen ein «O du fröhliche ...» ertönt, laufen offenbar Tränen seine Wangen herab. Er hat wohl immer noch Stalingrad plus heile Welt in Erinnerung. Eine zerrissene Seele, die stumm und voller Emotionen leidet.

Schaukelpferde sind ausgestorben. Modelleisenbahnen warten auf Renaissance. Märchenbücher gibt's nur noch antiquarisch. Plastikkämpfer aus dem Weltall bevölkern die Regale. Mord und Totschlag im Universum dominiert. Zwischenmenschliche Beziehungen werden von Computern vernichtet. Man kommuniziert elektronisch.

Dem letzten Büchermord knapp entronnen, sterben neben Heine Eichendorff, Lessing und Goethe einen einsamen staubigen Tod in Bibliotheken. Es weihnachtet sehr und überall. Jeder ist besorgt um seinen Festbeitrag.

Aber in den heiligen Streß mischt sich ständig wachsender Verdruß. Immer mehr sehnt man sich nach den Tagen danach. Nur gelegentlich werden Stimmen laut, die von einer Unerträglichkeit des Weihnachtsrummels reden. Doch über allem weht dieser Hauch von sanftem Zwang, abgenutzter Tradition und nicht zu verbergender Aufregung vor dem Kommenden. Viele wissen nicht mehr, worum es eigentlich geht, dabei ist Weihnachten doch immer so gemütlich. Die vielen Lichter, die Geschenke und die Stimmung in der Kirche, das viele gute Essen und dann endlich die Ruhe danach.

Daß Ausländer inzwischen wieder lästig geworden sind, wird bei dem Trubel ganz vergessen. «Stille Nacht – heilige Nacht ...» Um einen sehr ärmlich aussehenden Redner am Rande des Weihnachtsmarktes scharen sich ein paar Menschen. Mit wilden Gesten will er den Leuten etwas Überzeugendes erzählen: «... und seid sicher, Weihnachten passiert in euch und nicht um euch herum!»

24. Dezember, Bangladesch

Hier im ärmsten Land der Erde ist Weihnachten weit entfernt. Im Grunde ein Land ohne Kassen und ohne Geld. Es gibt keine Lichterketten, kein Lametta, kein «Jingle Bells» oder «O du fröhliche» – nichts dergleichen – nur Hunger und unvorstellbare Armut. Hier liegen Glück und Unglück stets dicht beieinander. Wirbelstürme und Flutwellen fordern jährlich Opfer. Aber die Natur, so grausam sie auch manchmal sein kann, besänftigt mit Palmen, einem Meer von betäubend duftenden Blumen, blauem Himmel und wärmender Sonne. Hier wird Freude anders empfunden. Hier wird anders gelacht und gescherzt. Hier ist wenig Freude schon viel Freude.

In einem Tal, geschützt vor den Unbilden des jährlichen Zyklons, liegt ein kleines Dorf.

Zwischen Palmen stehen, wie zufällig hingestreut, Hütten aus Lehm und Wellblech, deren Dächer von geschickten Händen aus Palmen und Bananenblättern gefertigt wurden. Einen Arzt gibt es weit und breit nicht, aber man bekam vor einigen Jahren, durch gütige Spenden, einen Brunnen geschenkt. Im Schatten einiger großer, gebogener Palmen steht die Lehmhütte der blinden vierzehnjährigen Shima.

Hier lebt sie auf engstem Raum mit ihrer Mutter und dem arthrosegebeugten Großvater zusammen. Ihr Vater kam vor einigen Jahren bei einem Erdbeben ums Leben. Seitdem ringt die Mutter dem Boden Früchte ab und sorgt so für den kargen Lebensunterhalt. Der Großvater kümmert sich um einige Hühner und die schwarzweißen Ziegen. Shima, die schon in den ersten Lebensjahren erblindete, hilft – so gut sie kann – fleißig mit. Häufig weint sie still in sich hinein, weil sie nicht wie die anderen ausgelassen herumtollen kann. Und wie gerne würde auch sie einmal einen Freund kennenlernen, der ihr Blumen pflückt und ihre dunklen langen Haare bewundert.

So vergingen Jahre mit tiefer Traurigkeit, weil sie sich auch darüber Gedanken machte, was aus ihr werden würde, wenn es eines Tages ihre Mutter und ihren Großvater nicht mehr gäbe. Eines Tages, es war Anfang Dezember, kam durch dieses kleine Dorf ein Wanderprediger. Zunächst betrachtete man ihn voller Mißtrauen, weil Weiße stets reich und gutaussehend sind. Dieser Mann war offensichtlich arm, abgerissen und erfreute sich der Speisen, die man ihm bot. Er erzählte wundersame Geschichten von einem Kind, welches auch in Armut geboren worden war und zwar just im Monat Dezember. Die Leute im Dorf hörten ungläubig, aber sehr interessiert zu. Als dann auch noch von Wundern berichtet wurde, vor allem davon, wie der Blinde wieder sehend wurde, schöpfte Shima Hoffnung. Wie oft hatte ihr Vater damals für sie im Tempel der Göttin Kali gebetet, Opfer gebracht, doch es hatte nichts genutzt. Vielleicht kann ja dieser Gott helfen, dachte sie.

Shima bat den frommen Mann, ob er nicht dafür sorgen könnte, daß ihr auch so ein Wunder zuteil werde. Der fromme Mann dachte lange nach und sagte dann: «Liebes Kind, weil viele Menschen in aller Welt an diesen Gott glauben, zu ihm beten und auch ich an ihn glaube, weswegen ich ja hier bin, gibt es Dinge, die wie Wunder sind. Wir opfern unserem Gott auch, aber nicht so wie ihr es zu tun pflegt. Durch die Opfer, die wir unserem Gott bringen, ermöglichen wir weisen und der Medizin kundigen Menschen in dieses Land zu kommen, damit sie euch helfen. Das ist auch eine von Gottes Botschaften, nämlich der Auftrag, den Armen und Bedürftigen und den in Not Geratenen zu helfen. Unser Gott ist gütig und hält sehr viel von Nächstenliebe.»

Shima lauschte erstaunt den Worten des Predigers, der noch viele Geschichten erzählte, und sie spürte, daß sich etwas Wundersames in ihr regte. Sie konnte es nicht erklären, aber ihre Ängste schwanden, und sie fühlte sich seltsam erleichtert und voller Hoffnung. Dann sagte der fromme Mann, daß sich das Mädchen in das größere Provinzdorf, drei Tagesmärsche entfernt, begeben solle, dort würde ihr vielleicht Hilfe zuteil werden können. Er verabschiedete sich, dankte allen sehr herzlich und versprach wiederzukommen, um weitere Geschichten zu erzählen. Aufgeregt bat Shima ihre Mutter, sie möge mit ihr nach Dharjhan gehen. Die Mutter, immer noch skeptisch, lehnte ab, weil sie sich noch um die Ernte kümmern mußte.

Shima weinte bitterlich und litt sehr in ihrer dunklen Welt, bis am nächsten Morgen der gebrechliche Großvater erklärte, er wolle den Weg mit ihr wagen. Shima zog sich ihren besten Sari an, während der Großvater ein Bündel mit Decken und etwas Eßbarem schnürte, seine Krücke nahm und sich mit ihr auf den Weg machte. Der Pfad war uneben und beschwerlich. Shima klammerte sich fest an den Großvater. Die erste Nacht schliefen sie am Rande des Dschungels auf einer kleinen Lichtung. Sie kuschelte sich ganz eng an ihren Großvater, während das Leben im nächtlichen Urwald mit unheimlichem Getöse und Geschrei erwachte. Nach drei schier unendlichen Tagen erreichten sie das Provinzdorf. Großvater erblickte eine lange Menschenschlange vor einem großen Autobus mit der Aufschrift: «Andheri-Eye-Camp». Einem freundlichen Menschen im weißen Kittel erzählte er die Geschichte von Shimas Schicksal, die inzwischen bitterlich weinte, und dem frommen Mann. Sie mußten sich noch zwei weitere Tage gedulden, bis liebevoll besorgte Menschen ihr Mut zusprachen und ihre Ängste langsam verflogen.

Sie wurde operiert und durfte sogar mit Großvater in einem großen Haus wohnen. Man sang hier schöne Lieder, erzählte wundersame Geschichten von einem heiligen Mann namens Jesus und betete jeden Tag zu Gott. Alles war sehr fremd für Shima, aber irgendwie fühlte sie sich geborgen, fast glücklich und doch gespannt. Es wurde warm um ihr ängstliches Kinderherz. Irgend jemand schenkte ihr eine Puppe mit langen feinen Haaren, und das erste Mal in ihrem Leben aß sie Schokolade. Nie hatte sie solche Geschenke erhalten, und sie war dankbar und froh. Im stillen dachte sie aber, daß sie das alles eintauschen würde, wenn sie nur wieder sehen könnte. So vergingen die Tage, und es ward der 24. Dezember. Während irgendwo auf der Welt ein dickbäuchiger, rotweinnäsiger Priester einer Gemeinde, die immer nur zu Feiertagen das Kirchlein zum Bersten füllte, verkündete, daß das herzallerliebste Jesulein das Licht der Welt in einem armseligen Stall in Bethlehem erblickt hatte und in einer Krippe strampelte, während draußen ein heller Stern drei netten, weisen Leuten den Weg zeigte, damit sie auch ihre Geschenke bringen könnten, verriet ein spitzer Aufschrei, daß sich etwas Außergewöhnliches ereignet haben mußte. Alle rannten zum Behandlungsraum.

Hier stand eine zitternde Shima. Man hatte ihr vorsichtig den Verband abgenommen, und aus ihren rotentzündeten, braunen Kulleraugen flossen wahre Ströme von dicken Tränen. Ein gütiger älterer Arzt hatte sie sacht in den Arm genommen. Durch den Tränenschleier erblickte Shima zum ersten Mal – bewußt – das Licht der Welt. Sie sah als erstes den gekreuzigten Jesus an der Wand, erinnerte sich an die Geschichte, die ihr der fromme Mann erzählt hatte, fiel auf die Knie und fing inbrünstig an zu beten. Alle im Raum beteten demütig mit ihr, und dankbare Freude kam auf. Still und doch voll des Glücks machte sie sich wieder auf den Heimweg, um der Mutter die Kunde von dem Wunder zu überbringen.

Das erste Mal sah sie, wie sehr sich ihr Großvater auf dem beschwerlichen Weg mühte, und entdeckte, daß er wunde Füße hatte, weil er keine Schuhe trug. Spontan umarmte sie ihn tröstend, doch mit einem tiefen Seufzer antwortete er: «Weißt du, mein liebes Kind, ich weinte einmal, weil ich keine Schuhe hatte, bis ich jemand sah, der keine Füße hatte.» Shima faßte an das kleine Kreuz, das seit heute morgen an einem Kettchen um ihren Hals hing, und nickte verständnisvoll.

Wolfgang J. Castell, Jahrgang 41, aus Königsberg. Gewerbetreibender Lebenskünstler mit figaroeskem beruflichem Schwerpunkt. Gehört: Philosophie und Psychologie an der Hamburger Uni. Wunschgemäß geworden: Pilot, Jäger, Dressurreiter, Trabrennfahrer, Segler (und mit der Yacht «4 You 2» regattaerfahren). Devise: «Träume nicht dein Leben, lebe deinen Traum.»

Leonore Gottschalk-Solger

Weihnachten rot-gold

An diesem besonderen Morgen sitzt die ganze Familie hektisch, aber auch voller Vorfreude am Frühstückstisch. Wie jedes Jahr verteilt die Mutter zwischen Kaffee und Brötchen noch die letzten Anweisungen: «Du, Verena, holst bitte noch beim Kaufmann grünen Salat und Tomaten, und guck, bevor du gehst, ob wir Brennspiritus für das Fondue-Essen haben. Nicht, daß wir wie im vergangenen Jahr uns welchen bei den Nachbarn leihen müssen.» Die Tochter des Hauses verschwindet mit den Worten: «Wir ist gut, ich mußte schließlich zu den Bekkers gehen, außerdem warum muß immer ich einkaufen gehen, ich habe gestern schon so viel gemacht und will noch mit Steffi zu den Pferden», natürlich ohne den Frühstückstisch abzuräumen. Die Mutter ruft ihr hinterher, daß sie sich das Geld aus dem Portemonnaie nehmen solle, das auf dem Küchentisch liegt.

Mit gespielter Munterkeit wendet sie sich danach ihrem Mann und dem kleinen Sohn zu. «Ihr beide könnt ja schon einmal den Baum aufstellen, damit ich ihn gleich schmücken kann.» – «Wieso schmückst du den Baum», fragt der Sohn in leicht maulender Tonlage, «ich dachte, das Christkind kommt und macht das.» – «Das Christkind ist sehr dankbar, wenn wir ihm etwas Arbeit abnehmen. Es hat noch genug damit zu tun, die ganzen Menschen heute abend zu besuchen und ihnen Geschenke zu bringen.» Mit dieser Auskunft zufrieden zupft der Sohn seinen Vater, der bis zu diesem Zeitpunkt hinter der Zeitung verborgen gesessen hat, am Arm und ruft: «Komm, Papa, wir müssen uns beeilen mit dem Baum, damit auch bestimmt alles fertig ist, wenn das Christkind kommt.»

Der Vater rührt sich erst nach mehrmaligem Rütteln seines Sohnes und schickt diesen mit den Worten voraus, er würde gleich nachkommen. Danach wendet er sich wieder genüßlich seiner Zeitung zu. Der Friede hält jedoch nicht lange an, da seine Frau ihn nunmehr, da beide allein im Eßzimmer verblieben sind, mit etwas erhobener Stimme anspricht: «Es wäre wirklich schön, Georg, wenn du dich nun auch einmal erheben könntest und dich wenigstens um den Baum kümmern würdest – ich habe nämlich noch genug andere Dinge zu tun und möchte schließlich auch einmal fertig werden.» – «Jedes Jahr der gleiche Streß, nicht einmal in Ruhe Zeitung lesen kann man», murmelt der Vater und verschwindet nach einem weiteren sehnsüchtigen Blick auf die Zeitung aus dem Zimmer.

Zurück mit den Resten des Frühstücks verbleibt die Mutter, die sich seufzend erhebt und in die Küche geht, wo neben schmutzigem Geschirr jede Menge an Obst, Süßigkeiten, Käse und anderen Leckereien gestapelt ist.

Zehn Minuten später, die Mutter räumt gerade das

Frühstücksgeschirr in die Spülmaschine, hört sie erst im Wohnzimmer ein klirrendes Geräusch und gleich danach ein lautes Fluchen ihres Mannes. Sie läßt den gerade in die Hand genommenen Topf in die Spüle fallen und eilt mit langen Schritten ins Wohnzimmer. Dort angekommen bietet sich ihr ein chaotisches Bild: Ihr Mann steht neben einer viel zu großen Edeltanne, die beim Hereintragen von der Terrasse offensichtlich mit einigen Zweigen am Regal hängengeblieben ist und dabei mehrere Bilderrahmen heruntergerissen hat.

«Das ist ja eine schöne Bescherung!» poltert die Frau los. «Den ganzen gestrigen Tag habe ich das Wohnzimmer geputzt, und jetzt ist alles voller Nadeln.»

«Ich habe dir doch gleich gesagt, daß es überhaupt keinen Sinn macht, vor dem Aufstellen des Baumes den Fußboden zu wischen», erwidert altklug die Tochter, die soeben mit den letzten Einkäufen ins Wohnzimmer tritt. Der Vater, inzwischen schon sichtlich in Wut geraten, schnauzt die Tochter an: «Noch so eine Bemerkung und du kannst dir den Besuch bei den Pferden gleich abschminken.» Danach wendet er sich an seine Frau, die inzwischen die heruntergefallenen Bilderrahmen wieder aufgestellt hat: «Wo ist eigentlich der Tannenbaumfuß?» – «Wo soll er schon sein, natürlich auf dem Boden, du hättest ihn schon längst holen können.»

Angesichts der merklich gespannten Atmosphäre zwischen den Eltern haben sich beide Kinder bereits in die obere Etage zurückgezogen. «Verena», brüllt der Vater aus dem Wohnzimmer, «geh sofort auf den Boden, und hol die Weihnachtsdecken, die unter den Tannenbaum kommen.» – «Ich mach das schon», ruft die Mutter und steigt die Treppe zum Dachboden hinauf. Oben ist auf den ersten Blick kein Karton mit Weihnachtssachen zu entdecken – und auf den zweiten Blick leider auch nicht. Endlich findet die Mutter ihn unter den Säcken mit ausrangiertem Kinderspielzeug.

«Was für ein Chaos – du wolltest hier doch schon lange mal aufräumen, sieh dir nur an, wie es hier aussieht.» Der Vater ist inzwischen auch auf den Dachboden gestiegen und hält Ausschau nach dem Christbaumständer.

«Wieso ich, du könntest ja auch mal was tun.» Die Mutter zerrt wütend den Karton mit den Weihnachtssachen unter den Plastiksäcken hervor und verschwindet polternd die Treppe hinunter.

Der Vater entdeckt den gußeisernen Fuß endlich und folgt seiner Frau ins Wohnzimmer, wo diese inzwischen zwei Weihnachtsdecken auf dem Boden ausgebreitet hat. «Stell den Ständer da hin – bevor du den Baum aufstellst, muß ich aber noch eben die Decken absaugen – das geht ganz schnell.»

«Es wird jetzt nicht mehr gestaubsaugt – dazu war Zeit genug. Verena, hol sofort Wasser für den Tannenbaumfuß.» Verena kommt mit einer Gießkanne zurück und füllt so lange Wasser in die Öffnung, bis es überschwappt. «Kannst du nicht aufpassen, jetzt muß ich erst einmal das Wasser aufwischen, sonst gibt es Flecken auf dem Parkettboden.» Die Mutter verschwindet in der Küche und kommt mit zwei Feudeln zurück, mit denen sie das Wasser aufwischt.

«So, seid ihr jetzt fertig, damit wir endlich den Baum aufstellen können? Ich hebe ihn hoch, und ihr schaut, ob er in den Ständer paßt?» Der Vater hat den Baum schon etwas angehoben und sieht seine Familie auffordernd an.

Der Baum paßt natürlich nicht in den gußeisernen Fuß, er ist unten zu dick und stößt oben an die Decke – wie jedes Jahr. «Ich frage mich», wendet sich der Vater leicht gehässig an seine Frau, «warum du jedes Jahr einen Baum aussuchst, der besser in den Hamburger Michel als in unser Haus passen würde.» – «Wieso habe ich den Baum ausgesucht, du warst doch schließlich auch dabei!» – «Jedes Jahr dasselbe, ich wünschte nur einmal ...» Der Vater verschwindet in Richtung Keller, um eine Säge zu suchen. «Was ist denn mit dem Baum», fragt der Sohn aufgeregt, der die Diskussion gespannt verfolgt hat, «müssen wir ihn kaputthacken?» Der Vater erscheint mit dem Fuchsschwanz und sägt oben ein Stück ab.

«So, und jetzt noch einmal das Ganze.» Der Baum wird vom Vater hochgehoben, während die Tochter aufpaßt, daß er unten auch in das Gestell paßt. So weit, so gut, nun widmet sich der Familienrat der eigentlichen Frage: In welche Richtung soll der Baum gedreht werden, damit seine schönste Seite von allen gesehen wird. «Also, ich finde, er muß noch etwas nach links ...», «Nein das war zuviel, jetzt wieder etwas mehr nach rechts.» Die Mutter und Verena reden durcheinander, während der Vater den Baum in alle Himmelsrichtungen dreht.

Als die Tanne endlich in der gewünschten Position steht, sammelt der Vater sein Werkzeug ein und verläßt den Raum mit einem leisen «den Rest werdet ihr doch wohl alleine hinbekommen.»

«Das ist wieder typisch, immer bleibt alles an mir hängen», schimpft ihm die Mutter hinterher. «Verena, hol bitte den Staubsauger, und entfern schon mal die Nadeln.» – «Immer ich, kann mein Bruder nicht auch mal was tun?» – «Dein Bruder ist fünf Jahre alt, wenn ich noch ein Worte von dir höre, dann fällt Weihnachten aus, und Geschenke gibt es auch nicht.»

«Wieso, ich denke, die Geschenke bringt das Christkind», protestiert laut der Bruder, der das Aufstellen des Baumes aus einer Ecke beobachtet hat. Nachdem das Wohnzimmer gesaugt ist, beginnt die Mutter den Baum zu schmücken. Leise summend öffnet sie den Weihnachtskarton und hängt goldene Kugeln, Kerzenhalter und Strohengel an die unteren Zweige. Nachdem sie gut die Hälfte der Tanne geschmückt hat, macht sie sich auf die Suche nach ihrem Mann. Sie findet ihn gemütlich Pfeife rauchend in seinem Ohrensessel, wo er die Zeitungslektüre vom Morgen fortsetzt.

Die Mutter bleibt vor ihm stehen und mustert ihn mit einem nachdenklichen Blick. «Ist irgend etwas?» fragt ihr Mann über den Rand seiner Zeitung hinweg. «Es ist doch wohl nicht zuviel verlangt, wenn du dich um die Familie kümmerst, anstatt Zeitung zu lesen.» – «Wieso, ich habe doch schon alles erledigt.» Einen kurzen Moment ist es ganz still im Zimmer, und die Atmosphäre knistert alles andere als festlich. «Alles», die Stimme der Mutter wird lauter, «nichts hast du getan, alles bleibt an mir hängen. Das Essen, die Geschenke und jetzt auch noch das Baumschmücken.» – «Ich dachte, du liebst es, den Tannenbaum zu schmücken», entgegnet der Vater süffisant.

Die Mutter schmeißt ihrem Mann eine goldene Kugel,

die sie die ganze Zeit in der Hand gehalten hat, vor die Füße. Die Kugel zerbricht. «Julia, ich bitte dich», empört sich der Vater. Die Mutter dreht sich um, verläßt wortlos das Arbeitszimmer und geht langsam die Treppe nach oben ins Schlafzimmer, wo sie die Tür hinter sich schließt.

«Immer diese Streitereien, ich fahr jetzt zu den Pferden.» Die Tochter zieht sich ihren Parka über. «Tschüs, bis später.» Die Haustür fällt hinter ihr ins Schloß.

«Ist die Mama böse», der Sohn kommt schluchzend zum Vater gerannt. «Kommt das Christkind jetzt nicht zu uns?»

Der Vater nimmt seinen Sohn an der Hand. Gemeinsam betreten sie das Wohnzimmer. «Warte einen Moment, ich hole die Leiter, und dann schmücken wir den Baum zu Ende», der Vater verschwindet und kommt wenig später mit einer Leiter zurück. «Ich stelle mich auf die obere Stufe, und du gibst mir die Kugeln und die Kerzen.» «Kann ich nehmen, was ich möchte», fragt der Sohn verzagt. «Na klar», entgegnet der Vater, «Hauptsache, es gefällt dem Christkind.»

Pünktlich zum Heiligabend hat sich der Nieselregen in große weiße Flocken verwandelt, und draußen wird es langsam dunkel. Aus der Küche strömen verlockende Düfte durch das ganze Haus. Die Kinder spielen in ihren Zimmern, im Wohnzimmer ist der Vater dabei, die Kerzen am Weihnachtsbaum anzuzünden. Auf dem Sofa sitzen mit Blick auf den Baum die Großeltern, die inzwischen eingetroffen sind und entspannt an ihrem Kaffee nippen. «Jedes Jahr so viele Geschenke», sagt die Großmutter und deutet auf einen Stapel bunt eingepackter Pakete, die unter dem Weihnachtsbaum liegen. Die Mutter rückt Josef in der Krippe näher an Maria heran und lächelt: «Das Christkind war dieses Jahr guter Laune – sollen wir die Kinder holen?»

Als das Glöckchen erklingt, kommen beide Kinder langsam die Treppe herunter. Verlegen betreten sie das Wohnzimmer, wo der geschmückte Weihnachtsbaum durch viele Lichter erstrahlt und sie mit seinem Glanz blendet. «Fröhliche Weihnachten, meine Lieben», lächelt die Mutter sie an. «Fröhliche Weihnachten», wünscht auch der Vater.

Fröhliche Weihnachten sagen auch die Großeltern, und es liegt dieser besondere Weihnachtszauber in der Luft. Alle stehen bewundernd vor dem Baum. Nach ein paar Minuten andächtiger Stille fragt die Großmutter: «Wieso ist der Weihnachtsbaum dieses Jahr eigentlich unten mit goldenen und oben mit roten Kugeln geschmückt?»

«Das hat das Christkind so entschieden», antwortet der Vater, und Eltern und Kinder sehen sich dabei verschmitzt in die Augen.

Leonore Gottschalk-Solger, geboren in Oberschlesien. Nach der Flucht Schulzeit in Niedersachsen, Abitur auf einem Jungen-Gymnasium in Bremen. Jura-Studium in Hamburg, Heidelberg und Istanbul. Seit 29 Jahren Strafverteidigerin im Bereich der Schwerstkriminalität mit spektakulären Fällen. Leonore Gottschalk-Solger liebt außergewöhnliche Reisen, die Sonne und die Wüste. Sie war früher aktive Fechterin, zieht heute den Golfsport vor.

Heidi Biebl

Der Brief oder
Ich kenne meinen Vater nicht

In wenigen Tagen ist Weihnachten, und wieder mal hat es keinen Schnee. Nur kalt ist es geworden, immerhin so kalt, daß der Rauhreif auf der Wiese vor dem Haus das Mondlicht reflektiert und die Glutreste im Kamin nicht nur heimelige Stimmung, sondern auch wohlige Wärme verbreiten. Die Spätnachrichten im Fernsehen habe ich abgeschaltet, als sie «zunehmende Kriegsgefahr im Nahen Osten» verkündeten. Krieg! Was geht mich der Krieg an? Ich kenne keinen Krieg. Und dennoch, der Krieg hat mein Leben auf eine ungeheure Art beeinflußt.

Mein Vater war im Krieg! Mein Vater, den ich nicht kenne. Es gibt nur vergilbte Schwarzweißbilder mit gezacktem Rand und Erzählungen meiner Mutter. Ein Draufgänger soll er gewesen sein, einer, der an der Front die gegnerischen Panzer ganz nah an sich herankommen ließ, bevor er die Panzerfaust abdrückte. Wahrscheinlich habe ich von ihm das Quentchen zusätzlichen Mutes geerbt, das man braucht, um im Training über viel zu hohe

Stacheldrahtzäune zu springen und im Wettkampf ein klein wenig schneller zu sein als die anderen. Aber das ist lange her, diesen Mut brauche ich jetzt nicht mehr. Mir fällt der Brief ein, mein Brief! Der einzige Brief, den mein Vater mir geschrieben hat, geschrieben, als ich noch gar nicht lesen konnte. Früher habe ich den Brief oft gelesen, ich konnte ihn fast auswendig. Mittlerweile sind die Abstände größer geworden, manchmal sind Jahre vergangen, bis ich ihn hervorhole, ganz spontan, aber doch meist um die Weihnachtszeit.

Der Brief liegt im alten Fotoalbum auf der letzten Seite. Der Brief ist nur ein braunes Blatt in einem braunen Kuvert. Das Papier ist grob, und mit einem Anflug von Heiterkeit muß ich denken, daß es vielleicht umweltfreundlicher hergestellt wurde als alle Papiere heute mit entsprechendem Aufdruck. Die Tinte ist an einigen Stellen verwischt, das stammt aus der Zeit, als ich meine Tränen noch nicht zurückhalten konnte.

Meine liebe kleine Heidi,
 seit vielen Tagen liege ich nun schon in dieser Stadt fest. Es geht nicht mehr vorwärts und nicht rückwärts. Aus dem Weihnachtsurlaub, auf den ich so gehofft habe, wird nichts werden. Als Trost bleibt mir nur der kleine braune Bär von Dir. Immer wenn ich ihn in die Hand nehme, habe ich das Gefühl, mein letzter Heimaturlaub wäre erst gestern zu Ende gewesen. Manchmal denke ich sogar, die Tür müßte aufgehen und Du und Mama müßten einfach hereinkommen. Ich träume davon, wie Euer Lachen Licht und Leben in diesen Raum bringen könnte. In Wirklichkeit ist hier aber alles grau, tot und kalt.

Meine liebe kleine Heidi, mein Christkind kann Dir dieses Jahr nichts bringen. Als es vor wenigen Tagen über diese Stadt flog, blieb es mit seinen goldenen Flügeln am Kirchturm hängen. Das Christkind stürzte mitsamt seinem blitzenden Weihnachtssack auf die vielen schönen Häuser herab. Die Lichtlein am Weihnachtsbaum brannten dann so hoch, daß Du sie fast zu Hause in Oberstaufen hättest sehen müssen. Viele meiner Kameraden hat dann das Christkind zu den hoch droben blinkenden Sternen mitgenommen.

Meine liebe Heidi, hab Deine Mama und Oma und Opa recht lieb und bitte den lieben Gott, daß ich bald wieder bei Dir sein kann. Dein Papa

Weit im Osten ereilte meinen Vater ein paar Monate später das Soldatenschicksal.

Im Nahen Osten werden sie wohl keine Draufgänger brauchen, nur Techniker, die die lasergesteuerten Bomben und die Raketen mit Satellitenunterstützung sicher ins Ziel bringen. Aber es wird wieder viele Kinder geben, die ihren Vater nicht kennen...

Heidi Biebl, in Oberstaufen im Allgäu geboren, gehört zur Olympiaelite der Bundesrepublik Deutschland. 1960 gewann sie die Goldmedaille in der Abfahrt. Es folgten Siege in Sestrière, zwei 4. Plätze bei der Olympiade in Innsbruck. 1965 erhielt sie das große Bambi für dreimaligen Grindelwaldsieg. Insgesamt gewann sie 15 Meistertitel im Skiabfahrtslauf. Heute besitzt die Olympiasiegerin Heidi Biebl ein Super-Hotel in Oberstaufen – natürlich mit sportlichem Flair.

Waldemar Tim Kreiter

Der Alte

Wir haben uns immer etwas vor ihm gefürchtet. Er war alt – wie alt, wußte niemand – und arm. Auch sein Name war uns nicht bekannt.

Ein armer, alter Mann, schäbig gekleidet, der bettelnd durchs Dorf strich, im Müll wühlte, dabei immer bittend und unterwürfig, wie ein Phantom auftauchte und wieder verschwand. Ob Sommer oder Winter – er trug stets dieselbe Kleidung. Eine Art Mantel, Mütze, schmutzige Schnürschuhe, alles in Graubraun. Am auffälligsten aber waren seine Handschuhe. Sie bedeckten nur den Handballen und ließen die Finger frei, schmutzige, schwarz gefleckte Finger. Mehr wußte man nicht von ihm. Er wohnte irgendwo außerhalb des Dorfes, und alle, Erwachsene und auch wir Kinder, hatten uns angewöhnt, wegzuschauen, wenn er auftauchte.

Wir, das war eine kleine Gruppe von unbelasteten Dorfkindern, die die Plage der Schule geduldig ertrug, um dann fast täglich wie eine Rasselbande durchs Dorf und die umliegenden Felder zu streifen. Wir waren elf, zwölf, fast dreizehn Jahre alt, als wir stolz einer neuen Pfadfindergruppe beitraten, und trafen uns regelmäßig einmal die Woche und genossen die neuen Rituale: Uniformhemd, farbiges Halstuch, die Gemeinschaft der Gruppe, die Autorität unseres erwachsenen Gruppenleiters. Dazu kam der Spaß an neuen Spielen, neuem, aufregendem Wissen und dem Gefühl, jung, stark und schon etwas erwachsen zu sein.

Und dann kam dieses Weihnachtsfest, das ich nie vergessen werde. Unser Gruppenleiter hatte die Idee: Wir spenden unser Taschengeld, sammeln bei unseren Familien und Bekannten und beschenken dann arme Menschen in unserem Dorf.

In der Woche vor Weihnachten haben wir dann eingekauft und gepackt, gelacht und gealbert, wir waren glücklich und zufrieden. Irgendwie habe ich den genauen Ablauf vergessen, aber plötzlich – wir losten gerade aus, wer zu welcher Familie gehen sollte – standen die Worte wie ein Urteil im Raum: «Timmy und ich gehen zum Alten», sagte der Gruppenleiter und schaute mich ruhig an. «Ich finde heraus, wo er wohnt, und am Heiligabend nach der Kirche gehen wir zusammen hin und geben unser Päckchen ab. Alles klar?»

Ich nickte nur. Mir war die Kehle zugeschnürt, und ich fühlte mich, als hätte ich einen Mühlstein um den Hals. Die ganze Vorfreude – Weihnachten, Geschenke, Einkaufen, Verpacken, Überraschungen, Baum schmücken, Kekse, Festessen, Spielzeug – alles war wie weggeblasen. Ich mußte zum Alten!

Am Heiligabend in der Kirche habe ich überhaupt nicht zugehört. Wie oft hatte ich sehnsüchtig auf das Ende des Gottesdienstes gewartet. Alles war zu lang, viel zu lang mit Predigt und Liedern, aber dieses eine Mal wünschte ich mir, es würde nie zu Ende gehen.

Und dann standen wir vor der Tür. Ein alter Geräteschuppen neben dem Feuerwehrhaus. Klein, unscheinbar, dunkel, nur unter der Tür ein schmaler Lichtstreifen zu sehen.

Wir klopften. Er öffnete.

Es war unglaublich – er stand da wie immer, im Mantel, mit Hausschuhen, nur ohne Mütze. Überrascht, verlegen, noch viel kleiner und älter als sonst.

Zunächst standen wir uns fast regungslos gegenüber, dann sagte er etwas, leise und brüchig, und wir betraten den Raum.

Wir sahen die Wände. Auf allen Seiten, ringsum, deckenhoch, war Brennholz gestapelt. Gehacktes Holz für einen kleinen, schwarzen Ofen mit einem schwarzen Rohr, das durch ein Fenster ins Freie führte.

Möbel gab es keine, nur eine Matratze, bedeckt mit Kleidern, eine Kiste mit einer großen Schüssel darauf. Und dann sah ich sie, seine paar Habseligkeiten, alle in den Zwischenräumen des aufgestapelten Holzes verstaut: eine Pfeife, etwas Tabak, ein Teller, Flaschen, Besteck, eine Zeitung, Brot, Lebensmittel in Pergamentpapier. Ich war wie gebannt, wollte wegschauen, aber ich konnte nicht. Es war wie ein Zwang, ich mußte das alles sehen, und ich spürte genau, daß er meinen Blicken folgte und sich schämte. Für sein erbärmliches Leben, das er mitten unter uns anderen führen mußte.

In diesem Augenblick schämte ich mich auch. Mich erfaßte eine unendliche Traurigkeit, Mitleid, Erschrekken. Ich schämte mich für unsere Gaben: zwei Flaschen

Bier, Weinbrand, Schokolade, Orangen, ein paar Kekse. In mir schrie es auf: Es ist zuwenig, viel zuwenig, verdammt viel zuwenig!

Und dann seine Augen – hellbraun mit kleinen gelben Flecken – eingebrannt in mein Innerstes bis an mein Lebensende. Augen mit einem Ausdruck, den ich später immer wieder erleben mußte: bei krebskranken Menschen, bei Freunden, die Arbeitsplatz oder Partner verloren hatten, bei Verzweifelten, Traurigen, Besiegten.

Und seitdem weiß ich, daß Weihnachten in unserem Leben zu selten vorkommt. Daß es immer zuwenig sein wird, was wir geben können und wollen. Viel zuwenig, verdammt viel zuwenig für alles Leid dieser Welt.

Waldemar Tim Kreiter wurde im Juni 1946 in Salzgitter geboren. Nach Schulzeit in Rheinland-Pfalz und Studium an der TH Darmstadt begann seine Management-Karriere im Bereich Vertrieb und Marketing in der Markenartikel-Industrie, u. a. als Vorstandsvorsitzender der Bavaria St. Pauli-Brauerei in Hamburg. Seit einigen Jahren ist Tim Kreiter als selbständiger Unternehmer und Unternehmensberater tätig. Er hat drei Töchter und ist begeisterter Sportler.

Dieter Thomas Heck

Gatente

Zugegeben, ich bin ein bißchen sentimental. Sowieso. Aber Weihnachten bin ich ganz besonders anfällig für Gefühle. Ich erinnere mich noch gut an eine Episode in meiner Kindheit.

Mein Großvater, ein Erfindergenie, baute einen Tannenbaumständer, der sich drehte. Sah toll aus, doch plötzlich entwickelte das Ding eine ungeheure Geschwindigkeit. Schnell, schneller, und der Baum lag am Boden und brannte. Die Löscharbeiten veränderten das Fest erheblich. Aber alles ging gut aus.

Aber was ich letztes Jahr kurz vor Weihnachten erlebte, das hat mich doch ganz besonders tief berührt. Vielleicht eine Woche vor den Festtagen erhielt ich einen Brief aus Äthiopien: ein zerknittertes Kuvert mit kritzeliger Kinderschrift; die Anschrift stimmte zwar, aber die Reihenfolge von Straße, Postleitzahl, Ort und Land war völlig durcheinander. Ein kleines Wunder, daß mich der Brief dennoch erreicht hatte.

Wer schreibt mir einen solchen Brief? Ich drehte das Kuvert um: «Gatente» stand da, in der gleichen Kinderschrift geschrieben. Nun wurde ich neugierig, öffnete den Brief und holte ein engbeschriebenes, vielfach gefaltetes, liniertes Blatt Papier heraus, das offensichtlich aus einem Schulheft herausgerissen worden war. «Dear Mr Heck» las ich:

«Lieber Herr Heck, ich heiße Gatente, bin dreizehn Jahre alt und wohne mit meiner Mutter und meinen drei Geschwistern in Aware. Aware gehört zu Addis Abeba, der Hauptstadt von Äthiopien. Um uns herum wohnen viele Leute, die genauso arm sind wie wir. Meine Mutter kann kein Schulgeld für uns bezahlen. Deshalb verkaufe ich vor dem Merkato (Merkt DTH) jeden Tag Injeras, unser Nationalgericht, das meine Mutter gebacken hat. Bis vor kurzem habe ich dort jeden Morgen und jeden Nachmittag gestanden und ganz laut gerufen, daß ich besonders gute Injeras verkaufe. Jetzt brauche ich aber nur noch nachmittags zu verkaufen, weil mir die Leute von Ethiopian Aid das Schulgeld und die Schuluniform bezahlen. Einmal in der Woche darf ich bei denen auch duschen und werde von einer Krankenschwester untersucht. Die Untersuchung mag ich nicht so gerne, aber das Duschen ist schön.

Tadesse hat mir erzählt, daß Ethiopian Aid Geld aus Deutschland bekommt. Er hat auch gesagt, daß Sie dabei helfen, daß die Menschen in Deutschland Geld für die Kinder in Aware geben. Das finde ich sehr schön von Ihnen.

Tadesse arbeitet bei Ethiopian Aid; er hat mir heute auch geholfen, diesen Brief in Englisch zu schreiben. Und er hat mich gestern mitgenommen in sein Büro, wo ganz viele Leute vor einem Fernseher saßen und Fernsehen aus Deutschland sahen. Ich habe nicht genau verstanden, wie das funktionierte. Tadesse hat aber gesagt, das sei ein Video von einer Fernsehsendung, die eine Woche vorher in Deutschland gelaufen sei.

 Jedenfalls habe ich Sie da gesehen, und weil Tadesse ein bißchen deutsch kann, hat er für uns manchmal übersetzt, was Sie gesagt haben. Mir hat das sehr gut gefallen. Aber am besten haben mir die Lieder gefallen. Ich möchte nämlich auch einmal Schlagersänger werden.»

An dieser Stelle mußte ich erst einmal innehalten. Einige Wochen zuvor hatte ich im ZDF die «Superhitparade», eine sehr erfolgreiche Benefizsendung zugunsten der Deutschen Welthungerhilfe, moderiert. Eine Videoaufzeichnung der Sendung war an das äthiopische Landesbüro der Organisation gegangen. Da die Deutsche Welthungerhilfe eng mit Ethiopian Aid zusammenarbeitet und das Straßenkinderprojekt in Aware fördert, fand die Sendung ihren Weg bis zu Gatente. Unglaublich, aber wahr.

«Lieber Herr Heck», schrieb er weiter, «ich wollte Ihnen nur danke sagen. Machen Sie weiter. Gatente.»

«Gatente», dachte ich, «eigentlich müßte ich dir danken für diesen Brief und nicht du mir.»

 Vielleicht bin ich wirklich zu sentimental, aber ein Schicksal wie das des kleinen äthiopischen Jungen bewegt mich sehr. An Gatentes Beispiel werden die abstrakten Zahlen lebendig, mit denen wir gezwungen sind, umzugehen, aber nicht umgehen wollen: Jährlich sterben über 11 Millionen Kinder unter fünf Jahren – an den Folgen von Hunger, schlechten hygienischen Verhältnissen und anderem. Über 30 000 Kinder pro Tag!

Nein, ich denke, es ist keine Sentimentalität, wenn einen diese Zahlen nicht kaltlassen. Es ist eigentlich selbstverständlich. So bin ich auch froh, daß ich aufgrund meiner Zusammenarbeit mit der Deutschen Welthungerhilfe nicht nur mehr über das ganze Ausmaß des Elends weiß, sondern vor allem auch, daß es in vielen Ländern oft kleine, oft große Hoffnungsschimmer gibt. Hoffnung, die mit Menschen wie Gatente zusammenhängt. Deshalb dir, Gatente, auch an dieser Stelle noch einmal «danke». Dank auch für das schöne Weihnachten, zu dem du beigetragen hast.

Dieter Thomas Heck, als Carl Dieter Heckscher 1937 in Flensburg geboren, aufgewachsen in Hamburg. Nach Schule und kaufmännischer Lehre war er zunächst als Autoverkäufer tätig, wurde dann für den Rundfunk und später als Sänger entdeckt. Er begann als Diskjockey bei Radio Luxemburg und kam schließlich zur «ZDF-Hitparade». Heute ist er als Moderator aus dem Fernsehen nicht mehr wegzudenken (u. a. «Superhitparade», «Musik liegt in der Luft», «Das große Los») und wurde mehrfach ausgezeichnet (u. a. Goldene Kamera, Bundesverdienstkreuz). Dieter Thomas Heck ist seit 1976 zum zweitenmal verheiratet, hat zwei Söhne und eine Tochter und bewohnt ein Barockschloß im Schwarzwald.

Herbert Imig

Krippenspiel

Wie kommt es eigentlich, daß man Chirurg wird? Keiner in der Familie war bisher Arzt. Mein Vater war Bauernsohn vom Niederrhein. 1762 wollten die Vorfahren aus der Pfalz nach Amerika auswandern. Die Holländer ließen die Boote nicht durchfahren, und Friedrich der Große siedelte die verhinderten Atlantikfahrer in der Gocher Heide an. In Pfalzdorf. Eine evangelische Enklave, die bis heute Pfälzer Platt spricht.

Den Krieg hat unsere Familie durch Zufall überlebt. Wuppertal wurde bei einem Luftangriff nahezu zerstört. Unsere Wohnung, zweiter Stock, im Zentrum der Stadt, traf eine Brandbombe. Mit meinen Eltern, Bruder und Schwester kletterte ich über Eisenleitern in den Fluß. Hier war die letzte Chance, denn zu beiden Seiten rasten Feuerwälle, die alles vernichteten. Beim Morgengrauen war alles vorbei. Beißender Geruch überall. Gelbschwarzer Rauch, kleine verbrannte Bündel säumten die teilweise verschütteten Straßen – das waren einmal Menschen gewesen.

Wir kamen zunächst auf dem Hof einer Tante mitten im

Bergischen Land unter. Das Wohnhaus hatte meterdicke Wände. Darin saßen Unken vom Teich, die in den stillen Nächten quakten. Wir konnten viel Honig essen, weil Tante Marianne in zwei Bienenhäusern mehrere Völker betreute. Da auch der Hof am Niederrhein abgebrannt war, kamen Vettern, Onkel und Tanten, Mägde und Knechte mit Pferdefuhrwerken hinzu. Wir Kinder halfen Korn zu binden, welches mit der Sense geschnitten wurde, und sammelten Kartoffelkäfer auf den Feldern. In einer kleinen Jagdhütte ohne Licht und fließendes Wasser – «Im Wiesengrunde» – fanden wir in der Nähe für vier Jahre eine Unterkunft. Im zwei Kilometer entfernten Dorf, nach einem halbstündigen Fußmarsch – im Sommer barfuß, die schiefen, geflickten Schuhe wurden für den Winter geschont –, gingen mein Bruder und ich zur Schule. Der Weg führte an einem Bach vorbei, in dem wir auf dem Nachhauseweg unsere Schwammdosen nebenher treiben ließen. Die Forellen konnte man mit der Hand fangen. Man mußte sich dafür am Rand auf den Bauch legen und mit den Händen die im Wasser stehende Forelle umfahren. Dabei konnte es passieren, daß eine Wasserratte, die auch unter den Uferwölbungen saß, zubiß.

Alle acht Klassen waren in einem Raum und wurden von Herrn Möhler unterrichtet. Während jede Altersstufe eine Aufgabe erhielt, erzählte er uns Erstklässlern, wie ihm der Russe im ersten Weltkrieg – er war inzwischen 74 Jahre alt – in den Kopf geschossen hatte. Dann mußten wir zu ihm kommen und die Dellen an der rechten und linken Schläfe tasten – Ein- und Ausschuß. Hatte Herr Möhler Geburtstag, wurden auf seinem Pult Hühner, Enten, Brot, Schinken, selbstgemalte Bilder und ähnliches gestapelt. Er las uns dann den ganzen Morgen deutsche Heldensagen vor. Jeder Unterrichtstag begann mit dem Choral «Nun danket alle Gott». Kam man zu spät, hörte man den Gesang schon unten am Dorfteich und fing langsam an zu rennen, dann zu weinen, da Strafe drohte. Für Zuspätkommen gab es einen Stockhieb, der aber nicht weh tat. Als er einmal das Wort «Pfanne» ausrief, fiel ihm das Gebiß aus dem Mund, und ich mußte derart laut lachen, daß ich mehrere Hiebe bekam.

Der Winter kam. Leise Flocken von ganz hoch oben, die Bäume wurden schwer, und die Rehe kamen bis ans Haus.

Wir heizten mit Holzstämmen, die wir im umgebenden Wald selber schlugen. Mein Vater rieb immer den Stumpf mit Erde ein und bedeckte die Späne mit Laub, damit der Förster den Diebstahl nicht bemerken sollte. Er merkte es, sagte aber nichts. Er half sogar beim Löschen, als mein Bruder und ich eine Wiese im Frühjahr flämmten und der Brand auf den Wald übergriff. Das war eine ziemliche Aufregung.

Mein Vater arbeitete in der Landwirtschaftskammer und war für das Ressort Vieh und Fleisch zuständig. Einmal öffnete eine alte Bäuerin die Tür zu seinem Büro und fragte, ob er der Herr wäre, der die Eier unter sich hätte. Wir Kinder wußten noch nicht, warum alle so lachten, als mein Vater dies dem Förster bei der wöchentlichen Skatrunde erzählte. Diese Skatrunden waren überhaupt recht wichtig, da um Geld gespielt wurde und mein Vater mit einem für jeden Beteiligten schrecklichen Kartenglück fast regelmäßig gewann. Ein Metzger gehörte auch dazu, und so gab es manchmal Wurst statt Geld.

Zurück zum Winter. Jedes Kind mußte ein Stück Holz mit in die Schule bringen, um den runden Bollerofen in der Mitte des Klassenzimmers zu heizen. Wir fuhren mit Schlitten, die wir hintereinander banden, vom Dorf in den Wiesengrund. An einem Abend haben wir eine Frau mit einem Koffer, die den Zug im Tal bekommen wollte, mitgenommen. Wir sind in einer Kurve umgefallen und bis in den Bach gerollt. Die Frau verpaßte den Zug. Als wir naß und mit Schnee in den Haaren ankamen, paffte die Lokomotive schwarze Wolken, pfiff schrill und zeigte nur noch die rote Rücklaterne. Der Bahnsteig war eine Betonkante, darauf ein Schild und eine Bank. Einziges Gebäude war eine Kneipe, an deren Theke auch die Fahrkarten verkauft wurden. Es roch nach Bier und Rauch. Die Frau verbrachte die Nacht auf einer Eckbank. Den Kopf hatte sie auf den Koffer gelegt.

Dann war der Heilige Abend da. Was für ein Weg hinauf zur Dorfkirche. Der Schnee knirschte, die Dämmerung kam. Hinter jedem tief verhangenen Baum vermuteten wir den Schwarzen Mann, und die Schritte wurden länger und hastiger.

Dann endlich die gelben, viereckigen Kirchenfenster oben auf dem Hügel hinter der Mauer. Um den Kirchturm herum, über die weißen Grabhügel mit ihren kahlen Kreuzen zur Sakristeitür. Welche Aufregung vor dem Krippenspiel. Das Puppenchristkind war in einem strohgefüllten Trog gebettet. Könige, Hirten, Engel, Maria und Josef – alle da.

Mein Bruder und ich waren zu Hirten auserkoren. Unser Satz «Paß auf, du Engel, da liegt ein Stein, wie leicht konntest du gestolpert sein» galt dem Christengel.

Der Christengel war ein Mädchen aus der vierten Klasse: dürr, mit Zopf, einem flügelbewehrten Nachthemd, im Gesicht lange, weiße Zähne. An und für sich hätte sie ruhig stolpern können. Wir waren fünf Hirten insgesamt. Neben dem Spazierstock und einem Hut war unsere Hauptverkleidung ein grauer Bart. Längsoval aus einem brüchigen, flauschigen Filz geschnitten, wurde er mit einem Gummiband über den Kopf fixiert. Beim Sprechen rutschte er immer wieder in den Mund, und man mußte versuchen, ihn mit der Zunge nach unten zu drücken. Was für ein Gesabber.

Kurz vor unserem Auftritt zum Altar zupfte Egon – ein Bauernjunge aus dem Dorf – meinen Bruder immer wieder am Bart. Dadurch rutschte dieser über die Nase. Weinend und wütend packte mein Bruder sein Gegenüber – ein Ruck, und der Bart war komplett abgerissen.

«Los, Auftritt», Herr Möhler drückte uns Richtung Altar. Drei Hirten mit Bart, einer ohne und einer mit Bart im Gesicht und den anderen in der Hand traten auf. Der Engel mit den langen Zähnen schwebte dünnbeinig, barfüßig herein: «Paß auf, du …»

Aus – kein Wort mehr zu verstehen – ein Höllengelächter war losgegangen. Der wartende Chor war irritiert und begann zögernd, aber von Herrn Möhler laut angetrieben «Kommet, ihr Hirten» zu singen.

Wir sangen schluchzend mit. Es war der Schlußgesang unserer Szene. Wir schlichen zurück in die Sakristei.

Danach der Heimweg in den eisigen Winterwald. Es war dunkel, einsam und unheimlich. Die Angst war berechtigt. Schon oft waren wir «Städter» – mit den Leibchen und langbestrapsten Wollstrümpfen – von den

Einheimischen gehänselt und nicht selten verkloppt worden. Tatsächlich, über den Schnee war eine Leine gespannt, und bums lagen wir beide. Die anderen drei Hirten fielen über uns her und stopften uns mit Schnee und Fäusten. Überall Kälte, die Hiebe taten kaum weh, aber wir schrien vor Wut und Angst.

Endlich die Erlösung. Mit einem Knüppel in der Hand kam unsere Mutter über die Wiese – der Schnee war kniehoch – gehüpft.

An je eine Hand genommen, erreichten wir unser Häuschen. Die Tür ging auf, der Tannenbaum leuchtete. Das spärliche Lametta – einziger Schmuck –, von den Bombenflugzeugen zur Täuschung der Flakabwehr abgeworfen, glitzerte. Es war warm. Bunte Pakete lagen unter dem Baum. Die Tränen trockneten. Wir feierten alle unser erstes Weihnachten im Frieden.

Prof. Dr. med. Herbert Imig, geboren 1939 in Bonn. Studium (Germanistik, Philosophie, Theaterwissenschaften, später Medizin) in Bonn und Berlin. Staatsexamen, Ausbildung zum Chirurgen. Seit 1980 Professor und Chefarzt für Chirurgie am Allgem. Krankenhaus Harburg (bei Hamburg). Vater von zwei Söhnen und zwei Töchtern, zweifacher Großvater. Er ist begeisterter Sportler (Tennis, Ski, Fußball) und Bratschen-Spieler im Kammermusik-Orchester.

Marlies Möller

Warum die Nadelbäume Nadeln haben

Es war einmal ein kleiner Kobold, der ganz tief im Wald lebte. Jeden Winter, wenn es kalt wurde, fror er fast zu Tode. Er wurde vom eiskalten Regen durchnäßt und vom Schnee bedeckt. Und er hatte überhaupt nichts zu essen. Er lebte ja von Blättern, und die waren mittlerweile alle von den Bäumen gefallen.

Eines Tages hatte er eine Idee. Er unterhielt sich darüber mit der Kiefer, und zuerst wollte die nicht mitmachen. Aber dann überlegte sie es sich. Was hatte sie schon zu verlieren? Und so ließ sie den kleinen Kobold anfangen. Tag für Tag arbeitete er an den Blättern und rollte und drückte sie zu Nadeln. Und einige Nadeln benutzte er, um damit die anderen ganz fest an die Äste anzunähen. Schließlich war er fertig. Übermütig kletterte er hoch hinauf zur Spitze der Kiefer und rief nach dem Eiswind, der ihn so oft geärgert hatte. Jetzt konnte der ihm nichts mehr anhaben, denn er hatte endlich ein Heim und genug zu essen für den ganzen Winter.

Natürlich hörten die anderen Bäume ihn, lachten ihn aus und erzählten einander von dem verrückten kleinen Kobold, der den Eiswind herausgefordert hatte. Schließlich hörte der letzte Baum – dort, wo die Bäume aufhören und der Schnee beginnt – die Geschichte. Er lachte, bis seine Blätter sich schüttelten.

Das hörte der Eiswind und kam herbeigeweht. Er stürmte und warf um sich mit Eis und wollte wissen, was denn so lustig sei. So erfuhr er von dem Ahorn, daß dieser verrückte kleine Kobold ihn, den Eiswind, und seine Macht, die Blätter von den Bäumen zu schütteln, herausgefordert hätte.

Das machte den Eiswind furchtbar wütend. Er stürmte los, so daß die Ahornblätter rot und golden vor lauter Furcht wurden und zu Boden fielen. Zuletzt stand der Baum ganz nackt vor dem Wind. Der Eiswind aber zog fauchend nach Süden, und die anderen Bäume erzitterten und verfärbten sich und ließen ihre Blätter fallen.

Endlich kam er zu der Kiefer und rief, daß der kleine Kobold herauskommen solle. Aber der hatte sich tief im Geäst zwischen den Nadeln versteckt, wo der Eiswind ihn weder sehen noch berühren konnte. Da blies der Eiswind stärker, und die Kiefer zitterte und fröstelte, doch die Nadeln hielten alle fest und veränderten ihre Farbe nicht.

Nun rief der Eiswind seinen Freund, den Eisregen, um Hilfe. Der bedeckte die Kiefer mit Eiszapfen, aber die Nadeln hielten fest. Eiswind und Eisregen wurden ganz fürchterlich wütend und riefen den Schnee hinzu. Es schneite und schneite, bis die Kiefer wie ein Schneeberg aussah; aber tief im Innern, nahe am Baumstamm, hockte der kleine Kobold warm und zufrieden. Bald schüttelte die Kiefer sich, und der Schnee fiel ab. Da wußte sie, daß ihr der Eisregen endlich nicht mehr schaden konnte.

Den ganzen Winter heulte der Eiswind um den Baum herum, aber die Nadeln hielten fest. Und der kleine Kobold war glücklich. Die Kiefer vergab ihm, wenn er ab und zu an einer Nadel kaute. Schließlich waren sie jetzt Freunde.

Endlich kam der Frühling. Die anderen Bäume baten alle den kleinen Kobold, auch ihre Blätter zu Nadeln zu machen. Der kleine Kobold stimmte zu. Aber er machte es nur bei den Bäumen, die nicht über ihn gelacht hatten.

Und das ist der Grund, warum die Nadelbäume Nadeln haben.

Die Geschichte wird erzählt im Buch «Hier sangen früher Vögel» von Kate Wilhelm. Das Buch wurde in Deutschland im Heyne Taschenbuchverlag aufgelegt.

Marlies Möller stammt aus Hamburg, ist gelernte Friseurmeisterin und Maskenbildnerin und arbeitet seit vielen Jahren für Zeitschriften, Film und Fernsehen. Ihr Salon mit über 80 Mitarbeitern zählt zu den größten der Welt. 1993 übernahm sie den Lehrauftrag der Universität Hamburg für Frisuren- und Gesichtsgestaltung. Marlies Möller ist verheiratet und hat zwei Kinder.

Wolf-Dieter Stubel

Stille Nacht – auf der Autobahn

Es ist schon viele Jahre her, aber dennoch geht mir diese Geschichte nicht aus dem Kopf. Ich war damals in Baden-Baden beim Südwestfunk tätig, und wieder einmal war Heiligabend. Wie in jedem Betrieb üblich wurden natürlich wieder Freiwillige für die Festtagsdienste gesucht. Hier traf es in erster Linie die freien Mitarbeiter und Kollegen ohne Familie. Ich hatte mich gern für den Spätdienst eintragen lassen, denn es gab für Feiertagsdienste Extratage, und die sammelte ich gerne, um zu meiner Mutter nach Bremen fahren zu können, die nach dem Tode meines Vaters sehr zurückgezogen lebte.

Heiligabend war da, wir waren eine nette Crew und versorgten unsere Hörer mit weihnachtlichen Gefühlen und der entsprechenden Musik. Von Halleluja und stiller Nacht und den Engeln auf den Feldern berichteten wir. Die Hörer wünschten uns frohe Weihnachten, und wir saßen in fröhlicher Runde und alberten herum. Richtig weihnachtliche Gefühle kamen dabei natürlich nicht auf, im Gegenteil, wenn man ins Erzählen kommt, können schnell dienstliche Belange vergessen werden. Eine Kol-

legin stürzte ins Studio und kam mit hängenden Schultern wieder heraus: «Ich habe die Ansage für die Glocken vergessen, hoffentlich hat der Chef nicht zugehört...»
Ein Kollege erzählte, daß er neulich ein ganz anderes Programm angekündigt hatte, weil er sich in der Eile die Programmvorschau für den nächsten Tag herausgesucht hatte.

Irgendwann, es muß so gegen neun gewesen sein, wurde ich zum Telefon gerufen, meine Tante rief an und sagte: «Wenn du deine Mutti noch einmal sehen willst, mußt du dich beeilen.» Ich fiel aus allen Wolken, denn vor Dienstbeginn hatte ich noch mit meiner Mutter telefoniert. Meine Tante berichtete mir, daß Mutti einen schweren Zusammenbruch erlitten hatte und vom Notarzt gleich auf die Intensivstation eingewiesen worden war. Zum Glück lag das Krankenhaus direkt gegenüber. Ein Anruf auf der Station bestätigte leider den Ernst der Situation.

Mein Heiligabend war gelaufen, schnell rief ich einige Kollegen an und versuchte, den Dienst abzugeben. Natürlich war kaum jemand zu Hause, alle feierten mit ihren Familien. Bei einem hatte ich Glück, er sagte für 22 Uhr 30 zu. In der Zwischenzeit hatte ich noch ein paarmal mit dem Krankenhaus telefoniert und erfahren, daß es eine sehr kritische Nacht für Mutti würde und daß man alles medizinisch Mögliche versucht habe.

Der Kollege kam, und ich stürzte in Windeseile aus dem Funkhaus. Draußen war Winter, Heiligabend wie man es sich erträumt, Schnee, die kleine Bergkapelle erstrahlte im festlichen Glanz, man bereitete sich auf die Mitternachtsmesse vor. Ich hatte für all das keinen Blick, mein alter Käfer sprang sofort an, und ich fuhr schnell bei meinem möblierten Zimmer vorbei, um das Wichtigste einzupacken. Waren es drei oder fünf Minuten, ich weiß es heute nicht mehr, jedenfalls habe ich in einer Rekordzeit gepackt. Auf der Straße kamen mir fröhliche Menschen entgegen, die «Frohe Weihnachten» riefen und freundlich winkten. Mein Blick fiel auf die Tankuhr, die etwas weniger als ein Viertel anzeigte. Alle Tankstellen waren natürlich dicht, aber in Rastatt an der Autobahn war noch eine Raststätte mit Tankhof, vielleicht hatte ich dort mehr Glück.

Mein alter Käfer spurte durch den Schnee, die Autobahn war noch nicht richtig geräumt, ich blickte ständig zur Uhr und berechnete die Fahrstrecke. Normalerweise brauchte ich für die Strecke nach Bremen etwa siebeneinhalb Stunden, bei trockener Fahrbahn ...

Ich fing an zu beten, vielleicht hatte der Herr ein Einsehen in dieser Nacht und gab mir eine Chance, noch rechtzeitig im Krankenhaus zu sein.

Die Autobahntankstelle war noch offen, der Tankwart saß mit den anderen Angestellten im Rasthaus, man feierte Heiligabend. «Fröhliche Weihnachten, wo wollen Sie denn noch hin?» Er meinte, daß ich Glück hätte, denn heute sei ohnehin nichts mehr los, er wollte schon Feierabend machen, weil ich der fünfte oder sechste Kunde an diesem Abend war.

Die Autobahn gehörte in dieser Nacht fast mir allein, hin und wieder überholte ich ein Auto, das mit Geschenken beladen war, die Bescherung war vorbei. Je später die Nacht wurde, desto einsamer wurde die Strecke. Inzwischen hatte ich das Faltdach ganz geöffnet, damit sich die aufkommende Müdigkeit etwas verflüchtigte, denn ich war jetzt schon fast 20 Stunden auf den Beinen. Aus dem Autoradio dudelte irgendein Programm, ich hörte kaum hin, denn meine Gedanken waren woanders. Die Schneedecke war etwas dünner geworden, eigentlich erlaubte die Witterung kaum, daß ich mit voller Geschwindigkeit fuhr, aber ich kannte die Strecke gut und hoffte inständig, daß ich noch rechtzeitig nach Bremen kam. Frankfurt – Gießen – Homberg – Alsfeld, die blauen Abfahrtsschilder zogen vorbei, gleich mußte das Kirchheimer Dreieck kommen, hier war eine Tankstelle mit Nachtbetrieb. Ich hatte Glück, volltanken, ein kurzer Anruf bei der Nachtschwester in Bremen, die Lage war unverändert, und es ging weiter in die Kasseler Berge.

Die Strecke war jetzt wieder tief verschneit, die Tannenzweige bogen sich unter der Last, es war still und einsam auf dieser sonst stark befahrenen Strecke. Nachdem ich durch zwei Kurven etwas waghalsig geschleudert war, mußte ich das Tempo zurücknehmen. Ich war plötzlich wieder munter, dennoch beschloß ich, eine Pause einzulegen. Irgendwo zwischen Kassel und Werratal fuhr ich auf einen Parkplatz und schlief ermattet ein.

Ein lautes Brummen weckte mich, ein LKW fuhr an, und ich blickte erstarrt auf meine Uhr. Es war sieben, und die Dämmerung setzte ein. Ich hatte fast drei Stunden geschlafen, in höchst unbequemer Lage, denn Liegesitze gab es damals bei diesem Typ noch nicht. Erst mal aussteigen und sich ein bißchen bewegen in dieser herrlichen Winterluft. Erfrischt setzte ich mich ans Steuer, und jetzt ging die Fahrt flott voran, mit den verschneiten Fahrbahnen hatte ich ja in der Nacht genügend Erfahrung gesammelt. Das Tempo war zwar riskant, aber ich konnte manchen Schlenker bequem wegstecken, da ich ja völlig allein unterwegs war. Außer dem LKW hatte ich seit Stunden kein anderes Auto gesehen.

Durch die langsam einsetzende Helligkeit war das Fahren jetzt angenehmer. Kurz vor Northeim war das Fahren durch Schneematsch sehr erschwert. Im Rückspiegel sah ich in der Ferne einen weißen VW-Käfer. «Du bist also doch nicht so allein», dachte ich bei mir und konzentrierte mich wieder auf die Fahrbahn, die inzwischen sehr glatt wurde. Aus Erfahrung wußte ich, daß die Temperaturen bei Sonnenaufgang bzw. bei Tagesanbruch noch einmal um drei bis vier Grad absanken. Der Schneematsch war verharscht, und das Auto lief in den Spuren fast wie auf Schienen. Ich mußte mein Tempo halten, bis Bremen lagen noch etliche Kilometer vor mir.

Noch nie war ich am ersten Weihnachtstag so früh unterwegs gewesen. Ich dachte an Weihnachten, Weihnachten, wie wir es früher verbrachten, im Kreise der Familie, mit dem obligatorischen Kartoffelsalat an Heiligabend. Ich sah Vati vor mir, mit seinem verschmitzten Lächeln, meinen Bruder, der wieder murrte, weil ich mit seinem Stabilbaukasten etwas anderes baute, als er wollte ... und natürlich Mutti, die den Streit schlichtete und uns in unsere Ecken verwies. Vati war schon lange nicht mehr unter uns, mitten im Leben von uns gerissen, und die Söhne waren wieder einmal nicht in der Nähe. Ich nahm mir vor, mich noch intensiver um Mutti zu kümmern, vielleicht hätte ich doch noch häufiger nach Bremen fahren sollen ... aber es lagen ja immerhin siebenhundert Kilometer zwischen uns.

Der weiße Käfer kam näher. Ich wunderte mich. Wer konnte es morgens so eilig haben und dazu noch am ersten Weihnachtstag? Mein Gaspedal war fast durchgetreten, ich fuhr den Standard, und das war ein Exportmodell, also mußte ich logischerweise schneller sein, besonders hier an der Steigung. Der Käfer setzte zum Überholen an. Als er auf gleicher Höhe war, sah ich grüne Jacken, zwei Polizeibeamte. Der Beifahrer bewegte seine Arme wie wild auf und nieder, ich verstand sofort und nahm das Tempo zurück. Ich war bereit anzuhalten, aber der weiße Käfer fiel schnell zurück, wurde kleiner und verschwand hinter einer Kuppe aus meinem Blickfeld. Seltsam, dachte ich, keine Geschwindigkeitsbegrenzung, was hatte das zu bedeuten? Ich hatte die Bergkuppe gleich erreicht und freute mich auf die Ebene, denn dann konnte ich wieder mein Reisetempo erreichen, vielleicht waren es noch zweieinhalb oder drei Stunden Fahrt. Die Kuppe war erreicht, mir stockte der Atem, der Blick auf die Talbrücke ließ mich erschauern, acht oder neun Fahrzeuge waren links und rechts in die Brückengeländer gefahren und standen quer auf der Brücke. Ich hatte Mühe, das Tempo weiter zu drosseln, es war spiegelglatt, an Anhalten war gar nicht zu denken. Mein kleiner Käfer rutschte nur noch, bloß nicht voll bremsen, nicht auskuppeln. Als ich die Brücke erreicht hatte, war das Tempo endlich auf Schrittgeschwindigkeit herunter, dennoch hatte ich keine Chance zum Anhalten. Auf der leichten Schräge rutschte der Käfer wie von Geisterhand geschoben im Slalom durch die Autowracks. Erst auf der anderen Seite der Brücke kam ich zum Stillstand. Mit zittrigen Händen zündete ich mir eine Zigarette an und stieg aus. Ein paar Männer an der Unfallstelle bedeuteten mir, daß ich weiterfahren sollte. Ich wartete auf den weißen Käfer, wollte den beiden Beamten wenigstens die Hand drücken und mich bedanken. Gespannt blickte ich auf die Bergkuppe, es war noch nicht einmal einen halben Kilometer zurück – nichts tat sich, kein weiteres Auto, kein weißer Käfer.

Irgendwann gab ich das Warten auf und fuhr Richtung Bremen. Mutti hatte die Nacht gut überstanden und war bald auf dem Wege der Besserung.

In der Zwischenzeit bin ich fast zweieinhalb Millionen Kilometer gefahren, aber diese Fahrt in der Heiligen Nacht habe ich nie vergessen, und meine Schutzengel habe ich nicht wiedergesehen.

Wolf-Dieter Stubel. Der gebürtige Ostpreuße mit der sonoren Stimme ist seit 1964 als freier Redakteur und Moderator beim Norddeutschen Rundfunk tätig. Er hat die Weihnachtsgeschichten am Kamin so erfolgreich mit in Szene gesetzt, daß daraus diese Buchreihe entstand. Die Hörer kennen ihn aber auch aus den ARD-Nachtprogrammen, von der Internationalen Hitparade, NDR 2 am Vormittag, NDR 2 Plattenkiste und vom WDR 4 Musikpavillon. Wenn man alle Unterhaltungssendungen, die Wolf-Dieter Stubel in seinem Berufsleben präsentiert und zusammengestellt hat, abhören wollte, benötigte man mehr als fünfeinhalb Jahre nonstop Tag und Nacht.

Helena Horn

Weihnachten in Lauscha

In Lauscha ist eigentlich das ganze Jahr über Weihnachten. Sogar im Sommer, wenn man schon den Bikini unter der Bluse anhat, kann es einem passieren, einen prächtig geputzten Weihnachtsbaum in Lauschas Straßen zu sehen. Da darf man einfach nicht erschrecken, sondern man muß wissen: In Lauscha ist die gläserne Kugel für den Weihnachtsbaum «erfunden» worden, der Christbaumschmuck.

Hier in Lauscha wird schon seit Jahrhunderten Glas geschmolzen und weiterverarbeitet. Im 18./19. Jahrhundert hat man dann eine neue Technik der Glasverarbeitung aufgegriffen: die Lampenglasbläserei. Aus farbigen und massiven oder hohlen Röhren und Stäben aus Glas werden in einer kräftigen Flamme Figuren geformt oder hohle Ziergegenstände oder Gefäße geblasen. So ist dann der berühmte Lauschaer Christbaumschmuck entstanden.

Zur Wintersonnenwende ein Fest zu feiern ist eine Sitte schon lange aus vorchristlicher Zeit. Nach den langen Monaten der Kälte und der Dunkelheit – die Natur hat sich fast ganz zurückgezogen – soll es nun langsam wieder hell, sonnig und warm werden. Das muß gefeiert, die Fruchtbarkeit der Natur muß beschworen werden. Deshalb holt man Pflanzen, die auch im Winter grün bleiben, zum Schmücken in die Wohnung. Immergrüne Zweige verkörpern seit alters her das ewige Leben, ein fruchtbares Jahr und Gesundheit. Man verband mit den grünen Zweigen den Glauben und die Hoffnung, ihre Kraft könne auch Böses und Unglück abwehren.

Der lichtertragende Weihnachtsbaum ist heute so selbstverständlich, daß er zum Synonym für Weihnachten geworden ist. Aber der Weihnachtsbaum aus unseren Kindertagen und der unserer Eltern und Großeltern ist viel jünger.

Erste schriftliche Hinweise auf einen geschmückten Weihnachtsbaum haben wir aus dem 16. Jahrhundert aus dem Elsaß. Alte heidnische Sitten zum Sonnenwendfest wurden allmählich mit christlich-religiöser Symbolik überlagert und umgedeutet.

Die frühen Weihnachtsbäume waren erst sogenannte «Freßbäume», behangen mit vielen Leckereien – ein Stückchen Paradies oder Schlaraffenland. Aus der Nürnberger Gegend wird davon erzählt: «Zuerst will ich euch einen Christkindelbaum beschreiben, dergleichen Ihr in Eurem Leben nicht gesehen habt, und die Pracht davon werdet Ihr euch kaum vorstellen können. Ihr müßt nämlich wissen, daß wir hier in der Gegend die löbliche Gewohnheit haben, alle Jahre zu Weihnachten etliche Sorten von Bäumen, als Kirsch, Apfel, Holunder in die Stuben in eine Stütze mit Wasser zu stellen, welche gewöhnlich zur Zeit des Christtages blühen. Der Baum stand nun mitten in der Stube und seine Zweige waren so ausgebreitet, daß man darunterstand, wie unter einer Sommerlaube. In allen Ästchen hingen nun allerhand kostbare Conditor- und Zuckerwaren, Engel, Puppen, Thiere und dergleichen, alles von Zucker: welches mit den Blüten des Baumes gar artig harmonierte. Ferner hing vergoldetes Obst daran, sodaß man unter diesem Baume wie in einem Speisegewölbe sich befand: es ist nur jammerschade, daß nicht auch Schinken, Bratwürste, Schwartenmägen, Ochsenfüße, nebst gebraten Hühnchen daran hingen. In der Mitte des Magazins befand sich der heilige Geist, als eine allerliebst schöne Taube aus Zucker, zur Rechten hing das Christkindlein und zur Linken seine Mutter, gar niedlich anzusehen und alles von Zucker, sodaß ich beyde, vor Liebe wohl hätte fressen mögen, wenn es erlaubt gewesen. Endlich war der ganze Baum mit all seinen Zweigen und Früchten, mit einem goldenen Netz das von vielen tausend vergoldeten an an Schnüre gereihten Haselnüssen gar künstlich zubereitet war, überzogen, wie an einem Kronleuchter geziert. Zwischen all den Kostbarkeiten leuchteten eine unzähliche Menge hervor, wie Sterne am Himmel.»

So richtig los ging es mit der Christbaumschmuckproduktion in Lauscha um 1850/1870. Es mußte erst eine ungiftige Flüssigkeit erfunden werden, die die Kugeln verspiegelt. Es handelt sich um eine alkalische Silbersalzlösung, die innen in die Kugeln eingespritzt wird und sich an die dünne Glaswand legt und dort fest antrocknet. Das Silbersalz läßt die Kugel wie einen blankpolierten Spiegel erscheinen, so daß sie im milden Kerzenlicht sanft schimmert. Mit dieser Verzierung hat die Kugel den meisten Erfolg. Der Glanz gibt der Kugel am Weihnachtsbaum ein süßes Geheimnis, das so gut zu der weihnachtlichen Stimmung paßt.

Um den Baum für die winterliche Jahreszeit in der Wohnung zu schmücken, kam man zwar zuerst auf die Idee, gläserne Kugeln an den Weihnachtsbaum zu hängen. Aber allmählich wurden auch Nachbildungen von Tannenzapfen, Sternen, Weihnachtsmännern, Engeln, Trompeten, Vögeln, Glocken u. a. aus Glas hergestellt. Dünne Metallfolien, leonischer Draht, Papier, Watte, Holz, Kunststoff, Wachs eignen sich zur Verzierung und lassen sich mit den schimmernden Kugeln dekorativ verbinden.

In den Verkaufskatalogen der Händler im 19. Jahrhundert ist der Christbaumschmuck ab 1860 aufgeführt. In den 70er Jahren begann die Christbaumschmuckherstellung in Lauscha aufzublühen, weil sich die Technik verbesserte. Noch um 1820 benutzten die Glasbläser in Thüringen den Blasebalg und erleichterten sich mit der mechanischen Luftzufuhr die Arbeit. Um 1850 ersetzten sie das Öl durch Rindertalg, und wenig später speisten sie die Flamme mit Paraffin. Schließlich wurde im Jahr 1867 in Lauscha eine Gasanstalt gegründet. Die Zufuhr von Leuchtgas ermöglichte eine gute Glasverarbeitung in der Flamme. Erst die Ablösung der Öllampe durch die Gasflamme und die Zufuhr von Sauerstoff bewirkten den eigentlichen Durchbruch der neuen Technik in der Produktion auf dem Markt.

Seit 1789 beanspruchte die Sonneberger Kaufmannschaft das herzogliche Privileg auf den alleinigen Verkauf von Spielwaren, worunter auch der Christbaumschmuck fiel. Die Händler schickten zwar die lampengeblasenen Perlen und später auch den Christbaumschmuck nach Holland, England, Amerika und nach Berlin, Nürnberg, Brüssel, Petersburg, Ostindien und China – aber diktierten die Preise.

Die Lampenglasbläser arbeiteten im eigenen Heim und waren für Organisation und Produktion verantwortlich. Das hatte für die Händler viele Vorteile. Sie brauchten kein Anlagekapital für Gebäude, Betriebseinrichtungen, Energiekosten und soziale Leistungen usw. zu investieren. Sie trugen kein Risiko. Die Händler und Verleger hatten sogar noch die Möglichkeit, nur jene Produkte abzukaufen, die sich gut absetzen ließen. Die Lampenglasbläser waren zwar einerseits von den Aufgaben des Verkaufs befreit und profitierten von den guten Handelsbeziehungen und den kaufmännischen Fähigkeiten und Finessen des Verlegers, andererseits waren sie deren Preisdrückerei schutzlos ausgeliefert. Dieses Handelssystem machte die hausindustriellen Glasbläser wirtschaftlich total abhängig und proletarisierte sie.

Oft waren die Glasbläser gezwungen, sich das Rohmaterial aus Kapitalmangel auf Kredit geben zu lassen. So begaben sie sich in eine zweite Abhängigkeit. Da es sich bei dem Christbaumschmuck um einen Saison- und Luxusartikel handelt, war der Absatz den konjunkturellen Krisen unmittelbar unterworfen. In den Sonneberger Handelsberichten von 1885 wurde festgestellt, daß infolge der Überproduktion die Preise um 25 bis 50 % gesunken waren und die Löhne oft unter dem Existenzminimum lagen.

In der Regel beteiligten sich alle Familienangehörigen an der Produktion von Christbaumschmuck. 1913 waren 78 % aller Schulkinder von Lauscha und Umgebung an der Produktion beteiligt. Bis in die 30er Jahre des 20. Jahrhunderts waren circa 95 % der arbeitenden Bevölkerung des Thüringer Waldes in der Glasverarbeitung beschäftigt. Zu den Arbeitsmethoden erklärte ein Zeitgenosse: «Das Eintönige der Arbeit erzeugt eine mechanische Geschicklichkeit und Ausbildung, welche der Schnelligkeit zu Gute kommt.»

Das Deutsche Kaiserhaus hatte das Interesse, den Weihnachtsbaum zu einem deutschnationalen, vaterländischen Festsymbol werden zu lassen. So veranlaßte das Kaiserhaus die Bevölkerung, allen Soldaten an der Front im Krieg gegen Frankreich ein Weihnachtsbäumchen zu schicken.

Nach dem zweiten Weltkrieg kam die Christbaumschmuckproduktion in Lauscha und den umliegenden Ortschaften nur recht langsam wieder in Gang. Viele Hersteller waren in die westlichen Sektoren umgezogen. In Thüringen wurden die Betriebe verstaatlicht und 1959 endgültig zum VEB Thüringer Christbaumschmuck-Verlag zusammengeschlossen. Seit 1960/62 wurden Kolbenblasautomaten eingesetzt und die kreative Phantasie vernachlässigt. 1983 hatte der Betrieb etwa 500 Beschäftigte, davon etwa 200 Heimarbeiter.

Nach der Auflösung der DDR verkaufte die Treuhand AG den VEB Thüringer Baumschmuck und privatisierte das Unternehmen. Heute gibt es wieder etwa 20 private Betriebe in Lauscha und den umliegenden Ortschaften. Polen, die Tschechische Republik, Spanien, Portugal und

Asien sind starke Konkurrenten. Neue Absatzmärkte liegen in Nordamerika, wo besonders die dekorativen und emotionalen Aspekte betont werden.

Auch heute wird Christbaumschmuck in Lauscha hergestellt. Man besinnt sich teilweise historischer Modelle, die noch immer schön sind. Aber zugleich werden neue Raffinessen für den internationalen Markt ausgedacht. Man legt Wert auf prächtigen, reich verzierten Schmuck, in Handarbeit fein bemalt: niedlich und lustig für die Kinder. Edle Farben geben den Ton an, mit Goldflitter bestreut. Themen kommen an den Baum: St. Petersburg im Schnee, geheimnisvolle Cherubim, oder es wird auf der Dinosaurierwelle der großen Kinofilme mitgeschwappt. Süße Dinos stapfen auf den Tannenzweigen wie einst im Urwald.

Auch wenn heute das Weihnachtsfest oft von Hektik, Konsum und von der Werbung diktierten Gefühlen beherrscht wird, scheint der Weihnachtsbaum das Symbol für Weihnachten geblieben zu sein. Selbst eingefleischte Junggesellen und karrierebewußte junge Frauen schmücken Zweige weihnachtlich und zünden Kerzen an und haben gar nichts dagegen, von Eltern und den Geschwistern mit Familie zum Feiern eingeladen zu werden.

Lauscha liegt ja tief in den Bergen des Thüringer Waldes am Rennsteig und ist meistens schon zu Weihnachten tief eingeschneit. Überall brennen die Kerzen auf den Weihnachtsbäumen, sogar die Straße ist mit Weihnachtsbäumen, Kugeln und Lichtern geschmückt. Hier ist es zu Weihnachten wirklich still. Die Familie kommt zusammen, man geht in die Kirche, am 24. gibt es einen Karpfen und am ersten Weihnachtsfeiertag den traditionellen Braten mit Lauschaer Kartoffelklößen. Und das Besondere in Lauscha: Es werden die Tannenbäume noch mit altem, historischem Christbaumschmuck ausstaffiert. Der gute alte vererbte Schmuck ist aufgehoben worden, die Lauschaer sind stolz auf ihr Handwerk. In Lauscha ist Weihnachten noch ein richtiges Familienfest.

Helena Horn, geboren 1961 in Berlin. 1980 Studium der Kunstgeschichte in Berlin, Jerusalem und Heidelberg, arbeitete in Museen in Hohenberg/Eger und in Berlin. Seit 1992 Leitung des Museums für Glaskunst in Lauscha im Thüringer Wald.

Edgar Bessen

Pommes

Heute ist Heiligabend. In den Straßen und auf den Wegen des kleinen Heideortes kehrt langsam Ruhe ein. In den schmucken Häuschen werden liebevoll die letzten Geschenke eingepackt und die Päckchen mit Kärtchen und bunten Bändern verziert, um sie später zur Bescherung unter den Tannenbaum zu legen, der dann in voller Pracht erstrahlen wird. Aber noch ist es nicht soweit. In den warmen Stuben wird das Fest noch vorbereitet.

Nur am Ende der Alten Dorfstraße, im Haus mit der Nummer 33, in dem Hans Dobbertin mit seiner Frau Ilse und den Kindern Philipp und Pauline wohnt, will noch keine weihnachtliche Stimmung aufkommen. Ausgerechnet heute hängt der Haussegen schief. Beim Frühstück gab es Streit, und das kam so.

Der zehnjährige Philipp fragte seine Mutter, was es denn wohl heute, am Heiligen Abend, zu essen gäbe. Die Mutter hatte geantwortet: «Das, was auf den Tisch kommt.» Und Philipp maulte: «Das sagst du jedes Jahr. Und dann gibt es immer diesen langweiligen Rotkohl mit Salzkartoffeln und so'n doofes Stück Fleisch.» Da mischte sich der Vater ein und sagte: «Das ist kein doofes Stück Fleisch, sondern Schweinebraten.» Und die achtjährige Pauline meinte: «Salzkartoffeln sind noch viel doofer als alles andere.»

Nun ging es erst richtig los. Alle redeten durcheinander, bis schließlich der Vater mit der Faust auf den Tisch schlug und ein Machtwort sprach: «Ihr ahnt ja gar nicht», sagte er zu seinen Kindern, «wie viele Menschen auf der Welt Hunger leiden und froh wären, wenn sie heute bei uns die Salzkartoffeln, den langweiligen Rotkohl und das doofe Stück Fleisch essen könnten.»

Die Kinder schauten ihn mit großen, erschrockenen Augen an, die sich langsam mit Tränen füllten. Es war ganz still geworden in der kleinen Küche. Der Vater erhob sich, murmelte, er wolle nun den Tannenbaum schmükken, und verschwand in die Stube.

Während die Mutter noch darüber nachdachte, wie sie nun das Fest für die Kinder retten könnte, war es Pauline, die als erste sprach und zaghaft sagte, man könnte doch auch mal was anderes essen als Salzkartoffeln. Da fragte die Mutter schnell, was sie sich denn wünschen würde, und Pauline sprach nur ein einziges Wort: «Pommes!»

Da stand Philipp seiner Schwester sofort begeistert zur Seite und fand, das sei eine ganz tolle Idee. Aber die Mutter entgegnete, daß Pommes frites nun einmal nicht zum Rotkohl passen würden. Sie jedenfalls hätte ihr ganzes Leben zu Schweinebraten und Rotkohl Salzkartoffeln gegessen, und im übrigen müsse sie nun dringend mit den Vorbereitungen für das Festessen beginnen. Mit diesen Worten schob sie Philipp und Pauline aus der Küche und schickte die beiden zum Spielen in ihr Kinderzimmer. Ja, so war das heute morgen.

Die Kinder blieben in ihrem Zimmer und wußten nicht so recht, was sie tun sollten. Philipp blätterte gelangweilt in einem Comic-Heft und sagte zu seiner Schwester: «Wenn es heute keine Pommes gibt, will ich gar kein Weihnachten haben. Und auch keine Geschenke.» Pauline erwiderte: «Ach, Geschenke möchte ich schon», während sie ihre Barbie-Puppe auszog, «meine Puppe braucht doch ein neues Kleid.»

Mittags brachte die Mutter den Kindern etwas Obst, als Zwischenmahlzeit, wie sie sagte, und verschwand eilig wieder. Aus der guten Stube drangen Geräusche zu ihnen herüber. Sie lauschten eine Weile. Bald würde der Vater den Baum geschmückt haben. Beide wußten noch genau, wie der Tannenbaum im letzten Jahr ausgesehen hatte. Er war dick mit silberfarbenem Lametta und silbernen Kugeln behängt gewesen. Und natürlich würde der Vater auch die hübsche Krippe mit den geschnitzten Holzfiguren aufbauen. Die Kinder waren voller Vorfreude.

«Komm, laß uns noch ein bißchen ‹Mensch ärgere dich nicht› spielen», sagte Philipp, und beim Würfeln und Rausschmeißen verflog die Zeit, und sie vergaßen sogar ihre Pommes.

Wären die Kinder nicht so in ihr Spiel vertieft gewesen, hätten sie nun vielleicht das Getuschel ihrer Eltern in der Küche gehört. «Du, Ilse, was meinst du, ich könnte doch noch schnell zu Kaufmann Meier fahren und heimlich, still und leise ein bis zwei Päckchen Pommes kaufen. Fett bringe ich auch noch mit. Die Pommes sind doch schnell gemacht in der Friteuse, und für unsere Lütten wär es doch eine tolle Überraschung, wenn sie nachher tatsächlich ihre Pommes kriegen.» – «Ach ja, Hans, das habe ich auch schon die ganze Zeit gedacht. Machen wir ihnen die Freude. Aber komm, nimm das Fahrrad, damit dich die Kinder nicht hören. Und beeile dich, denn die Geschäfte schließen gleich.» Der Vater schwingt sich auf sein Rad und radelt so schnell er kann zum Kaufmann Meier am anderen Ende des Ortes. Herr Meier will gerade seinen Laden schließen, als er Herrn Dobbertin auf seinem Fahrrad kommen sieht, der ihm schon von weitem aufgeregt zuwinkt. Während der Vater vom Rad springt, ruft er schon Herrn Meier zu: «Ich brauche unbedingt noch zwei Pakete Pommes! Und Fett!» Herr Meier lacht und fischt die letzten Packungen aus seiner Tiefkühltruhe. «Sie sind ein Engel, Herr Meier», sagt Vater Dobbertin, und beide wünschen einander «Frohe Weihnacht!» Glücklich macht sich der Vater auf den Heimweg. Plötzlich beginnt es leicht zu schneien. Kleine, weiße Flöckchen schweben vom Himmel auf die Erde hernieder. Still ist es geworden in dem hübschen Heideort. Der Vater sieht im Vorbeiradeln die ersten geschmückten Tannenbäume hinter den Fenstern, an denen bereits die Kerzen brennen. Wie ist die Welt so friedlich, denkt er gerade, als er ein leises «Pffft» vernimmt und spürt, daß aus dem Hinterreifen seines Rades die Luft entweicht. Eine Glasscherbe ist schuld an dem Malheur, und der Vater hat kein Flickzeug dabei. Ihm fällt der Spruch ein: Wer sein Rad liebt, der schiebt. Lächelnd begibt er sich auf den Fußweg, als er nach wenigen Schritten wiederum ein Geräusch vernimmt. Wo kommt es nur her? Es klingt wie ein Fiepen oder auch Jaulen. Vater Dobbertin lehnt sein Fahrrad gegen einen Gartenzaun und lauscht. Da hört er es wieder, und ihm kommt es so vor, als kämen die Laute von der anderen Straßenseite; aber sehen kann er in dem immer dichter werdenden Schneetreiben nichts. Doch, halt, im fahlen Licht der Straßenlaterne erkennt er einen kleinen Pappkarton, bedeckt mit einer Schneehaube. Bewegt der sich nicht ein wenig? Als er die Straße schnellen Schrittes überquert, wird das Jaulen lauter. Der Vater hebt eilig den Karton auf, öffnet ihn vorsichtig und erschrickt. Fast wäre ihm der Karton aus den Händen geglitten. Fassungslos und staunend betrachtet er dieses kleine, schwarze, wimmernde Hundebaby, das auf wenig Heu gebettet im Karton vor ihm liegt. Vater Dobbertin schüttelt den Kopf und sagt zu sich: «Was gibt es nur für herzlose Menschen. Wie kann man so ein kleines, hilfloses Wesen einfach aussetzen, bei dieser Kälte und noch dazu am Heiligen Abend.» Der kleine schwarze Hund jaulte, als könnte er seine Worte verstehen. «Ja, mein Kleiner», sagt Vater Dobbertin, «meine Frau und meine Kinder haben sich schon lange einen Hund gewünscht, der mit ihnen tollt und auf sie aufpaßt, wenn ich nicht zu Hause bin. Du armer, kleiner Kerl, du sollst es gut bei uns haben.» Vorsichtig schließt er den Karton wieder, in dessen Deckel er nun kleine Luftlöcher entdeckt, nachdem der Schnee hinuntergefallen ist. Er klemmt den Karton auf den Gepäckträger und marschiert mit seinem Fahrrad fröhlich seinem Haus entgegen. Nun habe ich sogar zwei Überraschungen zum Fest, denkt er, eine lebende und eine zum Essen.

Als Vater Dobbertin sein Haus betritt, wird er von seiner Frau schon ungeduldig erwartet. Das Essen ist fast fertig, nur die Pommes frites müssen noch in die Friteuse. Der

Tisch ist festlich gedeckt, und die Kinder warten voller Ungeduld in ihrem Zimmer auf die Bescherung.

«Ich habe noch etwas mitgebracht», sagt der Vater und stellt den Karton mit dem kleinen Hund auf den Tisch. «Schau mal, Ilse.» Seine Frau, die schon wieder am Herd hantiert, dreht sich zu ihm um und blickt überrascht auf das kleine schwarze Knäuel, das neugierig die kleine Schnauze über den Rand des Kartons streckt. «Nein, ist der süß», sagt die Mutter, «wo hast du den denn her? Ach, sicher hat der kleine Kerl Hunger und Durst, und frieren wird er auch.» Und während die Mutter ein wenig Milch auf dem Herd erwärmt, erzählt ihr der Vater die ganze abenteuerliche Geschichte.

Nun brutzeln auch die Pommes frites in ihrem Fett, und die Kinder dürfen endlich ihr Zimmer verlassen. «Hände waschen», ruft der Vater noch und begibt sich in die Stube, um die Kerzen am Baum anzuzünden. Die Mutter nimmt ihre Schürze ab und läutet mit einer kleinen Glokke das Fest ein. Nun dürfen die Kinder die Stube betreten, und alle vier singen gemeinsam ein Weihnachtslied. Endlich ist Bescherung. Philipp findet unter dem Tannenbaum die ersehnten Schlittschuhe, und Pauline bekommt für ihre Barbie-Puppe sogar zwei neue Kleider. Die Mutter läuft geschäftig in die Küche. «Nun aber schnell zu Tisch», sagt sie, «sonst verbrennt mir noch das schöne Essen.» Im Nu duftet die ganze Stube nach Schweinebraten und Rotkohl. Die Augen der Kinder sind auf die Schüssel mit Salzkartoffeln gerichtet. Pauline mault: «Ich will aber nicht die doofen Kartoffeln!» Auch Philipp meint trotzig: «Heute mag ich die auch nicht.» Da sagt die Mutter, mit einem lustigen Glitzern in den Augen, «Oh, ich hab' ja noch etwas vergessen!» und geht eilig in die Küche. Verwundert sehen Philipp und Pauline ihren Vater an, der aber nur verschmitzt vor sich hin lächelt. Da ist die Mutter auch schon wieder zurück und hält eine Schüssel mit frischen, heißen, goldgelben Pommes frites in ihren Händen, die sie nun vor die Kinder auf den Tisch stellt. Philipp und Pauline starren mit offenen Mündern auf die dampfende Schüssel und brechen dann in Jubel aus. «Pommes, Pommes», schallt es durchs Haus und «danke, danke, danke!»

Glücklich futtern die Kinder ihre Pommes, und die Mutter muß noch eine zweite Schüssel aus der Küche holen, und es bleibt kein Stückchen übrig.

Nach dem Essen bringen Vater und Mutter das Geschirr in die Küche, und die Kinder sitzen auf dem Fußboden und spielen mit ihren Geschenken. Da öffnet sich langsam die Stubentür, und ein kleines, schwarzes Fellknäuel krabbelt über die Holzschwelle in die gute Stube. Dahinter, auf dem Flur, stehen Vater und Mutter, neugierig ihre Kinder beobachtend. Philipp und Pauline gucken erst ungläubig auf das Hundebaby, dann auf ihre Eltern. Sie können es einfach nicht fassen. Vorsichtig nähern sie sich dem kleinen Wesen. Pauline streichelt das Hündchen als erste. Sogleich beginnt der kleine Kerl ihre Hand abzuschlecken. Auch Philipp streichelt ihn jetzt, und seine Augen leuchten vor Glück und Freude. Pauline fragt: «Dürfen wir den wirklich behalten?» – «Ja», sagt der Vater, «der gehört jetzt zur Familie.» – «Wie soll er denn heißen?» fragt Pauline, «ich mein, einen Namen muß er ja haben.» – «Pommes», sagt da der Vater, «wir nennen ihn Pommes; denn hätte ich für euch nicht noch heimlich die

Pommes geholt, dann hätte ich ihn ja auch nicht gefunden.» – «Ja», jubeln da die Kinder, «Pommes ist ein toller Name für ihn. Oh, Mama, Papa, dies ist das schönste Weihnachtsfest, das wir je hatten.» Sie fallen ihren Eltern glücklich um den Hals, küssen sie dankbar und streicheln dann immer wieder zärtlich ihren «Pommes».

Edgar Bessen wurde am 11.11.1933 in Hamburg geboren und besuchte nach einer Tischlerlehre die Schauspielschule von Hildburg Frese. Es folgten Engagements am Ohnsorg-Theater, am Deutschen Schauspielhaus und dem Thalia-Theater in Hamburg. Außerdem in Hamburg spielte er am Ernst-Deutsch-Theater, in den Kammerspielen, im Theater im Zimmer, an der Landesbühne Schleswig, im Theater am Turm in Frankfurt und in Berlin im Theater am Kurfürstendamm. Unter der Regie von Egon Monk und Klaus Peter Witt spielte er in verschiedenen Fernsehspielen mit: in Dieter Meichsners Fernsehserie «Schwarz, Rot, Gold» die Rolle des Zollfahnders Globig, in vielen «Tatorten» und Serien.

Marianne M. Raven

Wahre Freunde…

Ein Ehepaar mit großherzigem Gemüt und zwei Kindern im Alter von vier und sechs Jahren lud zwei alleinstehende Freunde zum Heiligen Abend ein. Für die Kinder bestellten sie zur Übergabe der Geschenke einen Weihnachtsmann vom Studentendienst.

Der Abend nahte. Das Wohnzimmer war festlich geschmückt, der Tisch gedeckt, Mama und Papa – einigermaßen – ausgeruht und die Kinder aufgeregt und voller Erwartung auf den Weihnachtsmann und ihre Geschenke. Auch sie hatten etwas zu bieten: Weihnachtslieder und -gedichte, die sie zuvor mit der Mama einstudiert hatten.

Es klingelte. Die Kinder liefen zur Tür und siehe da: der Weihnachtsmann! Er kam mit seinem roten Gewand, dem weißen Bart und einem Riesensack ins Zimmer und rief: «Na, da bin ich ja im richtigen Haus! Da haben wir ja auch die kleine Sabine und den großen Bruder Michael. Habt ihr denn auch für mich etwas? Eure Geschenke bekommt ihr natürlich nur, wenn ihr mir auch etwas zu bieten habt.»

Die Kinder wichen etwas verängstigt zurück in Richtung Mama. Die setzte sich sogleich ans Klavier, und dann ging's los. Mutter spielte, die Kinder sangen, und Papa saß hochzufrieden in seinem Ohrensessel. Sabine und Michael gelang es, ihre einstudierten Lieder und Gedichte fast fehlerfrei an den (Weihnachts-)Mann zu bringen. Der öffnete hochzufrieden seinen Sack, holte die Geschenke heraus und übergab sie unter großem Jubel den Kindern. Da klingelte es wieder!

Die Mutter ging zur Tür, denn man erwartete ja noch Freunde. Vor der Tür stand aber nicht einer der Freunde, sondern ein Weihnachtsmann! Der zweite! Auch er rief sofort: «Oh, hier bin ich ja richtig! Dort stehen ja auch schon Sabine und Michael.» Sabine und Michael standen dort in der Tat – doch völlig perplex! Die Mutter versuchte, die Situation zu retten, und eilte zum Klavier, während Papa sich mit langsam sich rötendem Kopf wieder in seinen Ohrensessel setzte – galt es doch, die aufsteigende Wut auf die Freunde zu unterdrücken. So erklang wieder das Klavier, die Kinder sangen, und es wurden auch wieder Gedichte aufgesagt. Und langsam wich die Verblüffung, und Hoffnung erwachte, daß es vielleicht mehr Geschenke gab ...

Diese gab es in der Tat. Denn auch der zweite Weihnachtsmann öffnete seinen mitgebrachten Sack und holte für alle Geschenke heraus. In diesem Moment klingelte es wieder.

Erneut eilte die Mutter zur Tür, und man konnte kaum unterscheiden, ob ihr Schrei ein Ausdruck von Wut oder Verblüffung war. Sei's drum – es war wieder ein Weihnachtsmann! Er trat in den Raum und rief: «Oh, hier bin ich ja richtig! Und dort stehen ja auch schon Sabine und Michael!» Die allerdings wußten nun gar nicht mehr, wie ihnen geschah. Sollten sie nun ihren Glauben an einen Weihnachtsmann auf drei erweitern oder gar die ganze Sache aufgeben? Aber auch in diesem Fall gab letztendlich die Hoffnung auf weitere Geschenke den Ausschlag. Mutter ging zum Klavier, die Kinder sangen und sagten Gedichte auf, und Vater saß mit hochrotem Kopf im Ohrensessel. Weihnachtsmann eins und zwei saßen derweil scherzend beieinander an der geschmückten Festtafel und versuchten, ihr mühsam unterdrücktes Lachen unter dem weißen Rauschebart gut zu verstecken.

Nach diesem Heiligen Abend mußte im Hause Müller die Weihnachtsgeschichte neu geschrieben werden.

Ob irgendwelche Freunde darunter haben leiden müssen, ist nicht bekannt.

Den Kindern war's egal – sie freuten sich über Geschenke wie nie zuvor ...

Marianne M. Raven, geboren in Osdorf/Kreis Eckernförde. Nach der Schulzeit und mehreren Jahren als Fremdsprachensekretärin besuchte Marianne M. Raven das Abendgymnasium und studierte Rechtswissenschaften. Nach dem Staatsexamen war sie in Australien und Hamburg als Anwältin tätig. Seit 1988 leitet sie als Geschäftsführerin das deutsche Büro des Kinderhilfswerks PLAN International. Unter ihrer Ägide konnten in Deutschland mehr als 100 000 Patenschaften für Kinder in der Dritten Welt vergeben werden.

Uwe Röhl

Weihnachtliche Impressionen

Als ich noch gar nicht in der Lage war, eigene Eindrücke vom häuslichen Weihnachtsfest aufzunehmen oder gar zu verarbeiten, versorgten mich meine sieben älteren Geschwister schon mit den Geschichten aus ihrer frühesten Kinderzeit, besonders aus der Adventszeit fiel ihnen dazu eine Menge ein.

So zehrte ich, als ich selbst die Advents- und Weihnachtszeit zu registrieren begann, schon von den ganz wunderbaren Ereignissen, die sich früher in meinem Elternhaus abgespielt haben mußten.

Mich hat immer besonders die Geschichte mit wohligem Grausen erfüllt, die sich die Geschwister in Heiligenhafen haben einfallen lassen, als die gespannte Unruhe in den letzten Adventswochen übermächtig zu werden drohte. Ein neuer Vikar hatte noch im alten Jahr seinen Dienst bei Propst Röhl anzutreten, und wie üblich bedeutete das auch die intime Bekanntschaft mit der Familie des neuen Dienstherrn. Der junge angehende Geistliche war arm dran, wenn er sich der in Pastorenhäusern üblichen großen Kinderschar nicht erwehren konnte. Der

Herr Vikar wurde gleich aufgefordert, noch vor dem Weihnachtsfest bei einigen besonders wichtigen Mitgliedern der Gemeinde einen Antrittsbesuch zu machen. Natürlich hatte auch dieser – gerade dem Predigerseminar entronnen – bereits einen Gehrock im Besitz. Etwas beklommen machte er sich in der Dämmerung auf den Weg in den noch so fremden Ort. Vorher verabschiedete er sich artig von «Frau Propst», wie man damals noch sagte. Während des kurzen aufmunternden Gespräches standen meine Brüder artig im Hintergrund, einer von ihnen klopfte noch einige Stäubchen vom Bratenrock des Herrn Vikars. Dem war natürlich entgangen, daß während des freundlichen Klopfens ein schöner frischer Schweineschwanz am hinteren Ende des Gehrocks befestigt wurde – eine schon lange ausprobierte schwierige Tätigkeit, denn man mußte eine besonders große Sicherheitsnadel haben, und die Tat mußte schnell vonstatten gehen. So wandelte der junge Mann im Bewußtsein seiner neuen geistlichen Würde von Petersens zu Jebsens, von Hansens zu Stüvens. Und immer bemerkten die mit seinem Besuch Beehrten erst bei dessen Abschied, was da an dem Herrn hing, der womöglich schon am nächsten Sonntag den Kindergottesdienst halten oder gar auf der Kanzel stehen würde. Zur Ehre des norddeutschen Humors sei gesagt, daß kein ehrenwerter Bürger dem armen jungen Mann das Alberne seines rückwärtigen Aussehens verriet. Nur die alte und ein bißchen verbiesterte «Tant' Jette» tadelte den angehenden Geistlichen und brachte ihn ordentlich in Zorn. Er stürmte zurück in die Propstei und beklagte sich bitter bei der Mutter der abscheulichen Kinder – denn wer sonst als einige oder gar alle sieben Röhl-

Sprößlinge konnte so etwas Böses verübt haben? Meine Mutter, die einen unstillbaren Genuß an komischen Situationen hatte, ließ sich mit Mühe ihren Spaß nicht anmerken, vom Vater gab es ein fürchterliches Strafgericht. Die Kinder bangten um die erwarteten Weihnachtsgeschenke, und keiner von ihnen hat jemals wieder einen Schweineschwanz an den Bratenrock eines geistlichen Herrn geheftet.

Niemals erleben durfte ich auch einen leibhaftigen Weihnachtsmann, anscheinend war nach all den Jahren der Vorrat an willigen jungen Männern erschöpft, die sich mit der üblichen Weihnachtsmannuniform im Propstenhaus einzufinden bereit waren. Aber damals wurde an einem 24. Dezember der Küster abkommandiert, den Mann mit der Rute und mit dem weißen Bart darzustellen. Heute, nach Jahrzehnten im Kirchendienst und nach Jahrzehnten mit dem wirklich mächtigen Streß vertraut, den Kirchenbedienstete in dieser Freudenzeit ertragen müssen, frage ich mich, wieso der ebenfalls angestrengte Küster nun auch noch bei Röhls als Weihnachtsmann fungieren mußte. Er war jedenfalls wohl ebenso aufgeregt wie meine Geschwister, denn weder er noch die Röhl-Kinder nahmen wahr, daß meine Mutter ihn höflich mit «Guten Abend, Herr Eggerstedt» begrüßte, noch, daß der Weihnachtsmann in sein gewohntes Plattdeutsch verfiel und Bruder Günter fragte «Na, Günter, wie steit dat mit die Wuddeln?» Günter weigerte sich nämlich bis dahin, Wurzeln, auch Möhren oder Karotten genannt, zu essen. Günter gelobte bleich, ab sofort «Wuddeln» zu essen. Den Schwur hat er übrigens bis zu seinem Tod ständig gebrochen.

Meine sieben Geschwister wuchsen heran. Man zog in die schöne alte Propstei in Husum, wo ich aufwuchs. Als ich begann, mich mit dem adventlichen und weihnachtlichen Geschehen in all der pastörlichen Routine auseinanderzusetzen, waren die Brüder schon im Studium oder standen vor dem Abitur, die Schwestern bereiteten sich auf den Schulabschluß vor oder hatten bereits mit der Ausbildung begonnen, die wie selbstverständlich im Diakonissen-Mutterhaus stattzufinden hatte. Also war es viel stiller geworden, und für mich bestand der Advent zunächst in der Vorfreude auf die Geschwister, die zu den Festtagen wieder ihre alten Zimmer beziehen würden.

Bald begann ein etwas mühseliger und nicht sehr ergiebiger Klavierunterricht, der für ein paar Jahre auch meinen innigsten Weihnachtswunsch hervorrief: «Ich möchte mit der Klavierstunde aufhören!» Da mir das Instrument Orgel so gut gefiel (wie alle Pastorenkinder damals besuchte ich regelmäßig den Gottesdienst oder den Kindergottesdienst), erbaten meine Eltern für den Zwölfjährigen bei dem tüchtigen Husumer Marien-Organisten Unterricht. Karl Carstens, nach norddeutscher Manier allgemein nur «Kalle Orgel» genannt, betrieb die Unterweisung so kundig und pädagogisch, daß ich mich endlich mit Begeisterung meiner offenbar vorhandenen Begabung widmete. Schon immer hatte ich lange am sonst ungeliebten Pianoforte gesessen und gespielt, was mir so in den Sinn kam oder was ich von meinen Geschwistern oder aus dem Radio an unterhaltsamer Musik gehört hatte. Auf der Orgel mit ihren vielfältigen Möglichkeiten ließ sich dieses Improvisieren noch besser bewerkstelligen, ich erkannte bald die Qualität und die

Schönheit sehr vieler Kirchenlieder und Choräle, die mich unendlich anregten. Es gelang mir ohne große Mühe, Vorspiele zu erfinden und die Liturgie auf verschiedene Weise zu begleiten. Das Dritte Reich hatte seine ersten fünf Jahre auf dem Buckel, Repressalien auch gegen die Kirche häuften sich. Die Lehrer auf den Dörfern, die oft zugleich das Amt des Dorforganisten wahrnahmen, wurden nicht selten vor die Wahl gestellt: «entweder Kirche oder das Lehramt». Ohne das begleitende Orgelspiel mochte die Gemeinde vor allem in der Vorweihnachtszeit nicht sein. So kam es, daß der dürre Dreizehnjährige am Sonntag früh auf sein Fahrrad stieg und durch die Geest oder durch die Marsch strampelte, auf der Insel Nordstrand, in den Dörfern an der Eider, an der Treene oder in Nordfriesland pünktlich auf der Orgelbank saß, um den Gesang der Gemeinden zu begleiten. Es gab kleine Kirchengemeinden, in denen der Küster in Klagerufe ausbrach «Nu kümmt d e wedder!», was meinte, daß ich vom Bälgetreter mehr Luft verlangte, als der durch eifriges Treten der windbeschaffenden Bälge herbeizuschaffen in der Lage war. Es war oft sehr beschwerlich, bei dem ständigen und oft heftigen Wind an der Küste voranzukommen, und selbst im Sommer plagten mich ein platter Reifen oder eine gerissene Kette. Das Honorar bestand oft aus einem warmen Händedruck oder einer Flasche Milch, letztere wurde besonders in der Weihnachtszeit von meiner Mutter und von der geliebten Tante Marie gern entgegengenommen. Tante Marie war übrigens auch für das Schmücken des Weihnachtsbaumes zuständig. Der war in meiner frühesten Zeit nur mit Strohsternen und den selbstgebastelten Papierrosen geschmückt, das sah prachtvoll aus.

Vater Röhl war nun viel unterwegs, die seelsorgerlichen Besuche in der kleinen Stadt häuften sich, Predigten für die verschiedensten Anlässe mußten konzipiert, memoriert und gehalten werden. Jede ist in Vaters kleiner, ordentlicher Schrift festgehalten worden. An allen Sonntagen wurde in seiner «Studierstube» das Frühstück für ihn separat serviert: Kaffee, ein Stück Speck und ein weiches Ei mit Schwarzbrot. Sein Lampenfieber muß beträchtlich gewesen sein, denn man ging ihm als Kind am Sonntagmorgen oder erst recht an den Weihnachtsfeiertagen lieber aus dem Weg.

Meine Mutter hatte außer der nützlichen Arbeit in der evangelischen Frauenhilfe noch andere Aktivitäten zu betreuen. In der Adventszeit wurde natürlich ein Krippenspiel einstudiert. Dabei war die Besetzung der Rolle der Maria nach meiner Erinnerung unproblematisch: das mußte stets das Mädchen mit den längsten Haaren sein. Ich wurde früh bereits als Hirte eingesetzt, schon damals war ich vom Darstellen nicht begeistert, und daß ich, mit einem muffeligen Schaffell bekleidet, die wichtigen Worte sagen mußte «Ha, ist das eine kalte Nacht / Daß mir das Herz im Leib erkracht, / Mein warmer Pelz tut mich erfreu'n, / Ich wickle ganz mich da hinein», machte mir viel Beschwer. Wahrscheinlich wollte man mich überhaupt in der Vorweihnachtszeit aus dem Wege haben, denn ich mußte bei sämtlichen Weihnachtsandachten auf den verschiedenen Stationen im Krankenhaus hinter meinem Vater hertrotten und singen: «Gelobet seist du, Jesu Christ». Immer wieder mußte es dieses schöne Lied sein, vielleicht ging es meinem unmusikalischen Papa am leichtesten über die Lippen.

Alle Kinder zappeln der Bescherung am 24. Dezember entgegen, und so entwickelte sich bei mir auch kein rechter Sinn dafür, daß nach den Christvespern in der Kirche im häuslichen Weihnachtszimmer noch einmal die Weihnachtsgeschichte gelesen – später noch angereichert durch Gedichte der bald zahlreichen Nichten und Neffen – und schließlich auch noch gesungen wurde «Gelobet seist du, Jesu Christ» mit allen Strophen. Aber dann gab es doch die üblichen Würstchen mit Kartoffelsalat, erst am 1. Feiertag fand irgend jemand Zeit, eine Gans zu braten, die freilich bei entsprechendem Andrang von Familienangehörigen in beängstigend viele Portionen zu zerteilen war.

Als ich begann, auch einmal festliche «große» Weihnachtsgottesdienste auf der Orgel zu begleiten, war mir ein leuchtendes Vorbild die Paraphrase über «O du fröhliche ...» von Frederic Lux. Mein Hang zu schönen Melodien, ein bißchen Pomp und angenehmen Wendungen, die dem Hörer Spaß machen, wurde hier gefördert. Dieses Stück ein bißchen schwülstiger Musik gehörte damals zu jedem Weihnachtsgottesdienst, später wurde es geschmäht und verlacht, heute besinnt sich mancher junge Kirchenmusiker wieder darauf.

Als junger Kantor in der schönen Stadtkirche in Unna/Westfalen hatte ich auch einen Kinderchor zu gründen und zu leiten. Zu den Weihnachtsgottesdiensten gehörte bald das anrührende «Quempas»-Singen. Dabei ziehen die Kinder aus den vier Himmelsrichtungen in die Kirche ein. Sie tragen Kerzen (das mußte besonders geübt werden, damit trotz der schützenden Bierdeckel nicht geklekkert oder gar gekokelt wurde) und singen dabei das alte «Quem pastores laudavere», «Den die Hirten lobeten sehre», jeweils von den vier Stellen der Kirche. Dann ziehen sie gemeinsam zum Altar und singen «Der Heiland ist geboren» im dreistimmigen Satz. Alle Kinder waren unendlich stolz auf diesen Beitrag, zumal der auf der Orgelbank sitzende Kantor dabei nur von Ferne dirigieren konnte.

Unsere Kinder haben später im Schleswiger Dom das «Quempas»-Singen mitgemacht, sobald sie in der Lage waren, diesen spannenden und von tausend Besuchern bewunderten «Auftritt» ohne Pannen zu bewältigen, und sie freuten sich wochenlang darauf. Die älteren Mitglieder der Jugendkantorei führten mit großem Ernst über Jahre hinweg die «Krippenkurrende» zunächst nur vor dem Petri-Portal des Domes auf. Meine Vorgängerin als Leiterin der Kantorei, Barbara Haller, hatte diese schöne Sitte der Darstellung des Geschehens von Bethlehem nach alten Vorbildern zusammengestellt. Inzwischen reist die Schleswiger Kantorei mit dem Verkündigungsengel, mit Maria und Josef, mit dem unfreundlichen Wirt und mit den Hirten per Bus an verschiedene Stellen der schönen Stadt an der Schlei, und viele Zuhörer kommen und hören die Geschichte von Verkündigung, Herbergssuche, Geburt und Anbetung. Die älteren Sänger stellen die Heiligen Drei Könige dar. (Ob sie noch immer zum Zeichen ihrer Würde Mutters schönsten Kaffeewärmer auf dem Kopf haben, weiß ich aber nicht.)

So waren wie schon zu meiner Kindheit die vorweihnachtlichen Wochen auch für meine Kinder ausgefüllt mit den Vorbereitungen zum Christfest. Natürlich bastelten sie je nach Lebensalter rührende oder wirklich schöne Geschenke, erstellten Wunschzettel mit öfter variiertem Inhalt und malerischen Darstellungen der vom Weihnachtsmann erbetenen Dinge. Im Klavier- und Geigenunterricht, im Posaunenchor wurde auch schon zeitig auf das Advents- und Weihnachtsprogramm umgeschaltet. Aber die Hauptsache war doch schon früh das Singen im Chor. Nicht immer war es den berufstätigen Chorsängern und den Hausfrauen möglich, zum adventlichen Singen bei den damals noch zahlreichen Landsmannschaften, bei Senioren, in den Krankenhäusern und sonstigen Vereinen, die ihre Feiern in diesen Wochen stilvoll gestalten wollten, zu kommen. Da war die Kantorenfamilie mit allen Mitgliedern gefragt, und unser Programm war vielseitig, so daß die Kinder keines der schönen Lieder überdrüssig wurden.

Zum Krippenspiel allerdings waren sie nicht sehr geeignet. Der einzige Auftritt einer unserer Töchter ging daneben, weil sie sich weigerte, beim Altenkaffee im Gemeindehaus ihren Text zu sprechen, der da lautete «Mein Hemdchen, nimm es nur, ich habe zwei.»

Wenn sich die inzwischen erwachsenen Kinder des ehemaligen Domkantors in Schleswig an die letzten Stunden vor Weihnachten erinnern, dann wird begeistert berichtet von einer Sitte der älteren Kantoreisänger: Wir gehen am 23. Dezember zu Röhls und helfen beim Schmücken des Baumes. Dieser Vorabend des Christfestes war stets ein lange währendes Beisammensein, bei dem eine Menge Bier verbraucht wurde und die Stimmung fabelhaft war. Meine Frau brauchte gute Nerven, um die Ausgelassenheit in die ursprünglich angebotene Hilfsbereitschaft zu verwandeln. Der Weihnachtsbaum war nicht immer sehr standfest, die Kerzen wackelten, und die großen Bengels spielten eigentlich lieber mit den Geschenken für die Kinder.

Das viel strapazierte Wort vom Streß muß ich heute benutzen, wenn ich bewundernd auf meine Familie zurückschaue. Trotz der manchmal drei Gottesdienste am Heiligen Abend, die die ganze Nervenstärke und das Können des Musikers an einer großen Kirche forderten, haben Frau und Kinder sich nie beschwert. Die Pausen im Kantorenhaus an diesem Tag waren trotzdem stimmungsvoll. «Es ist eben so bei uns!», das lernten auch die Kinder früh, und sicher haben die Stunden in den festlich geschmückten und so wunderbaren Domen in Schleswig und später in Lübeck dazu beigetragen, daß alle fröhlich und festlich gestimmt sein konnten.

Natürlich waren auch oft Gäste dabei, nach der alten Sitte der immer so gastfreien «alten» Röhls. Leider haben wir unser Gästebuch bald vernachlässigt, aber es war zuweilen eine etwas gemischte Zusammenstellung der Besucher an den Weihnachtstagen, und Menschen, die der Kirche fernstanden, schauten auch damals schon etwas verdutzt auf den großen Raum, den das Kirchliche in unserem Leben einnahm. Später haben wir meistens ausländische Studenten zu Gast gehabt, und sie haben sicher oft staunend unsere ein bißchen unordentliche Art angesehen, einen hohen Festtag vorzubereiten und zu begehen. Bei solchen Gelegenheiten mußten unsere Kinder lernen, daß man sich am 24. mit nur einem Geschenk zu begnügen hatte. Denn man konnte doch unmöglich die vielen Gaben von den Eltern, Großeltern, Tanten, Paten und Freunden vor jemandem aus der Türkei oder Bulgarien auspacken, der selbst nur *ein* Geschenk bekam. So gab es am 25. den Rest der Gaben.

Aber irgendwann, als unsere Kinder größer waren, wurde ein Familienbeschluß gefaßt: Wir wollen am 24. Dezember mal ganz alleine sein – ohne einen einzigen Besuch! Und es muß gesagt sein, daß das auch wieder eine ganz herrliche Sache war. Inzwischen ist unsere Familie so angewachsen, daß sich wiederum eine ziemlich große Gesellschaft um den Baum versammelt, und sei es auch nur am ersten Weihnachtstag, wenn selbst die Kleinsten so viel Gänsebraten essen dürfen, wie sie nur eben hineinstopfen können. Es wird weniger gesungen, die Gedichte sind kürzer als früher, die Geschenkberge sind größer, die Zufriedenheit und Eintracht ist gottlob groß, und die Eltern der jetzt «kleinen» Röhls, also die Urenkel von Vater und Mutter Röhl in Heiligenhafen und Husum, müssen sich Geschichten anhören wie die vom Schweineschwanz am Gehrock des Vikars, vom Stepphut, der das einzige Geschenk war, und von den Papierrosen, die Tante Marie für den Christbaum im Konfirmandensaal gebastelt hat. Sie hören uns und ihren Eltern immer noch zu, und ihren eigenen Kindern können sie dann berichten, daß im Jahr, als die beiden jungen Hunde ins Haus kamen, der Weihnachtsbaum ins Kinderställchen gestellt wurde, damit er nicht umgerissen wurde, und daß die neue Praktikantin vergessen hatte, die Innereien aus der Gans zu nehmen.

Immer wurde gerne und viel gesungen, und oft wurde erst beim genauen Hinhören bemerkt, wenn die Kleinen die für sie unverständlichen Texte ein bißchen umdichteten. «Maria und Josef verkrachten sich froh» sang einer, eine andere berichtete: «... hoch oben schwebt Josef den Engeln was vor» oder «Uns ist ein Kindlein heut geborn/ Von einer Jungfrau aus Elmshorn», der Jüngste berichtete seinen Spielkameraden, was die Heiligen Drei Könige dem Kind im Stall als Geschenk mitbrachten: «Gold, Rauhreif und Möhren».

Irgendwann haben sie alle den richtigen Text verstanden, die Erinnerungen an Weihnachten und die jährlich wiederkehrende Freude sind geblieben.

Uwe Röhl, 1925 in Husum geboren – Abitur 1943 – vom 13. Lebensjahr an regelmäßig als Organist in Gottesdiensten tätig – Studium: Kirchenmusik, Musikwissenschaft und Theologie 1943-1944 und 1947-1952. Examen in Köln 1952. Tätigkeiten: Kirchenmusiker in Tönning und Unna 1947-1956 – Domorganist in Schleswig 1956-1967 – Domorganist in Lübeck 1967-1990 (nebenamtlich) – Landeskirchenmusikdirektor 1962-1970 – ordentlicher Professor und Gründungsrektor der Musikhochschule Lübeck – Hauptabteilungsleiter Musik im NDR 1976-1989 – 1990 Emeritierung als Professor, weiter freier Mitarbeiter beim NDR – Konzert- und Juroren-Tätigkeit. Auszeichnungen: 1957 und 1958 1. und 2. Preise bei Improvisationswettbewerben in Holland und Belgien – 1974 Kunstpreis des Landes Schleswig-Holstein – 1985 Bundesverdienstkreuz 1. Klasse – 1986 Hanse-Kulturpreis – 1986 Orden «Atatürk» – verheiratet mit Astrid, geb. Nicolai, 2 Töchter, 1 Sohn, 6 Enkel.

Carlo von Tiedemann

Fröhliche Weihnachten, Herr General!

1951. Ich war acht Jahre, der tiefe Glaube an den Weihnachtsmann hatte sich in ein gerade noch zu vertretendes Konsumbewußtsein verwandelt – und es mußte eine Eisenbahn sein, eine Markenbahn, Märklin. «Papa, bitte nur Märklin, sag das dem Weihnachtsmann.» Mein Vater, der die Spielregeln alle Jahre wieder gütig und stillschweigend akzeptierte, räusperte sich. «Ich werde es dem Weihnachtsmann sagen», brummte er, um sich sodann dem Fenster zuzuwenden. Glaubt der Bengel wirklich noch an den Weihnachtsmann, spürte ich seine Gedanken.

Papa war Preuße, mehr noch, preußischer Generalleutnant, Willem zwo dankte ihm mit persönlicher Widmung für große Tapferkeit. Die Zeiten hatten sich seitdem geändert, jetzt erbat sich der Sohnemann eine Eisenbahn, aber bitte eine Markenbahn. Märklin, oder der Heiligabend ist verkalbt (geht schief – d. Red.). Es wurde eine Märklinbahn, wunderschön schwarz, mit Waggons, einem Tunnel und mehreren Weichen.

Unser Nachbar hieß Löwe. Ich hatte ihn während des Aufbaus stundenlang durchs Schlüsselloch beobachtet, der Mann hatte Ahnung. Dann die Bescherung. «Nein», schrie ich überrascht, «nein. Und Märklin! Oh, danke, damit hätte ich nie gerechnet.» Papa räusperte sich. Andachtsvoll kniete ich vor meiner Bahn nieder, butterweich der Schalter am Transformator, die Bahn ging auf einer Sperrholzplatte auf Reisen.

Dann die Katastrophe. Gleich die erste Weiche ließ sich nicht schalten, mein Zug raste in eine Kurve, um sodann dem Zwang der Schienen zu entsagen und sich der unheimlichen Schwerkraft hinzugeben. Mein Gebrüll ließ auf der gegenüberliegenden Häuserfront so manches Licht ausgehen. Ich neigte damals a) zu enormer Lautstärke und b) zu eindeutig cholerischem Temperament. Mein Vater erbat sich ruhig und besonnen Ruhe, um Herrn Löwe anzurufen. Der Mann hatte ganz ohne Zweifel damals einen aberwitzigen Respekt vor Papa. «Hier Tiedemann.» – «Fröhliche Weihnachten, Herr General.» – «Ihnen auch, Löwe, sagen Sie, was machen Sie gerade?» – «Wir essen, Herr General.» Der General räusperte sich, um gleich darauf taktisch zu zeigen, was er drauf hatte. «Nun, Löwe, die Bahn meines Sohnes ist nicht einsetzbar, Sie hatten ja wohl versprochen, daß alles in Ordnung geht, aber nichts geht.» Schweigen, dann Löwe: «Was geht nicht, Herr General?» Der General: «Die Weiche, Löwe, die Weiche schaltet nicht.» Stille. Bei Löwes hatte man bereits aufgehört zu essen. Nun wieder Papa: «Ich hielte es für vernünftig, wenn Sie schnell mal rüberschauen.» Schweigen, dann Löwe: «Jetzt gleich?» Papa: «Jetzt gleich.» Und dann Räuspern. «Ich komme, Herr General.» Löwe kam, brachte seinen ältesten Sohn mit, und während beide versuchten, diese verdammte Weiche in Gang zu setzen, stand Papa am Fensterbrett, trommelte leise und rhythmisch mit den Fingern und räusperte sich.

Ich möchte dieses Geschehen, das mittlerweile aus einer anderen Welt zu stammen scheint, abkürzen. Löwe nebst Sohn holten sich Verstärkung, eine Familie Niemann, die wiederum kannten Herbert Maas, der bei der Bahn arbeitete. Sechs fremde Menschen schafften es nach gut zwei Stunden, in denen ich immer wieder zu hysterischen Ausbrüchen neigte, daß die Weiche ging. Sie ging, wie nie zuvor eine Weiche ging: weich, ohne Probleme. Mein Vater bedankte sich räuspernd, legte Löwe anerkennend die Hand auf die Schulter und sagte: «Bedanke mich besonders bei Ihnen, Löwe. Gute Arbeit.» – «Gern geschehen, Herr General», stammelte Löwe, um sodann von der Arbeitskolonne die Treppe hinuntergeführt zu werden. Ein schöner Abend. Und Papa sah ruhig und zufrieden aus.

Carlo von Tiedemann, der 1943 in Pommern geborene Adelssproß, machte eine Ausbildung zum Verlagskaufmann, arbeitete zehn Jahre als Zeitungsjournalist und ging für drei Jahre als Korrespondent nach Argentinien. Danach begann seine Karriere bei Funk und Fernsehen («Show & Co. mit Carlo», «Deutscher Musikladen», «Eurotops»). Für N 3 steht er für die «Große Hafenrundfahrt» und «Die aktuelle Schaubude» vor der Kamera. Carlo von Tiedemann war früher begeisterter und erfolgreicher Rallye-Fahrer, hat zwei Töchter und lebt in Hamburg.

Theresa Margret von Westphalen

Unser Christkind

Am ersten Adventsonntag im Jahre 1992 saßen alle unsere Kinder – Nina, Nadja, Max, Alessa, Johannes und Marie-Christine – an unserem festlich gedeckten Frühstückstisch beisammen.

Feierlich wurde die größte Kerze an unserem selbstgebastelten Adventskranz entzündet.

Wie jedes Jahr an den Adventsonntagen las, nachdem alle ihre leeren Mägen gefüllt hatten, ein Familienmitglied eine Weihnachtsgeschichte vor. Anschließend wurde musiziert und gesungen.

Nur diesmal war es *irgendwie anders*:

Die Kinder rutschten auf ihren Stühlen hin und her – ihre Unruhe erfüllte den ganzen Raum. Sie wollten endlich loswerden, was sie sich für diese besondere Adventszeit vorgenommen hatten.

Nina und Marie-Christine wollten das Keksebacken übernehmen, Nadja und Max den Hausputz, Alessa und Johannes hatten sich für das Schmücken des Hauses zuständig erklärt. Mein Mann bestand darauf, die Krippe eigenhändig aus Holz anzufertigen. Jeder benahm sich so, als hätte er Bedenken, mit allem nicht mehr *rechtzeitig* fertig zu werden.

Ein reges Treiben und Schaffen begann ab diesem Tage in unserem Hause.

Alle Zimmer wurden gründlichst auf den Kopf gestellt, das Unterste zuoberst gekehrt. In die Küche war bald kein Hineinkommen mehr möglich, da köstlich duftende Keksdosen den Weg versperrten.

Es wurde Tag für Tag gebastelt, gestrickt, gehäkelt. Ich wußte bis dahin selbst noch nicht, daß wir solche Mengen an glitzerndem Weihnachtsschmuck hatten, und zwischendurch immer wieder die sorgenvoll an mich gerichtete, kreissägenuntermalte Frage meines Mannes: «Ist es denn schon soweit?»

Einige Tage vor dem Heiligen Abend war alles auf das feinste poliert, bis ins kleinste Detail vorbereitet.

Als wir am 24. Dezember unter dem wunderbarsten Christbaum der Welt standen und unser «Stille Nacht, heilige Nacht» erklang, sahen zwölf Kinderaugen staunend und liebevoll auf PIA COSIMA, *unser* friedlich schlummerndes, frischgeborenes Christkind, das in der selbstgebauten Krippe lag –

Theresa Margret Gräfin von Westphalen, geboren in Wien, Sternzeichen Löwe. Seit dem 18. Lebensjahr in München. Beruf: Physiotherapeutin mit Schwerpunkt «Ganzheitliche Therapien» (Mitglied im Schweizer Verband für Natürliches Heilen) und Immobilienmaklerin. Besondere Interessen: Baubiologie, Umwelt, Ernährung, Gemmologie und Psychologie. Th. M. Gräfin von Westphalen ist verheiratet, Mutter von vier Kindern und lebt bei München.

Hans-Werner Funke

Cantare

Müde und abgeschlafft verläßt der Sänger den Saal nach drei Stunden Konzert, endlosen Zugaben, Hunderten von Autogrammen. Es ist kalt, minus acht Grad Celsius zeigt sein Thermometer im Auto. Der Superstar hat nur noch einen Wunsch: Er möchte nach Hause. Heute, am 23. Dezember, endet seine Reise durch fast hundert europäische Städte, er sehnt sich nach Ruhe und Entspannung.

Der Chauffeur nimmt die kürzeste Strecke über die Autobahn, trotzdem wird es einige Stunden dauern, bis der Künstler seinen Wohnort erreichen wird. Langsam dämmert er ein, die Erschöpfung der vergangenen Wochen ist ihm deutlich anzumerken.

Plötzlich schreckt er auf, durch ein abruptes Bremsen seines Fahrers geweckt. Vor ihm ein langer Stau. Mehrere Pkws sind ineinandergefahren, die Folge plötzlich auftretenden Glatteises. Der Künstler steigt aus, er ahnt es schon. Einen Teil des Heiligen Abends wird er hier verbringen müssen. Die nächste Autobahnabfahrt ist neun Kilometer entfernt, an ein Durchkommen ist zur Zeit nicht zu denken.

Schnell sammeln sich einige Leidensgenossen um ihn herum. Mitfahrer anderer Pkws, auch ein Busfahrer samt der zahlreichen Fahrgäste. Ein italienischer Lastwagenfahrer kommt hinzu, ‹*Cantare*, Maestro!› ruft er laut in die den Künstler umstehende Menschenmenge. Der Sänger geht zurück zu seinem Wagen, öffnet die Kofferhaube, holt seinen Gitarrenkoffer, entnimmt ihm die Gitarre und beginnt mit klammen Fingern zu spielen: ‹O du fröhliche!› Alle Umstehenden stimmen lauthals mit ein. Ein internationaler Chor unterschiedlichster Stimmqualität singt das schönste unserer Weihnachtslieder in verschiedenen Sprachen mitten auf der Autobahn: Heiligabend im Stau.

Hans-Werner Funke. Seit über vier Jahrzehnten ist Hans-Werner Funke als Konzertmanager tätig. Er gewann Stars wie Liza Minnelli, Louis Armstrong, die Rolling Stones und hat mittlerweile mehr als 6000 Konzerte durchgeführt. Seit Januar '91 ist Funke als Geschäftsführender Gesellschafter der Konzertdirektion Dr. Rudolf Goette auch im klassischen Bereich tätig und hat als Kuratoriums- oder Vorstandsmitglied verschiedener Verbände zahlreiche Ehrenämter inne. Hans-Werner Funke ist verheiratet, hat zwei Söhne und lebt in Hamburg.

Monika Peitsch

Ein stürmisches Weihnachtsfest

*E*ndlich hatte ich mich dazu durchgerungen, meinem Sohn das sehnlichst erwünschte Tier zu schenken. Lange hat der Familienrat überlegt – es mußte ein liebes, ganz ruhiges, geräuschloses Tier sein. Auf keinen Fall ein Hund, mit dem letztendlich dann immer *ich* Gassi gehen müßte. Mein Mann und ich einigten uns auf ein Kätzchen. Nach langem Suchen und Durchstöbern von Annoncen fand ich bei einer Züchterin vor den Toren Hamburgs ein bildschönes, graues Karthäuser-Kater-Baby. Lieb und ganz ruhig, wie es schien ...

Am Heiligabend – alle Geschenke werden bei uns traditionell unter den Baum gelegt – versuchte ich, auch Valentino, wie wir ihn genannt hatten, weil er so wunderschön war, unter den Baum zu legen. Er lag, ich klingelte schnell mit dem Glöckchen – das Zeichen, daß mein Sohn jetzt das Weihnachtszimmer betreten durfte. Und justament, ich wurde fast ohnmächtig, sprang Lieb-Katerlein in den Baum und riß ihn um. Da lag nun die ganze Pracht mit Kugeln, Kerzen und Engelchen, der Kater war unter der Couch, und die Überraschung für meinen Sohn unter dem bereits nadelnden Baum begraben.

Nach überstandenem Chaos und hervorgeholtem Kater haben wir dann doch sehr gelacht, und die Geschichte hat seither an jedem Weihnachtsabend ihren festen Erzählplatz bei uns.

Monika Peitsch wurde in Zeitz/Sachsen geboren. Nach Schulzeit und Schauspiel-Ausbildung in Berlin arbeitete sie fünf Jahre am Schiller-Theater, u. a. unter Fritz Kortner und Boleslaw Barlog. Ab 1970 Fernsehen (u. a. «Die Unverbesserlichen»), dazwischen immer wieder Tournee-Theater (u. a. «Die Katze auf dem heißen Blechdach») und Theater. Die Schauspielerin lebt heute mit ihrem Sohn und Ehemann in Hamburg.

Dietrich Brüggemann

100 Jahre Weihnachtsspieluhr

Die gute alte Spieluhr aus der Kindheit meines Vaters stammt aus dem Jahre 1896 und wird wahrscheinlich 1897 zum ersten Male, also vor hundert Jahren, in der Familie Brüggemann den Weihnachtsbaum getragen und gedreht haben. Für meine Schwester Ursula und mich, und nun wohl auch für meine Frau, unsere Söhne mit Frauen und Enkelkindern, ist diese Weihnachtsspieluhr aus dem Weihnachtsgeschehen der Familie nicht mehr wegzudenken.

Bei der Familie Brüggemann in Schötmar, dem Elternhaus meines Vaters, stand diese Spieluhr schon damals im Mittelpunkt des Festes. Mein Großvater hatte einen Laden für Eisenwaren und Haushaltsgeräte, und so ist meine Vermutung, daß diese Spieluhr über das Geschäft als große Neuheit in die Familie geraten ist. Mein Vater war damals sieben Jahre, und fünf Geschwister, jünger und älter, waren auch da.

Aus dieser Zeit erzählte mir und meinen Geschwistern unser Vater immer wieder. Auch er hatte damals schon eine Spielzeugeisenbahn zum Aufziehen, die, wenn das Uhrwerk voll aufgezogen war, an jeder Schienenkurve umkippte. Besonders beeindruckte mich der Bericht meines Vaters, daß in seinem Elternhause die Weihnachtsbescherung erst am 1. Weihnachtstag frühmorgens stattfand. Der Grund: Der Laden des Großvaters mußte bis abends nach acht für den Verkauf offen bleiben, damit die späten Kunden noch gerade rechtzeitig zum Christfest ein Geschenk kaufen konnten. Für mich als Kind war das damals unfaßbar, wie man so etwas überhaupt aushalten konnte, war doch für mich die Aufregung und Spannung so groß, daß ich fast nichts essen konnte und Kopfstände im Sessel – ich kenne das Gefühl heute noch – machte und sonstigen Unsinn.

Spieluhren waren in der damaligen Zeit groß in Mode, denn es gab ja noch keinen Radioapparat. Plattenspieler oder Kassettenrekorder, ganz zu schweigen ein Fernsehgerät. Tante Hete (Hedwig), Schwester meines Vaters, hatte eine eigene Spieluhr, die aussieht wie ein Schmuckkästchen, und die sie wie einen Kassettenrekorder überall mit herumschleppte.

Die große Weihnachtsspieluhr hat natürlich etwas Geheimnisvolles, denn sie durfte nur zum Weihnachtsfest hervorgeholt werden. Die Spieluhr hat ein «großes Programm» aufzuweisen. Die eine Walze spielt die bekannten Weihnachtslieder «Ihr Kinderlein kommet» und «Stille Nacht, heilige Nacht».

Die Spieluhr hat auch noch eine zweite Walze. Sie spielt, wenn man einen Messingpfeil nach rechts dreht, das bekannte Lied «Des Sommers letzte Rose». Auf einem verwitterten Etikett, auf der Unterseite der Spieluhr, steht: «The last Rose» und auch die eingangs erwähnte Jahreszahl. Bei einer «Generalüberholung» vor einigen Tagen fand ich beim Zerlegen des Messinggehäuses, daß die Jahreszahl 1896 in das Gehäuse eingraviert ist. Die verkrusteten Lager der Walzen sind nun wieder funktionstüchtig. Der feine Umschaltmechanismus, der die Verschiebung der kleinen Walze zum Übergang in die jeweils andere Melodie ermöglicht, ist eine feinmechanische Meisterleistung.

Auf dem verwitterten Etikett auf der Unterseite der Spieluhr steht als zweites Lied ein mir nicht bekanntes Stück mit dem Titel «Mandolinata». Die beiden Lieder wurden in meiner Kindheit nur selten gespielt, da mein lieber Vater sie nicht so recht leiden mochte. Ihm waren da wohl zu viel «Schleifchen» drin, wie er immer sagte. Deshalb wurden bei uns früher beim Weihnachtsliedersingen auch die bekannten Lieder wie «Kommet, ihr Hirten», «Süßer die Glocken nie klingen» und «Kling Glöckchen, klingelingeling» stillschweigend übergangen und gar nicht erst angestimmt. Beim letzten war es wohl mehr der Text als die doch recht fröhliche Melodie. Ich selbst mochte das Lied sehr gut leiden.

Doch nun zurück zur Spieluhr. Auch heute wird die zweite Walze weniger gespielt, sicher auch weil sie stark verstimmt ist – vielleicht aber, weil ich sie nicht so gut leiden mag. Nach der großen Reparatur hört sich nun die zweite Walze auch wieder besser an. Jedes Lied wird zweimal hintereinander gespielt, bevor die Walze umspringt und das andere Lied abspielt.

Das ganz Besondere an dieser Spieluhr ist aber, daß der

Weihnachtsbaum draufgestellt werden kann, der sich ganz langsam mitdreht. Auf einem spitzen Kegelzapfen wird ein Weihnachtsbaumständer aus Bronzeguß gesteckt, und mit dem Schlüssel der Spieluhr werden die Feststellschrauben in den Baum gedreht. Doch inzwischen hatte das Zapfenlager der Spieluhr unter der Belastung sehr gelitten, und mein Vater wagte nicht mehr, den schweren Baum, der bei den hohen Räumen immer bis an die Zimmerdecke reichen mußte, auf die Spieluhr zu stellen.

Unser lieber Vater war ein ganz großer Bastler und Erfinder in Spielzeugangelegenheiten, und sein Einfallsreichtum war unerschöpflich. Puppenhaus mit zwei Etagen und Dachboden, Kaufladen, Eisenbahnhöfe, Eisenbahnwagen, Bauernhof, Burg usw. entstanden unter seinen geschickten Händen.

Was nun tun mit der schönen alten Spieluhr? Unser Vater fand eine Lösung.

Über der Spieluhr, die etwa 30 Zentimeter im Quadrat groß ist, baute er eine wunderschöne Weihnachtskrippe. Ich selbst, geboren 1927, kann mich nicht entsinnen, den drehenden Weihnachtsbaum je gesehen zu haben, im Gegensatz zu meiner Schwester Ursula, die sich noch sehr gut daran erinnern kann.

Alles, was unser Vater herstellte, hatte etwas einmalig Liebevolles und Kinderherzen Begeisterndes. Er montierte auf dem eigentlichen Baumständer eine runde Platte, die sich dann auf der Spieluhr mitdrehte. Auf dem Spieluhr-Holzgehäuse befestigte er ein Holzgestell, an dem «freischwebend» über dem Drehteller eine Weihnachtskrippe festgeschraubt war. In diesem Stall mit spitzem Giebeldach stand dann die Krippe mit Maria und Josef, Rind und Esel. Die Hirten und Schafe und auch die Heiligen Drei Könige standen auf dem Drehteller, der sich unterhalb der Krippe drehte, und so umkreisten die Figuren den «Heiligen Stall». Doch damit nicht genug. In der Rückwand des Stalles hatte unser Vater ein Fenster mit Sprossen fein säuberlich ausgesägt und dieses Fenster dann mit herrlich roter Gelatine beklebt. Hinter dem Fenster wurde noch eine Kerze aufgestellt, die ganze Krippe mit frischem Tannengrün verkleidet. Dann wurde die Krippe unter den Weihnachtsbaum gestellt. Diese Krippe war meine ganze Wonne, und ich kann mich noch sehr gut erinnern, daß ich auf dem Bauch liegend den Figuren zugesehen habe, wenn sie hinter dem Stalle verschwanden, im rot erleuchteten Fensterkreuz erschienen und wieder verschwanden. Da die Nerven unserer lieben Mutter nur begrenzt belastbar waren, konnte ich glücklicherweise die Spieluhr auch lautlos laufenlassen, indem ich besagten Messingpfeil auf Mittelstellung einrichtete. Wie oft schlüpfte ich am ersten Feiertag morgens, wenn alle noch schliefen, ins Wohnzimmer, steckte die erkaltenden Füße unters Nachthemd und hockte mich auf den Boden vor die Krippe mit der Spieluhr.

Im Jahre 1930 sind wir von der Akademiestraße an den Beethovenplatz Nr. 11 umgezogen. Die Weltwirtschaftskrise hat selbst einem Prokuristen «einer angesehenen Firma» samt seiner sechsköpfigen Familie zu schaffen gemacht.

In der Zeit von 1930 bis 1937, der Zeit, in der unser Vater

wohl am «produktivsten» für uns «Kleinen» – meinen Bruder Richard und mich – tätig war, entstanden die zauberhaftesten Dinge. Unsere Schwester Ursula hatte ja schon ihr großartiges Puppenhaus aus der Akademiestraße mitgebracht und näherte sich sehr bald «anderen Interessen».

Unsere große Uhrwerkeisenbahn, vom großen Bruder Hans Ernst auf die «Kleinen» übergehend, ein Relikt aus der Zeit vor der großen Inflation von 1923, war etwas ganz Besonderes und für Hanauer Kinder sicher Einmaliges. Mein Patenonkel Heinrich Jacobi hatte in Berlin nach dem ersten Weltkrieg eine kleine Spielzeugeisenbahn-Fabrikation aufgebaut. Die Schienen, und das war das Einmalige, waren von höchster Qualität. Märklin stellte für die elektrische Spur-0-Eisenbahn sehr solide, fast unbezahlbare Modell-Schienen her, die mit ganz dicht aneinandergereihten Metallschwellen versehen waren. Die Schienen aus Patenonkels Werkstatt hatten jedoch richtige Holzschwellen. Es gab gerade Schienen von einem Meter Länge und runde Schienen in verschiedenen Radien. Zum Glück und sicher mit Absicht paßte alles zu der Märklin-Uhrwerkeisenbahn. Der soviel zerstörenden Inflation ist diese großartige Werkstätte auch zum Opfer gefallen. Mühselig hat mein lieber Patenonkel seine Werkstätte mit anderer Produktion weitergeführt und unter anderem Spezialverpackungskisten für optische Geräte hergestellt.

Die zuvor gepriesenen Schienen waren wohl kurz vor oder nach der Inflation in Hanau gelandet. Ein großer, zweigleisiger «Durchgangsbahnhof» war auch dabei. Dieser Bahnhof war durch den regen Gebrauch wohl etwas «altersschwach» geworden. Unser Vater jedenfalls machte daraus einen wunderschönen Bahnhof. Er hieß ganz einfach «Brüggenau», und die beiden Bahnsteige mit Unterführungen zu Bahnsteig I und II hatten natürlich auch – gedruckte Schilder aus der Druckerei Deines, dort war ja unser Vater tätig – mit der Aufschrift: nach «Richardsburg», Bahnsteig I, das war Bruder Richards natürlich vom Vater gebaute Burg. Und nach «Dietrichzell», Bahnsteig II, das war mein unbeschreiblich schöner Bahnhof. Aus den Resten des alten Bahnhofs entstand ein ganz toller Lokschuppen, in dem drei Lokomotiven nebeneinander stehen konnten, ausgerüstet mit Holzweichen. Der Spieleffekt dieser wunderschönen Uhrwerkeisenbahn ist mit den heutigen elektrischen Bahnen in keiner Weise zu vergleichen. Nicht jeder Fortschritt ist ein Fortschritt.

Ja – und all diese schönen Dinge sind in den Abend- und Nachtstunden in der Küche am Beethovenplatz entstanden. Wie meine liebe Mutter das neben den vielen Weihnachtsvorbereitungen ausgehalten hat, muß ich heute als ein großes Wunder bezeichnen. In dieser Zeit war es wirklich so, daß wir – die Kleinen – vor Spannung und Aufregung nicht schlafen konnten.

In diesen Jahren durften wir die Eisenbahn an den Weihnachtstagen auch im Weihnachtszimmer aufbauen, und es war natürlich auch die Weihnachtskrippe, die in unser Spiel mit einbezogen wurde. Schafe und Hirten, Ochs und Esel, ja, auch die Heiligen Drei Könige durften an den «Sonderfahrten» teilnehmen. Maria und Josef und das Kind in der Krippe dagegen nahmen an den «Sonderfahrten» nicht teil. Die Heilige Familie blieb auf ihrem Platz in der Krippe. Das «Christkind» war ein kleines Wachspüppchen. Leider ist dieses gute Stück irgendwann verlorengegangen.

Wenn dann die Weihnachtszeit vorbei war und die Krippe wieder in dem Schrank im Keller verschwand, fand ich das doch recht traurig. Sehr gut kann ich mich entsinnen, daß ich diesem Schrank im Keller immer dann, wenn ich mich irgendwie auf Weihnachten freute – das konnte im Frühjahr oder Sommer sein – einen Besuch abstattete und heimlich nach Spieluhr und Krippe sah. Auch vergaß ich dann nicht, einmal in den Kasten mit Weihnachtskugeln hineinzulunzen. Freudenschauer kribbelten über den Rücken. Alles roch schön muffig, denn es war der Kohlenkeller und entsprechend feucht. Dazu gehörte auch ein mit weißem Papier in jedem Jahr neu bespanntes «Hexenhaus». An dem Papier klebten noch Lebkuchenreste und Zuckerguß. Auch das schmeckte muffig, aber es heizte zu jeder Jahreszeit meine «Vorfreude» an.

Bis zu meinem zwölften Lebensjahr war der Weihnachtsbaumkauf Vaters Sache. Dann kam der Krieg, und plötzlich war ich erwachsen und durfte oder mußte den Weihnachtsbaum auf dem Hanauer Weihnachtsmarkt kaufen. Auch der Aufbau der Weihnachtskrippe und das Schmücken des Baumes gehörten dazu. Immer habe ich das mit großer Freude getan.

Zum letzten Weihnachtsfest am Beethovenplatz Nr. 11 gibt es für mich besondere Erinnerungen. In den frühen Morgenstunden des 24. Dezember 1944 fuhr ich vom

Beethovenplatz bei großer Kälte mit dem Fahrrad nach Oberissigheim, das Rad vollgepackt mit selbstgebastelten Spielsachen für meine damals zweieinhalbjährige Nichte Karin, Tochter unserer Schwester Ursula. Ursula war mit Karin vor den ständigen Fliegeralarmen und Luftangriffen aus der beschädigten Wohnung in der Dürerstraße nach Oberissigheim in größere Sicherheit umgezogen. Ursula teilte sich dort die kleine Wohnung mit Großvater Lind.

Neben anderen Kostbarkeiten war das Fahrrad mit einem rot gestrichenen Puppenstuhl und einem Puppentisch bepackt. Klarer Sonnenschein, eisiger Wind, weiße Kondensstreifen am Himmel von den fast immer gegenwärtigen Flugzeugen. Trotzdem – ein inneres Glücksgefühl, eine frohe Spannung, ein Hoffen auf die zu erwartende Freude meiner von mir herzlich geliebten Nichte. Ein Glücksgefühl, in dieser furchtbaren Zeit Freude bereiten zu können. Nach mehreren Fliegeralarmen und einem Gottesdienst in der Kirche von Oberissigheim war die Bescherung für Karin endlich da.

Glückstrahlende Augen der kleinen Karin unter einem winzigen Weihnachtsbaum waren ein reicher Lohn. Dazu eine warme Stube, Kaffee und Kuchen. Millionen lebten zu dieser Zeit in Kellern, Notunterkünften oder waren auf der Flucht. So fuhr ich in den Abendstunden wieder zurück nach Hanau in unsere zu zwei Dritteln zerstörte Wohnung.

Zu Hause wartete unsere Mutter. Unser Vater und unsere beiden Brüder waren im Feld. Wir steckten unser kleines Bäumchen an, die Krippe mit der Spieluhr wie immer mit Tannengrün festlich verkleidet, und ich ging ins eiskalte Eßzimmer, die Fenster waren ja vollkommen zerstört, und setzte mich bei Kerzenschein an unser Klavier. Mit klammen Fingern spielte ich unsere alten, schönen Weihnachtslieder, dankbar, noch zu Hause sein zu können, jedoch voller Ungewißheit und Sorge um Vater und Brüder und natürlich um das, was allgemein bevorstand.

Die Weihnachtsspieluhr brachte unsere Mutter in Sicherheit. In Wachenbuchen in einer Notunterkunft in der Feldstraße blieben meine Eltern – Vater kam aus dem Hungerlager in Kreuznach im August 1945 zurück –, und meine Schwester mit Karin blieb bis in den Dezember 1945. Durch Zufall erfuhr Schwester Ursula von zwei Behelfsheimen, die auf der Hohen Tanne im Rohbau zum Verkauf stünden. Diesem Zufall verdanken wir heute unser Wohnen auf der Hohen Tanne. Niemand kann sich heute noch eine Vorstellung davon machen, was es damals bedeutete, auch nur ein kleines Behelfsheim von 5 mal 7,5 Metern fertigzustellen.

Im Dezember erfolgte der Umzug ins «Königreich», so empfanden meine Eltern und Ursula diesen Fortschritt. Bereits Weihnachten 1945 durfte die Spieluhr im Behelfsheim zum ersten Male nach sieben Jahren wieder im Frieden erklingen.

Am Heiligabend gegen 17 Uhr brachte der Briefträger meinen Eltern meinen ersten Brief aus französischer Gefangenschaft. Weihnachten 1946 schrieb Vater in einem seiner Briefe, daß die Krippe gleich Weihnachten 1945 neu gebaut werden mußte und sich nun die Krippenfiguren wieder auf der runden Platte um die Krippe drehen. In wunderbaren Worten beschrieb Vater das winzige Weihnachtszimmer von 2,10 mal 5,10 Metern, in dem die von Mutter geretteten Möbel, Weihnachtsbaum, die geschmückte Krippe und vier Personen Platz finden mußten.

Die beiden Weihnachtsfeste, die ich 1945 und 1946 in Südfrankreich verbringen mußte, waren nicht gerade weihnachtlich. Da waren es die Erinnerungen an die wunderbaren Tage der weihnachtlichen Feststimmung im Elternhaus, die Kraft gaben, Heimweh und Sorgen um die Angehörigen leichter zu ertragen.

Und dann die glückliche Heimkehr zu einem vierwöchigen Weihnachtsurlaub aus Südfrankreich. Da keine Aussicht bestand, aus der Gefangenschaft entlassen zu werden, hatte ich mich für ein Jahr als Zivilarbeiter in der Landwirtschaft verpflichtet. Lockmittel war der vierwöchige Urlaub, an den keiner so recht hat glauben wollen, am wenigsten wohl meine Eltern. In den vielen Briefen der damaligen Zeit drehte sich alles um diesen in Aussicht gestellten Urlaub. Um so größer die Überraschung, in Sternheim aus dem Zug ausgestiegen und von einem freundlichen Autofahrer aufgelesen, sah ich plötzlich auf der Gustav-Hoch-Straße meinen Vater. Anhalten und der Sprung aus dem Auto, das war eins – und wir lagen uns in den Armen.

Zum letzten Male, daß mein Vater die Vorbereitungen für ein Weihnachtsfest treffen konnte. Die Krippe mit der Spieluhr stand aus Platzmangel in unserem kleinen Behelfsheim auf der Hohen Tanne, nicht unter dem Weihnachtsbaum, sondern am kleinen Fenster. Inzwischen war es Karin, meine Nichte, die sich an der Krippe mit der Spieluhr erfreute. Auch das zweite Behelfsheim war nun fertiggestellt und die Raumnot behoben. Es waren wunderbare Tage, die ich damals zu Hause verleben durfte.

Am 9. Januar hieß es Abschied nehmen. Das war ein schwerer Abschied. Bis zum 15. September, dem Tag meiner geplanten Entlassung und endgültigen Heimkehr, war es noch eine lange Zeit. Vater war mit nach Frankfurt gefahren, um sich dann am Bahnsteig von mir zu verabschieden. Als er sich am Fahrplanständer noch einmal nach dem Bahnsteig umsehen wollte, stand er in einer «Menschentraube» und reckte sich, um besser sehen zu können. Seine von der schlechten Ernährung magere Gestalt beunruhigte mich, und ich hatte ein sonderbares Angstgefühl, an das ich mich noch heute erinnere.

Die Monate gingen mit viel Arbeit auf dem Felde schnell herum. Am 2. September, wir waren gar nicht weit vom Hof auf dem Felde tätig, kam der Postbote mit einem Telegramm: «Vater tödlich verunglückt. Sofort nach Hause kommen!» Unterschrift der amerikanischen Kommandatur. Die Entlassung klappte reibungslos, und so war ich am Samstag, dem 4. September, zu Hause. Es war eine traurige Heimkehr. Am 5. September gingen wir in die Kesselstädter Friedenskirche, und am 6. September war die Beerdigung auf dem Kesselstädter Friedhof.

Nun war ich wieder an der Reihe, für Weihnachtsbaum und Krippe mit Spieluhr zu sorgen. Viele Jahre standen in der Weihnachtszeit Spieluhr und Krippe in meinem kleinen Zimmer. Von der bescheidenen Entschädigung, die meine Mutter von der amerikanischen Militärregierung für den von einem Soldaten verursachten tödlichen Unfall bekam, baute sie ein kleines Häuschen an das Behelfsheim an.

In der Vorweihnachtszeit von 1956 kam uns die Idee, unseren Weihnachtsbaum im eigenen Heim wieder auf die Spieluhr zu stellen. Das Zapfenlager der Spieluhr wurde von einem Mechaniker überholt, und am Weihnachtsabend stand der Baum wieder auf der Spieluhr. Der Baumkauf war natürlich ein Unternehmen, das mehrere Stunden in Anspruch nahm. Der Baum durfte nicht zu schwer sein, er sollte schön dicht sein, er sollte schön rund sein und mußte bis wenige Millimeter unter die Zimmerdecke gehen. Es war aber auch der schönste Baum in den inzwischen vergangenen Jahren. Das Anstellen der Spieluhr am Heiligen Abend war immer das Zeichen, daß es endlich soweit war und das Warten ein Ende hatte.

Dietrich Brüggemann, geboren am 17.3.1927 in Hanau/Main, ist seit 1965 ehrenamtlich für Albert-Schweitzer-Kinderdörfer tätig, und seit 1995 1. Vorsitzender des «Albert-Schweitzer-Verbandes der Familienwerke und Kinderdörfer e. V.». In diesem Verband haben sich deutsche Albert-Schweitzer-Kinderdörfer und Familienwerke zusammengeschlossen, dazu Vereine aus Polen, Rußland, den Philippinen und – noch in der Gründungsphase – auch in Georgien. Dietrich Brüggemann ist verheiratet und hat 5 Söhne. Als Tischlermeister hat er seit 1994 eine eigene Tischlerwerkstatt, die inzwischen der älteste und jüngste Sohn übernommen haben. Dietrich Brüggemann ist Obermeister der Tischler-Innung Hanau.

Georg Graf von Baudissin

Auch eine Weihnachtsgeschichte...

Es ist Heiligabend. Für den alten Mann bedeutet es am Morgen dieses Tages, daß er heute frei hat und nicht zur Arbeit gehen darf. Wie gewöhnlich steht er sehr früh auf und kocht sich seinen Kaffee an der offenen Herdplatte über einem Feuer, das er so geschürt hat, daß es die ganze Nacht über hielt. Heiligabend.

Durch das Fenster blickend bemerkt er, daß es ausgerechnet heute schneien muß, und er lächelt. Vielleicht erinnert er sich der Kindheit, vielleicht seiner Frau, die er damals als junges Ding bei einem Winterurlaub im Harz kennengelernt hatte. Und die ihn... wie lang ist es her... vor sieben Jahren im Leben alleingelassen hatte. Wo sind die Jahre hin?

Der alte Mann weiß, daß er heute nichts zu tun hat, und findet das irgendwie störend. Alle Menschen haben heute etwas zu tun. Sie bereiten den Abend vor, der für sie der schönste, das Fest der Familie, das Weihnachtsfest, war. Und sie hatten erwartungsvolle zufriedene Gesichter. Er aber war allein.

Da er die Zeit herumbringen muß, legt er Holz im Ofen nach. Dann nimmt er den neuen Jahreskalender, den er beim Kaufmann geschenkt bekommen hat, wieder von der Wand über dem Küchentisch und trägt mit sauberen Buchstaben all die Termine und Erinnerungstage ein, die ihm wichtig sind. Viele sind es nicht, und wieder muß er an seine gute Frau denken.

Mit der Zeit merkt er, daß er fertig geworden ist. Inzwischen ist die Zeitung gekommen, er wechselt ein paar Worte mit der freundlichen Zustellerin, dann schließt er die Haustür, geht zurück an den Küchentisch und beginnt zu lesen. Lustlos und unkonzentriert heute. Vielleicht versucht er es später noch einmal?

Er legt die Zeitung beiseite, all die vielen Überschriften, Meldungen und Bilder, zu denen er heute nicht die Beziehung findet. Wenn er wenigstens einen Brief schreiben könnte... Aber an wen?

Schließlich nimmt er sich seinen kleinen Koffer vor, den er jeden Tag mit gleicher Sorgfalt packt, wenn er in die Stadt fährt, um den großen Parkplatz mit den vielen chromglänzenden Autos zu bewachen. Ein Sitzkissen, eine Thermosflasche mit Kaffee, ein Stück Kuchen, zwei Brote mit Wurst und eines mit Käse. So braucht er kein Mittagessen.

Mit dem Bus fährt er in die Stadt. Er sitzt ganz vorne, weil er den Fahrer kennt. Doch der hat heute keinen Dienst. Schade, ein paar Worte wären nett gewesen, gerade heute. Der Bus zerteilt bei seiner Fahrt die Schneeflocken, die links und rechts davonstieben und die Straßen, Gräben und Vorgärten der kleinen Häuser bedecken. An der Endstation am Bahnhof verläßt der alte Mann den Bus. Es hat gerade aufgehört zu schneien, und er zieht den Kragen seines Mantels hoch. Kälte zehrt, wenn man im Herzen keine Wärme hat. Das war mal anders.

Viele Stunden später (die Abenddämmerung bricht herein) werden in den guten Stuben der kleinen Stadt die ersten Weihnachtslichter angezündet. Der alte Mann erhebt sich von der Bank, auf der er stundenlang gesessen hat. Langsam geht er in Richtung Bushaltestelle davon. Während von irgendwo die Kirchenglocken schallen, sitzt er wieder im Bus auf dem Wege nach Hause. Und mit klammen Fingern schreibt er an die beschlagene Fensterscheibe: «Fröhliche Weihnachten».

Dann kommen ihm die Tränen ...

Drei Reihen hinter ihm sitzt ein weiterer Mann, der von Beruf Redakteur der Tageszeitung in dieser kleinen Stadt ist, der das bemerkt und sich fest vornimmt, es im nächsten Jahr gewiß nicht zu vergessen, an seine Leser zu appellieren, daß man alte einsame Mitbürger an solchen Festtagen nicht im Stich lassen sollte.

Und in Gedanken malt er sich aus, was er schreiben könnte: «Viele ältere Mitbürger sind in diesen Weihnachtstagen allein. Oft verwitwet, die Kinder sind längst aus dem Hause, verheiratet, wohnhaft in einer ganz anderen Stadt. Weit weg. Oder es gibt keine Verwandten mehr. Wir können alle helfen, mit ein paar Worten, mit einer Geste des Verstehens. Das ist oft mehr wert als eine Einladung oder ein Geschenk.»

Georg Graf von Baudissin, 1943 in Berlin geboren, war Marinesoldat, Redakteur und Reporter bei Tageszeitungen und Illustrierten und 20 Jahre Herausgeber eines wöchentlichen Anzeigenblattes. Z. Zt. ist er freier Journalist und Studiofotograf. Seit 1966 ist er verheiratet und hat einen Sohn. Außerdem einen Rauhhaardackel.

Rüdiger Kowalke

Caesars Irrtum

Für uns ist *H*eiligabend ein Tag, der früh anfängt. Denn bevor wir unsere Gäste im Hamburger Fischereihafen-Restaurant mit einem ganz besonderen Mittagsmenü auf das schönste Fest des Jahres einstimmen, muß zu Hause der Tannenbaum geschmückt werden. Das machen wir seit Jahren so. Weil wir meist erst am späten Nachmittag aus dem Geschäft heimkommen. Und dann soll's gleich in die Bescherung gehen.

Den Christbaum schmücken – das macht immer Susanne. Sie hat eine besondere Hand dafür. Schließlich ist es ja auch gar nicht so einfach. Die Kugeln sollen an der richtigen Stelle hängen, die Kerzen wie eine Pyramide angebracht und die Schoko-Engel und Marzipan-Sterne gut verteilt sein. Das verlangt viel Geschick und einen guten Blick für die Optik.

Jedes Jahr hat Susanne, wenn sie die Tanne in einen strahlenden Weihnachtsbaum verwandelt, einen Zuschauer: Caesar, unseren Hund. Er sitzt dabei und paßt auf. Gerade so, als wollte er das kleine Kunstwerk begutachten und sehen, ob sie auch alles richtig macht. Aber natürlich wissen wir längst, daß es ihm darum gar nicht geht. Seine Aufmerksamkeit hat einen ganz anderen, viel profaneren Grund.

Susanne ist nämlich mal vor Jahren ein Engel aus Schokolade heruntergefallen. Und zwar genau dort, wo Caesar saß. Ein Wink des Schicksals, mag er gedacht haben. Oder eine Belohnung für seine Ausdauer und Beharrlichkeit. Jedenfalls durfte er den Engel dann ausnahmsweise essen. Das hat er natürlich nicht vergessen. Nun hofft er Jahr für Jahr, daß ihm beim Tannenbaumschmücken – ob versehentlich oder absichtlich – wieder etwas vor die Nase fällt. Und weil Susanne ein weiches Herz hat, hofft er meist nicht vergebens ...

Übrigens, Caesar ist ein hochgewachsener Mischling. Ein Riese. Von seinem Vater, einem irischen Wolfshund, hat er seinen Stolz und seine Souveränität; von seiner Mutter, einer belgischen Schäferhündin, den Charme und viele liebenswerte Eigenschaften. Ein Bursche also, den man einfach gernhaben muß. Und dem man, wenn er einen mit seinen treuen Augen anblickt, keinen Wunsch abschlagen kann.

Bevor wir Heiligabend so gegen zehn Uhr ins Fischereihafen-Restaurant fahren, werden die hübsch eingepackten Geschenke unter den Baum gelegt. Natürlich ist auch für Caesar etwas dabei. Ein Spielzeug, eine weiche Decke für seinen Korb oder etwas Leckeres zum Naschen. Auf jeden Fall weiß er, daß er nachher bei der Bescherung nicht vergessen wird. Und es kostet ihn verdammt viel Überwindung, nicht schon gleich am Morgen die geheimnisvollen Päckchen auszupacken. Selber ‹auspacken› ist nämlich seine Leidenschaft. Das macht er zu gerne.

Im Fischereihafen-Restaurant angekommen, legt sich Caesar brav auf seinen Platz. Wie ein Kind, das sich sagt: Jetzt bloß nicht dumm auffallen. Das kann sich nachher womöglich auf die Bescherung auswirken! Aber natürlich spürt auch er, daß alles um ihn herum ein bißchen anders ist als sonst. Die Freude auf das Weihnachtsfest springt von den Gästen auf meine Leute und von uns auf die Gäste, die meist schon viele Jahre zu uns kommen, über. So entsteht immer eine sehr persönliche, warme Atmosphäre, die auch Caesar mag und genießt.

Wenn wir dann zwischen 15 und 16 Uhr die letzten Gäste verabschieden und unsere Köche und Kellner zu ihren Familien nach Hause fahren, kommt für Susanne, meinen Sohn Dirk, für Caesar und für mich die stille Stunde, die nur uns gehört. Meist setzen wir uns an einen der leeren Tische und lassen die Freude über das gelungene Essen in uns ausklingen. Dabei löst sich ganz allmählich die Spannung, die an solchen festlichen Tagen besonders groß ist. Schließlich soll alles klappen, und jeder Gast soll zufrieden sein. Das ist vielleicht vergleichbar mit dem Theater. Wenn die Vorstellung zu Ende, der Applaus verklungen ist und die Akteure gespannt und erleichtert in ihre Garderoben gehen, kommt erst das richtige Glücksgefühl auf.

Heiligabend und Weihnachten besonders. Es ist halt ein Fest, das man von innen heraus empfindet und erlebt. Wenn wir, Susanne und ich, uns darauf einstimmen wollen, gehen wir am liebsten noch ein bißchen in die Natur. Und unser Caesar freut sich natürlich auch, wenn wir dann zu unserem obligaten Spaziergang auf dem Wanderweg unterhalb der Elbchaussee aufbrechen.

Wir genießen diese Stunde an der Elbe. Wenn der frische Wind uns direkt ins Gesicht weht und die Wellen leise plätschern. Zwar ist es um diese Zeit immer schon dunkel. Aber die Elbe reflektiert die Lichter der Schiffe, der Werften und der Kaianlagen. Diese Stunde, auch wenn sie vielleicht nur 20 oder 30 Minuten dauert, ist ‹unsere Stunde› geworden. Dort draußen am Wasser, wo es still und friedlich ist, baut sich in ganz besonderem Maße die Freude für den Heiligen Abend auf.

Caesar muß wohl ganz ähnlich empfinden. Denn auf diesem kleinen Spaziergang am Heiligen Abend kuschelt er sich besonders eng an uns oder drängt sich zwischen uns. Er hat ohnehin einen ausgeprägten Sinn für familiäre Harmonie. Andererseits freut er sich aber auch, wenn wir dann ins Auto steigen und mit ihm nach Hause fahren. Denn daß dort Überraschungen auf ihn warten, hat er nicht vergessen.

Etwas ungeduldig springt er zu Hause aus dem Auto. Er läuft aufgeregt vor zur Haustür. Und natürlich sofort ins Zimmer, wo der Weihnachtsbaum steht und die Geschenke liegen. Nur ein konsequentes ‹Nein› kann ihn davon abhalten, die Päckchen sofort ‹auszupacken›. So auch im vorigen Jahr. Als wir ‹nein› sagten, zog er schließlich etwas bedeppert ab und legte sich in seinen Korb. Wir hatten noch in der Küche zu tun, denn am Abend waren die ganze Familie, Eltern und Geschwister, angesagt.

Als sie kamen, wurden die Kerzen angezündet – und Caesar nicht länger auf die Folter gespannt. Er bekam seine Päckchen. Voller Freude und Neugier schleppte er sie in eine Ecke. Dann packte er sie auf seine Weise aus. Eßbares wurde gleich an Ort und Stelle verzehrt. Das neue Spielzeug trug er in seinen Korb. Und wir räumten die Papierfetzen auf; es sah aus wie auf einem Schlachtfeld.

Auch von uns freute sich natürlich jeder über seine Geschenke. Doch als ich Susanne fragte, wie ihr denn der dunkelblaue Pulli gefalle, sah sie mich mit großen Augen an. «Ich weiß jetzt nicht genau, was du meinst», antwortete sie ausweichend, und ihre Stimme klang unsicher. «Hast du denn das rote Päckchen noch nicht ausgepackt?» bohrte ich weiter. Susanne: «Welches rote Päckchen?» – «Aber ich hab's doch da vorn unter den Weihnachtsbaum gelegt», erwiderte ich und zeigte ihr die Stelle.

Wir sahen uns an – und dachten in diesem Moment wohl beide das gleiche. Caesar! Auf Zehenspitzen schlichen wir uns über den Korridor. Von weitem konnten wir schon sehen, daß er in seinem Korb lag und schlief. Als wir näher kamen, hob er den Kopf und blickte uns mit unsicheren Augen an. Das macht er immer so, wenn er ein schlechtes Gewissen hat. Im Korb sahen wir dann die ‹Bescherung›. Er hatte sich, als wir in der Küche waren, das rote Päckchen mit der schönen Schleife stibitzt, auseinandergenommen und Susannes neuen blauen Pulli als Kopfkissen zweckentfremdet.

Eigentlich hätten wir mit ihm nun schimpfen müssen. Aber vielleicht hat er ja wirklich geglaubt, es sei sein Weihnachtsgeschenk. Der uralte Spruch, daß irren menschlich sei, trifft eben auch auf Hunde zu. Und außerdem: Wer kann Caesar schon böse sein, wenn er einen mit seinen treuen Augen so ansieht, als könnte er kein Wässerchen trüben …

Rüdiger Kowalke, gebürtiger Lübecker, Sternzeichen Schütze. Seit 1981 Pächter des legendären Hamburger Fischereihafen-Restaurants – Treffpunkt für die Größen aus Politik und Wirtschaft, Sport, Film- und Showbranche. Star-Gastronom von internationalem Ansehen, mit dem u. a. American Express in deutschen Magazinen warb. Rüdiger Kowalke (Paul Bocuse nannte ihn «einen Mann, der den Fisch adelt...») hat einen Sohn, der jetzt erfolgreich in Vaters Fußstapfen tritt, und verbringt seine knappe Freizeit am liebsten auf dem Golfplatz.

Birgitta Jaeggle

Weihnachtsgeschichte

Kennen Sie dieses Gefühl? Sie sitzen irgendwo, lehnen sich zurück, entspannen, und Ihre Gedanken fangen an zu kreisen, gleiten dahin. Bilder tauchen auf. Du erinnerst dich, denkst zurück. Meist taucht Schönes auf, denn wir Menschen sind im Grunde robust und vergessen Schlechtes schnell. Gerade die Erinnerungen sind es, die uns unser ganzes Leben lang begleiten. Leider fühlt man das erst später im Leben, dann, wenn man schon Jahre auf dem Rücken hat. Keiner hat uns das in jungen Jahren gesagt, hat uns auf den Wert der Erinnerungen hingewiesen. Und so leben wir oft dahin, machen uns gar nicht klar, daß wir selbst für unsere Erinnerungen verantwortlich sind. Was hat das mit Weihnachten zu tun? werden Sie jetzt fragen. Für mich sehr viel. Weihnachten war, solange ich zurückdenken kann, immer etwas Besonderes für mich. Nicht, weil ich religiös wäre. Nein, das keinesfalls. Weihnachten war immer eine Zeit des Zusammenfindens und Nachdenkens. Die Eltern liebten es, im Dezember die Stille und Dunkelheit des hereinbrechenden Winters uns Kindern nahezubringen. Stundenlang saßen wir am Samstag oder Sonntag und natürlich an den Feiertagen zusammen. Sprachen miteinander, schmiedeten Pläne. Und wenn es dunkel wurde, brannten nur ein paar Kerzen, die sich in unseren Augen spiegelten. Meist wurde es dann ruhig. Wir saßen beisammen, die Gespräche verstummten. Stille umgab uns. So konnten wir eine halbe Stunde, eine Stunde sitzen und einfach nur Stille fühlen. Wenn dann der Vater aufstand, wußten wir, er holt seine Klampfe. Sanft zupfte er einige Akkorde, und wir sangen gemeinsam Lieder von Schmerz und Freude. Es war einfach schön.

«Ist das nicht Vergangenheit?» – so höre ich den einen oder anderen fragen. Natürlich ist es Vergangenheit, wie auch jede Erinnerung Vergangenheit ist. Doch wer sehnt sich nicht nach solchen Empfindungen? Alle, die mit mir zusammenarbeiten, sind Gefühlsmenschen, die genauso empfinden wie ich. Und gerade deshalb spielt Weihnachten bei uns Domicilern die gleiche Rolle wie in meiner Jugend. Wir brauchen eine kurze Zeit vor Weihnachten, um gemeinsam zu erleben. Weihnachtstreffen heißt es. Wir schließen dafür unsere Geschäfte 3 bis 4 Tage, machen das, was wir das ganze Jahr nicht tun können. Händler gehören ja zu den Menschen, die auch heute noch nach den biblischen Grundsätzen (6 Tage sollst du arbeiten, am siebten sollst du ruhen) leben. Ja, wir brauchen diese Zeit, um in großer Runde zurück- und vorauszudenken, und dabei auch die Sehnsucht, Weihnacht zu empfinden. Gemeinsamkeit ist eine Stärke, die jedem von uns guttut. Lassen Sie mich Ihnen meine Weihnachtsgeschichte erzählen:

Es war das letzte Wochenende vor Weihnachten. Vollmond und Sonnenwende fielen fast zusammen, also ideal für ein Treffen im Norden, denn es mußte ja schönes Wetter sein. Unsere «Vorsehung» traf ein. Es war klirrend kalt. Der Schaproder Bodden zwischen Rügen und Hiddensee war am Zufrieren. Die Fähre stampfte und brach die ersten Eisschollen. Gänse, Reiher und Möwen begleiteten uns.

Wir hatten die ganze Domicil-Mannschaft zum Weihnachtstreffen nach Hiddensee eingeladen. Am Vortag war harte Seminararbeit im Hotel Seepark auf Rügen angesagt, denn das abgelaufene Jahr mußte aufgearbeitet und auch Pläne fürs kommende Jahr gemacht werden. Doch der Sonntag gehörte der Natur, der Besinnung und ungeahnten Empfindungen auf der kleinen, Rügen vorgelagerten Insel Hiddensee.

Pferdewagen holten uns in Neuendorf ab. Durch die Dünen ging's zur Heiderose, Zimmer beziehen und dann auf die Fahrräder. Über 100 waren es, die uns mit eigener Kraft die Insel entdecken ließen.

Keine Autos, freundliche Menschen, friedliche Stille, bis auf den Wind, die Rufe der Vögel und das Wasser. Nur wenige von uns waren vorher schon auf Hiddensee. Warum bloß?

Eigentlich wurde auf dieser Insel Kultur geschrieben. Gerhard Hauptmann war da, Thomas Mann, Carl Zuckmayer, Joachim Ringelnatz, viele Maler und Schauspieler. Haben sie zu ihrer Zeit das gleiche empfunden wie wir? Gut für uns, daß wir Schönes so leicht aufsaugen können, daß wir auch mit unseren Gefühlen glücklich sind.

Man muß Hiddensee einfach ins Blut gehen lassen.

Wenn du oben stehst am Dornbusch und über die Insel schaust, dann fängt dein Herz an zu pochen. Hier bleiben, abschalten, in dich gehen, durchatmen. Und du verstehst Gerhard Hauptmann:

> «Durch des Äthers blaues Schweigen
> geht Bewegung grüner Bäume,
> und ein Rauschen in den Zweigen
> mischt sich in der Brandung Schäume.
>
> Und ein kleiner Vogel kündet
> alles dies mit seinem Liede,
> das in meinem Herzen mündet;
> und so blüht um mich eine Friede.»

Später trafen wir uns mit Pastor Domrös und seiner Gemeinde. Die Kirche war gerammelt voll. Es wurde ruhig, es wurde still. Keiner rührte sich – jeder ging in sich. Hatten wir jemals gemeinsam so viel Stille erlebt? Mit besinnlichen Worten und schönen Liedern rückten wir noch «enger» zusammen. Nachdenklich brachen wir auf, hinaus in einen sternklaren, eiskalten Abend. In der Heiderose haben wir unsere Weihnacht gefeiert. Ich glaube, alle Domiciler waren glücklich. Es ist schön, daß es noch solche Landschaften und Menschen gibt. Das dürfen wir nicht zerstören.

Nach zwei Tagen sind wir alle wieder nach Hause gefahren. Jeder in eine andere Richtung. Doch jeder mit dem gleichen Erlebnis, das schon bald zur Erinnerung wurde. So wie der Abend in der Weihnachtszeit meiner Jugend...

Birgitta Jaeggle (Jahrgang 45) ist Unternehmerin in Weingarten bei Friedrichshafen («Domicil»-Einrichtungshäuser).
Nach Schreinerlehre und Innenarchitektur-Studium erste Berufserfahrung im Einrichtungsbereich. Konsequenz: das «ganzheitliche Beratungskonzept» der Domicil-Häuser, von denen es bundesweit inzwischen 31 gibt. 1997 wurde Birgitta Jaeggle von der Jury des Champagnerhauses Veuve Clicquot zur Unternehmerin des Jahres gewählt.

Günter Fink

Weihnachten ohne Streß

Bis zum heutigen Tag sehne ich mich nach einem streßfreien Weihnachten. Ohne Geschäftsleute, die einem schon ab Ende Oktober durch ihre Schaufensterdekorationen weihnachtliche Gefühle einreden wollen, aus Angst, ihnen würde eine Mark flötengehen. Ohne diesen ganzen Einkaufsrummel, der mit Besinnung so viel zu tun hat wie Bayern München mit Bescheidenheit. Und ohne überdrehte Mütter, die meinen, sie würden nicht geliebt werden, wenn sie sagen: «Kinder, Mama macht gar nichts, Mama entspannt sich mit euch zusammen ein paar Tage über Weihnachten und läßt mal fünfe gerade sein.» Nein, das ist genauso illusorisch wie leuchtende Kinderaugen, die anstatt eines hypertechnisch modern ausgestatteten computerferngelenkten Super-Dinos einen buntbemalten Brummkreisel erblicken. Die Realität ist: Mama kauft ein, macht sauber, Mama kocht, Mama dekoriert den Baum, Mama läßt sich kaum reinreden, geschweige denn helfen, denn Mama will perfekt sein. Das Ergebnis: Mama liegt fix und foxi, erschöpft unterm Weihnachtsbaum.

Fröhliche Weihnachten!

Ich träume von einem Weihnachten ohne Streß. Aber ich habe resigniert, es gibt keine Möglichkeit, all dem zu entfliehen. Oder doch? Erinnern kann ich mich an einen Versuch in meinem Leben, 1968 war es. Mein erstes Weihnachten ohne Familie, und ich verrate es Ihnen gerne schon jetzt: auch mein letztes!

Mein Freund Michael und ich faßten den Entschluß zu fliehen. Auf die Urlaubsinsel Gran Canaria. Kein Hamburger Winterschmuddelwetter, kein Rummel, einfach nur abhauen. Zugegeben, es war nicht angenehm, unseren Eltern das sanft verständlich zu machen, aber so als jugendliche Heißsporne setzten wir uns durch. Ab in den Flieger in Richtung Süden, in die Sonne!

Denkste, schon beim Aufsetzen der Maschine am 20. Dezember prasselten Tropfen gegen die Fenster. Regen, Regen, nichts als Regen. Unser Hotel war ganz nett, sieht man mal davon ab, daß nachts volltrunkene Skandinavier den Pool bevölkerten und man kein Auge zubekam. Natürlich, die herrlichen Dünen und die Früchte des Meeres, das war schon was. Man vergaß Weihnachten schon fast, wenn mir auch hier bereits Geschäftsleute mit ihren Dekorationen in ihren Schaufenstern, na, Sie wissen schon ...

War es nun Verzweiflung oder Übermut? Ich weiß es nicht mehr. Auf jeden Fall, einen Tag vor Heiligabend lagen wir auf unseren Badetüchern und dichteten Weihnachtliches.

«Allüberall auf den Dünenspitzen,
sahen wir nackte Touristen sitzen ...»

Was haben wir gelacht ...! Dann der Heiligabend. Der 24. Dezember. Er begann katastrophal.

Das spanische Hotelpersonal streikte, und unser Frühstück hing in Form von zwei Scheiben trockenen Toastbrotes in geschmacklosen Plastikbeuteln an der Türklinke. Tagsüber hingen wir ziemlich lustlos am Strand rum und dachten viel an zu Hause. An die Eltern, vor allen Dingen auch an die schönen Sachen, mit denen uns unsere Mütter zu Weihnachten so verwöhnen. Sollten wir da vielleicht irgend etwas falsch gesehen haben?

Vor unseren geistigen Augen sahen wir den wunderschönen geschmückten Weihnachtsbaum, und ich träumte von Mutters tollem Kartoffelsalat mit Würstchen ...

Ganz Spanien, sprich Gran Canaria, schien zu streiken, denn als wir einkaufen gehen wollten, hatten alle Geschäfte geschlossen, und so verbrachten wir diesen denkwürdigen Heiligen Abend mit zwei Apfelsinen, deren Schalen wir zu Weihnachtssternen umfunktionierten. Hosianna! Beschert haben wir uns, indem wir gemeinsam ein altes Schokoladen-Überraschungsei knackten und einen kleinen Osterhasen bastelten. Ich dachte gleich, daß das Ei ein halbes Jahr alt gewesen sein muß ...

Nee, Weihnachten nicht zu Hause, das war nix. Vielleicht mußte ich diese Erfahrung in meinem Leben erst einmal machen, um zu wissen, wie schön es ist, im Kreise der Familie das Fest zu begehen. Und so erinnere ich mich viel lieber an andere Weihnachtstage zurück, zum Beispiel 1970. Als mein Vater, der von Beruf Musiker war, und ich gemeinsam Hausmusik machten und Nachbarn vorbeikamen, mitmusizierten und mit uns Heiligabend feierten. Besonders schön fanden wir es, wenn Vater am Schlagzeug und ich am Klavier aus den besinnlichen Klängen traditioneller Weihnachtslieder uns in den Bereich des Swing, Pop und Jazz begaben. Dann wurde «Swingin' Christmas» zu einer fröhlichen, ausgelassenen Angelegenheit.

Als mein Vater 22 Jahre später an Heiligabend 1992 starb und mir wenige Tage danach meine Frau eröffnete, daß unsere inzwischen fünf Jahre alte Tochter Jennifer unterwegs sei, da erlebte ich nicht nur, daß Tod und Leben nahe beieinander sind, sondern auch, was Weihnachten vor allen Dingen heißt: Liebe! Und daß an den Weihnachtsfeiertagen die Menschen, die sich lieben, zusammengehören.

Günter Fink. Nach einem Volontariat 1970 zum Rundfunk- und Fernsehjournalisten, war er als Freier Mitarbeiter für NDR und andere ARD-Anstalten als Reporter, Autor, Sprecher, Musikprogrammgestalter für diverse Redaktionen, überwiegend Zeitfunk, Sport, Jugendfunk, Hörspiel, Unterhaltung tätig. 1981 folgte eine Festanstellung als Redakteur für die NDR-Hörfunk-Unterhaltung und verschiedene Sendereihen. Seit 1997 ist Günter Fink wieder Freier Journalist und arbeitet überwiegend für die NDR-Brisant- und Feature-Redaktion. Außerdem Mitarbeit bei RAN-SAT 1 Fußball. Günter Fink wurde 1982 mit dem ARD-Nachwuchspreis ausgezeichnet und mit dem Kurt-Magnus-Preis, Frankfurt.

Thomas Graue

Katastrophenwinter 1978/79

Zwanzig Jahre sind seit dem Katastrophenwinter vergangen. Zur Jahreswende 1978/79 versank Schleswig-Holstein im Schnee. Viele Dörfer und Städte waren tagelang von der Außenwelt abgeschnitten, die Menschen saßen frierend in ausgekühlten Häusern, denn auch der Strom war in zahlreichen Orten ausgefallen. Und an der Ostseeküste kam zum Schnee noch das Hochwasser. Weihnachten ahnte im Norden noch niemand, daß zum Jahreswechsel ein Katastrophenwinter sondergleichen ins Haus stehen sollte.

Eine von Irland bis Polen reichende Tiefdruckrinne wandert gen Süden. Nach dieser Verschiebung kann sich in Norddeutschland skandinavische Kaltluft ungehindert ausbreiten. Dort, wo diese Luftmassen mit wärmerer Luft zusammentreffen, sind ergiebige Niederschläge, vielfach als Schnee, die Folge. So nüchtern beschreibt am Freitag, dem 29. Dezember 1978, der Deutsche Wetterdienst die Aussichten bis zum Jahresende. Auch wenn die Offenbacher Wetterspezialisten stürmische Ostwinde sowie «Schneeglätte und stellenweise auch Verwehungen» voraussagten – das eisige Chaos hatten sie nicht auf der Rechnung.

Einen Tag zuvor ging bei der Landesregierung in Kiel ein Telegramm des Deutschen Hydrographischen Instituts ein: Die Hamburger Meteorologen warnten vor Hochwasser – 1,50 Meter höher als normal – an der Ostküste; von Schneesturm keine Rede. Trotzdem löst die Bundeswehr am 29. Dezember die Alarmstufe «Sturmvogel 2» aus. Für fünfzig Prozent der Soldaten fällt damit die Silvesterfeier ins Wasser, sie haben Bereitschaftsdienst in den Kasernen.

In ihrer Silvesterausgabe vor zwanzig Jahren titelten die Husumer Nachrichten: «1978 nimmt eisigen Abschied von NF». Die Unterzeile «Der Norden erstickt im Schnee» ließ bereits Böses ahnen. An der Ostküste sind zu diesem Zeitpunkt bereits zahlreiche Dörfer von der Außenwelt abgeschnitten. Das Flensburger Tageblatt wurde am 31. Dezember mit der Schlagzeile «Jahreswende mit Schneesturm und Hochwasser» ausgeliefert. Das waren die letzten Normalausgaben; an reguläre Zeitungsproduktion war in den folgenden Tagen nicht mehr zu denken. In Notausgaben unterrichteten die Redakteure ihre eingeschneiten Leser – soweit sie erreichbar waren – über das Ausmaß der weißen Katastrophe.

Schleswig-Holstein versinkt in Schnee und Eis – und das, obwohl im Katastrophenschutzgesetz des Landes das Stichwort Schnee nicht einmal auftaucht: Aus Nordfriesland werden vier Meter hohe Schneewehen gemeldet, die Kreisstadt Husum liegt schon bald unter einer mannshohen Schneedecke begraben. Besonders betroffen sind auch die Treene-Niederung und die Dörfer auf dem

Geestrücken. Die Einwohner im Norden Nordfrieslands und auf der Halbinsel Eiderstedt kommen mit kalten Füßen und einem blauen Auge davon.

An der Ostküste sieht es nicht besser aus: Zwischen den Küsten sammelt sich der Schnee. Verschärft wird die Situation durch Wasserstände, die zwei Meter über normal liegen – vom eisigen Ostwind an die Küste gepeitscht. In Flensburg werden rund 1000 Einwohner aus tiefliegenden Stadtteilen evakuiert und in Notquartieren untergebracht. Pausenlos sind Hubschrauber im Einsatz, die Bewohner aus dem Umland mit Erfrierungen in die Krankenhäuser fliegen.

Eine hochschwangere Frau aus Torsballig (Kreis Schleswig-Flensburg) schafft es nicht mehr bis ins Krankenhaus: Im Rettungswagen der Feuerwehr bringt sie ihre Tochter gesund zur Welt. Andernorts wird den Angehörigen telefonisch Geburtshilfe gegeben, weil die Ärzte oft nicht durchkommen. Auf dreiste Art und Weise versucht in Flensburg ein Soldat, die Bundeswehr für sich einzuspannen: Er tischt seinen Vorgesetzten eine erfundene Geschichte von der Frau in der Klinik und verlassenen Kindern im Haus auf, um sich von den Uniformierten chauffieren zu lassen. In Wirklichkeit will er nur zu seiner Verlobten. Der Fall hat ein juristisches Nachspiel.

Am Silvestertag geht Ministerpräsident Gerhard Stoltenberg in die Luft – er will sich das Ausmaß der Katastrophe von oben ansehen. Dichtes Schneetreiben zwingt den Hubschrauber zu einer Notlandung auf freiem Feld. Zu Schaden kommt niemand. Es schneit weiter: Immer mehr Ortschaften sind inzwischen von der Außenwelt abgeschnitten. Schneepflüge und -fräsen, zum Teil aus Bayern importiert, sind rund um die Uhr im Einsatz. Die Bundeswehr setzt Panzer und Hubschrauber ein, um zu den Eingeschlossenen in abgelegenen Dörfern und steckengebliebenen Autofahrern durchzukommen. Die Grenzübergänge nach Dänemark sind zwar noch geöffnet, wegen der Schneemasse jedoch unpassierbar. In Kupfermühle wird ein Konvoi mit siebzig Lkws und etlichen Pkws zusammengestellt: Im Schneckentempo kriecht er durch den Schnee gen Süden.

Trotz unermüdlichen Einsatzes der Katastrophenhelfer fordert das weiße Chaos erste Todesopfer: Menschen verirren sich und erfrieren. Beim Reparieren einer Stromleitung kommt ein Schleswag-Mitarbeiter ums Leben. Am Ende der Schneekatastrophe sind acht Tote zu beklagen.

Mit Extremsituationen fertig werden muß die Bevölkerung in den eingeschneiten Dörfern in Nordfriesland und Angeln. Nicht nur die achtzig Einwohner von Streifmühle im Kreis Schleswig/Flensburg sind über zwei Tage lang von der Außenwelt abgeschnitten, andere müssen noch weit länger in den eingeschneiten Dörfern ausharren.

In rund siebzig Orten bricht die Stromversorgung zusammen. Die einzige Feuerstelle, an der sich zum Beispiel die Einwohner von Streifmühle aufwärmen können, befindet sich in der Dorfgaststätte. Allmählich werden die Kerzen knapp, die Leute beginnen, die langen Nächte zu fürchten. «Einige drehen langsam durch, Trost spendet vor allem ein starker Angeliter Grog», schreibt die Zeitung. Nachbarschaftshilfe wird in diesen Tagen wie überall im Land großgeschrieben. Am 1. Januar schaffen erstmals neun Bergepanzer den Durchbruch; sie haben allerdings kaum Lebensmittel geladen. Die kommen erst am nächsten Tag aus der Luft.

Auch in Husum an der Westküste spitzt sich die Lage schnell weiter zu. Die nordfriesischen Katastrophenstäbler sind die ersten, die ein Fahrverbot für Privatfahrzeuge verhängen: am Sonnabend, während nach der Tagesschau die Wetterkarte über die Bildschirme flimmert. Eine juristische Basis für diese Regelung gibt es nicht. Außerdem untersagt der Landrat das Abbrennen von Knallkörpern in der Silvesternacht. Bereits am Nachmittag kommt der Zugverkehr zum Erliegen. 220 gestrandete Reisende werden provisorisch in der neben dem Bahnhof gelegenen Berufsschule einquartiert.

Für den Polizisten Hans-Detlef Brodersen findet die Freischicht am Silvester-Nachmittag ein abruptes Ende. Er soll umgehend seinen Dienst in der Einsatzleitung in Husum antreten. Brodersen kämpft sich vom nördlich der Stormstadt gelegenen Örtchen Hattstedt dick vermummt sieben Kilometer durch den Schnee. Eisverkrustet erreicht Brodersen sein Ziel. Dann macht er 84 Stunden Nonstopdienst an Telefonen und Funkgeräten. Der Rückweg am 3. Januar mit einem Einsatzfahrzeug war um einiges bequemer als die «Anreise».

In Nordfrieslands Kreisstadt geht schon bald nichts mehr: Die meisten Straßen sind unpassierbar, und auch die Lebensader Bundesstraße 5 ist an vielen Stellen blokkiert. Im Katastrophenmanagement weiß eine Hand zeitweilig nicht, was die andere tut: Die Stadtverwaltung fühlt sich vom Kreis Nordfriesland vernachlässigt, die Bundeswehr ist sauer auf die Leute beim Kreis und arbeitet fortan in eigener Regie.

Über fünfzig Ortschaften sind inzwischen von der Außenwelt abgeschnitten. Derweil werden in den Geschäften der Stormstadt Frischmilch, Obst und Gemüse knapp. Den Bäckern fehlt zum Backen die Hefe. Schwere Feuerwehrfahrzeuge schaffen Milch von der Meierei zum Krankenhaus.

Die Husumer bunkern Lebensmittel, zu denen in diesen Tagen auch Schnaps zu gehören scheint, kommentieren die Husumer Nachrichten das Geschehen. Drei Tage lang kann die Stadt nicht angefahren werden. Und als dann die Zufahrtswege wieder frei sind, kommen viele Lieferfahrzeuge nicht viel weiter als bis zu den Ortseingängen, wo sie steckenbleiben. Auch Kuriositäten sind zu vermelden: So hält der städtische Bauhof in Husum für ein Bundeswehr-Kommando, das vor der Marienkirche Schnee schippen soll, jede Menge Schaufeln bereit – allerdings ohne Stiel.

Im Heverstrom liegen drei Schiffe im Eis fest. Inseln und Halligen müssen aus der Luft versorgt werden. 3000 Helfer sind in Nordfriesland im Einsatz, darunter 1000 Soldaten. An der Ostküste beginnt sich die Lage schneller zu normalisieren als im Westen. In Flensburg hat man die Situation bald wieder im Griff; Versorgungsengpässe sind kein Thema, auch wenn es hier und da Probleme gibt. In Kappeln beispielsweise wird Heizöl knapp. Doch auf Schleichwegen gelingt es dem findigen Fahrer eines Tanklastzuges, sich an die Schlei durchzukämpfen.

Obwohl die Mitarbeiter der Schleswag pausenlos im Einsatz sind, können sie nicht verhindern, daß nach Leitungsschäden in vielen Dörfern die Lichter ausgehen. «Mit dem Strom steht und fällt alles», stellt der Kreisbauernverband Rendsburg fest. Stromausfälle legen die Stallbeheizung, Melkmaschinen und Kühlaggregate lahm. Gemolken wird vielfach wieder mit der Hand, was für Mensch und Tier gleichermaßen ungewohnt ist. Da die Milch jedoch nicht abtransportiert werden kann, muß sie verfüttert oder weggeschüttet werden. Clevere Bauern frieren die abgeschöpfte Sahne vor ihren Stalltüren im Schnee ein – als Ausgangsprodukt für H-Milch können sie die Blöcke später absetzen. Vielerorts erfrieren Tiere. Die Schäden in der Landwirtschaft werden mit zwei bis drei Millionen Mark beziffert.

Ein deutliches Zeichen für die Normalisierung der Lage ist der Beginn politischer Auseinandersetzungen über das Katastrophenmanagement. Die Last mit der weißen Pracht scheint ein Ende zu haben, wenn Stadtväter, wie in Schleswig, ihre Bürger daran erinnern, die Tannenbäume ordnungsgemäß zu entsorgen und Eiszapfen von den Dachrinnen zu entfernen. Oder wenn per Zeitung die Lottospieler des nördlichsten Bundeslandes aufgefordert werden, einen Tag früher als gewöhnlich zu tippen. Das alles passiert Mitte der Woche nach dem Katastrophenwochenende. Die meisten Krisenstäbe im Land werden aufgelöst. Husum ist die letzte Stadt, in der das Fahrverbot noch in Kraft bleibt. Da der Bürgermeister die Auffassung vertritt, die Innenstadt werde erst vier Wochen später wieder befahrbar sein, organisiert Peter Cohrs gemeinsam mit anderen Kaufleuten eine Sammelaktion: Schnell kommt das nötige Geld zusammen, um die nötigen Schneepflüge anzumieten. Cohrs selbst steuert an diesen Tagen sein Geschäft auf Langlauf-Skiern an. Acht Tage später ist die City wieder schneefrei. Die «weiße Pracht» landet im Binnenhafen.

Der schleswig-holsteinische Innenminister Titzck zieht Bilanz und hat inzwischen seine Behördensprache wiedergefunden: «Wir nähern uns dem Zustand der Normalisierung.» Vorrang bei den «Katastrophenmaßnahmen» hätten anfangs die Bergung liegengebliebener Kraftfahrer. und ärztliche Notfalleinsätze gehabt. In Spitzenzeiten waren 25 000 Helfer im Einsatz – darunter 10 000 Feuerwehrmänner, 4000 Polizisten und 3000 Soldaten. Sie alle hätten Übermenschliches geleistet, lautet das ministerielle Lob.

Zwischen der Bundesregierung (sozial-liberal) und der Landesregierung (christdemokratisch) kommt es zum Streit. Die Bonner weisen die Vorwürfe zurück, sie hätten die Bauernhöfe mit Notstromaggregaten versorgen müssen. «Absurder Gedanke!» Der Regierungssprecher am Rhein empfiehlt allerdings, Notvorräte mit Lebensmitteln, Kerzen und Windeln anzulegen. Kein schlechter Tip, denn bereits wenige Wochen später, Mitte Februar, schlägt der Winter im Norden der Republik ein zweites Mal zu. Allerdings nicht so heftig wie zur Jahreswende.

Im Erfahrungsbericht der Landesregierung wird Monate später stehen, daß bei den beiden Wettereinbrüchen insgesamt 14 Menschen ums Leben kamen. Die Schäden wurden mit 141 Millionen Mark beziffert. Reinhard Mesch, damals Kommodore beim in Husum stationierten Leichten Kampfgeschwader 41, ist unvergeßlich geblieben, wie die Menschen in der Not zusammenrückten und sich wie selbstverständlich gegenseitig halfen: «Und – improvisieren war das Gebot der Stunde.» Für ihn ist noch heute klar: «Nachbarschaftshilfe und die Kunst der Improvisation haben eine Katastrophe größeren Ausmaßes verhindert.»

Thomas Graue, geboren 1953 in Stade, ist seit 1993 als Leitender Redakteur verantwortlich für die Husumer Nachrichten, den Insel-Boten, die Sylter Rundschau und das Nordfriesland Tageblatt. Als Redakteur ist er seit 1987 für den Schleswig-Holsteinischen Zeitungsverlag tätig. Bevor es den Diplom-Geographen nach Nordfriesland verschlug, studierte und arbeitete er in Göttingen, Kiel und Berlin. In Göttingen Tätigkeit als Buchhändler – an der Freien Universität Berlin als wissenschaftlicher Mitarbeiter am Lehrstuhl für Entwicklungsländerforschung. Längere Auslandsaufenthalte in Pakistan.

Werner Veigel

Weihnachten in Den Haag

Vor dem Krieg wohnte ich mit meinen Eltern in Den Haag, in einer Straße mit dem wohlklingenden Namen Laan van Nieuw Oost Indië. Das war ein stolzer Bezug auf das damalige Kolonialreich Niederländisch-Ostindien, das heutige Indonesien. Die «laan» – wie wir sie kurz nannten – war eine breite Allee mit einer von prächtigen alten Ulmen gesäumten Promenade, die meine Berliner Großmutter zu der ironischen Bemerkung veranlaßte, «Königin Wilhelmina hätte hier ruhig ein paar mehr Bänke aufstellen können». Aber die Holländer sind eben sparsam.

Die Laan van Nieuw Oost Indië hatte einen eigenen Vorortbahnhof, und es galt als besonders vornehm, hier den Zug nach Amsterdam oder Rotterdam zu besteigen. Mein Vater fuhr von diesem «feinen» Bahnhof jeden Morgen gegen acht Uhr in seine Firma nach Rotterdam und kehrte abends gegen sechs zurück. Für meinen Bruder und mich war es immer ein Erlebnis, wenn wir ihn mit meiner Mutter vom «stationnetje» abholen durften.

Meine Mutter war Anfang der zwanziger Jahre von Berlin nach Holland ausgewandert. Sie hatte das inflationsgeplagte Deutschland verlassen, um im «Land, wo Milch und Honig fließen» ihr Glück zu versuchen. In Den Haag lernte sie meinen Vater kennen – einen Kaufmann und gebürtigen Stuttgarter –, und bald darauf wurde geheiratet.

Wenn ich heute an diese Zeit in Den Haag zurückdenke, fällt mir auf, daß wir damals fast nur mit Deutschen verkehrten, mit Holländern hatten wir privat nur wenig Kontakt. In meiner Erinnerung tauchen Namen von guten Freunden meiner Eltern auf, wie Ernst Loevinsohn und seine Frau Hannah, die als deutsche Juden in Holland den Holocaust überlebten. Oder die aparte Claire Schönwald, deren Söhne im Dritten Reich Karriere machten.

Und dann waren da noch Christian Holdorf und seine Frau Mimy, meine Patentante (die gute Tante Mimy starb im April dieses Jahres 99jährig in der Nähe von Neuwied).

Immer, wenn meine Mutter zu Kaffee und Kuchen, zu einem Glas Sherry oder einem «borreltje» – einem Jenever – einlud, war die Haager deutsche Kolonie in unserem schönen Haus an der «laan» fast vollzählig versammelt. Und es nützte wenig, wenn Tante Mimy die aufwendigen Vorbereitungen meiner Mutter zu bremsen versuchte mit den Worten: «Keine deutschen Umstände, bitte.»

«Deutsche Umstände» gab es bei uns auch zu Weihnachten. In einem Erker unseres Wohnzimmers stand ein Weihnachtsbaum, dessen Spitze bis an die hohe Decke reichte. Mein Vater schmückte den fremden Gast aus den fernen deutschen Wäldern mit Lametta und goldenen und silbernen Kugeln. Für mich war jedoch viel aufregender, daß der Baum bis in die höchsten Zweige mit Schokoladekringeln, Zimtsternen, Spekulatius und Weihnachtsmännern aus Schokolade oder Marzipan behängt war, kurzum mit verlockendem Naschwerk.

In den Tagen vor Heiligabend, also bevor sich die breiten Schiebetüren öffneten und wir den brennenden Baum mit vielen «Oohs» und «Aahs» bewundern durften, durchlebten wir Kinder eine aufregende, hoffnungsvolle Vorweihnachtszeit. Um etwas von der inneren Unruhe loszuwerden, erzählten wir den holländischen Nachbarskindern von unseren gespannten Erwartungen. Wir sprachen schwärmerisch von dem überdimensionalen Baum, den wir durchs Schlüsselloch erspäht hatten, und von der Mutter, die seit Tagen in der Küche mit dem deutschen Hausmädchen kochte, brutzelte und backte. Im Haus roch es schon Tage vorher nach selbstgebackenen Makronen, nach Apfelstrudel und Hefekranz, nach Butter, Baum-, Napf- und Marmorkuchen. Nur die «petits fours» bezogen wir von einem Haager Patissier, einem «hofleverancier», der auch die Königin mit seinem Teegebäck belieferte!

All das hörten die holländischen Kinder mit Staunen. Ihnen waren die deutschen Weihnachtsbräuche fremd, denn für sie war das Fest des Heiligen Nikolaus am 6. Dezember das große Ereignis, wenn der «Sinterklaas» zusammen mit dem «Zwarte Piet» – unserem Knecht Ruprecht – per Schiff aus Spanien anreiste und den Kindern Geschenke in ihre Holzschuhe oder vor den Kamin legte.

Und so erzählte ich eines Tages meinem Vater, wie gern meine holländischen Freunde einmal ein deutsches

Weihnachtsfest miterleben würden. «Dann lade sie doch alle zu unserer Bescherung ein», war seine spontane Antwort. Und so geschah es. Am Heiligen Abend versammelten sich meine Eltern, mein Bruder, ich, unsere Perle Anna und wohl an die zwanzig holländische Kinder aus unserer Nachbarschaft unter dem großen deutschen Weihnachtsbaum. Das Singen der Weihnachtslieder wurde zweckmäßigerweise abgekürzt, und dann gab es im Schein der Kerzen reichlich Kakao und Kuchen und für jedes Kind einen bunten Teller und ein kleines Geschenk.

An diesem Abend sah ich viele strahlende Kinderaugen, und mein Vater sagte: «Was für ein schönes Weihnachtsfest.»

Im Jahr darauf wollten wir die gemeinsame Bescherung wiederholen. Aber dazu kam es nicht mehr. Sechs Monate später starb mein Vater. Noch heute kann ich mich an kein schöneres Weihnachtsfest erinnern als an dieses letzte mit meinem Vater und mit den holländischen Nachbarskindern aus der Laan van Nieuw Oost Indië in Den Haag.

Werner Veigel, geboren in Den Haag/Holland. Sprecher beim holländischen Rundfunk in Hilversum. 1954 als Rundfunksprecher zum damaligen NWDR. Film- und Nachrichtensprecher für die BERICHTE VOM TAGE, seit 1966 bei der Tagesschau und dort Chefsprecher seit 1987. Sieben Jahre lang Galerist in Hamburg. Leidenschaftlicher Feinschmecker, der als Restaurantkritiker das Angenehme mit dem Nützlichen zu verbinden wußte. Werner Veigel starb am 2.5.1995. In jenem Jahr begannen die Vorarbeiten für dieses Buch.

PLAN INTERNATIONAL stellt sich vor

PLAN INTERNATIONAL wurde 1937 (damals als «Foster Parents Plan for War Children») von dem englischen Journalisten John Langdon-Davies ins Leben gerufen. Als Berichterstatter im Spanischen Bürgerkrieg eingesetzt, gründete er für die Flüchtlings- und Waisenkinder ein Heim, das er über Patenschaften finanzierte. Seine Idee: persönliche Beziehungen zwischen den Kindern und den Paten herzustellen, um so eine kontinuierliche Hilfe zu gewährleisten. Im und nach dem Zweiten Weltkrieg erweiterten sich die Aufgaben von PLAN auf die Unterstützung von Kriegskindern in ganz Europa. Nach Kriegsende half PLAN auch in Deutschland. Zuvor wurden in einem englischen Heim jüdische Kinder betreut, die dem Grauen ihrer Verfolgung in Deutschland entkommen waren. Heute hilft PLAN Kindern und ihren Familien in der Dritten Welt – immer noch unabhängig von Religion, politischen Verhältnissen und Volkszugehörigkeit. Diese Philosophie hat seit Gründung der Organisation Bestand; und sie wird auch in Zukunft die Arbeit von PLAN bestimmen. Weltweit wurden bisher mehr als eine Million Patenkinder über die nationalen PLAN-Büros vermittelt. Für das millionste PLAN-Patenkind hat Bundespräsident Roman Herzog die Patenschaft übernommen.

PLAN INTERNATIONAL ist von der UNO anerkannt und hat mit UNICEF einen konsultativen Status. Das deutsche PLAN-Büro wurde 1989 eröffnet und betreut inzwischen fast 80 000 Paten.

Inhalt

Einleitung 5

Vorwort Walter Scheel 7

Wolfgang Knauer — Wie Weihnachten beinahe abhanden kam 9

Daniela Ziegler — Weihnachtsgeschichte 16

Albrecht Nelle — Ein Weihnachten in Togo 23

Ernst Bader — Zwei Weltstars und ein Weihnachtslied 35

Alida Gundlach — Dienstag vor Heiligabend 39

Horst Kammrad — Nach dreißig Jahren Mauerbau 50

Gert Haucke — Wolf 60

Ursela Monn — Stille Nacht, heilige Nacht – Gottes Sohn, oh, wie lacht! 66

Dagmar Berghoff — Heiligabend einmal anders 70

Ralph Siegel — Nikohasi oder Osterlausi 73

Mensje van Keulen — Jesus im Ausverkauf 82

Josh von Soer — Familie Holzwurm 87

Hermann Rauhe	Advent im Kriegswinter 1943 91
Marcel Reif	Eva kommt 99
Olivia Molina	Ein Gefühl für Weihnachten 103
Ingo Sonntag	Natale 110
Marianne Rogée	Danach nannte ich sie Mama 113
Christian Blunck	Weihnachten 116
Wolfgang Spier	Und das am Heiligabend… 124
Nicole Uphoff	Weihnachten mit Rembrandt 129
Johannes von Buttlar	Die grüne Tür 132
Justus Noll	Die eigene Stimme. Ein weihnachtliches Musikmärchen 142
Helga Darboven	Ganz nach Plan 152
Elmar Gunsch	Mein Freund, der Soldat 157
Barbara Mürmann	Innig und mit gläubigem Herzen zu singen … 161
Terry McDonagh	Es ist voll wunderbarer Dinge von weither 168
Marie-Luise Marjan	Das verlegte Weihnachtsgeschenk 176
Hansi Müller	Der Karpfen, Opa und der Schlips 181

Wolfgang Castell	Ecce lux mundi	185
Leonore Gottschalk-Solger	Weihnachten rot-gold	195
Heidi Biebl	Der Brief oder Ich kenne meinen Vater nicht	203
Waldemar «Tim» Kreiter	Der Alte	206
Dieter Thomas Heck	Gatente	210
Herbert Imig	Krippenspiel	214
Marlies Möller	Warum die Nadelbäume Nadeln haben	220
Wolf-Dieter Stubel	Stille Nacht – auf der Autobahn	223
Helena Horn	Weihnachten in Lauscha	230
Edgar Bessen	Pommes	238
Marianne M. Raven	Wahre Freunde…	246
Uwe Röhl	Weihnachtliche Impressionen	249
Carlo v. Tiedemann	Fröhliche Weihnachten, Herr General!	261
Theresa Margret von Westphalen	Unser Christkind	264
Hans-Werner Funke	Cantare	266
Monika Peitsch	Ein stürmisches Weihnachtsfest	268
Dietrich Brüggemann	100 Jahre Weihnachtsspieluhr	270

Georg Graf von Baudissin	Auch eine Weihnachtsgeschichte... 283
Rüdiger Kowalke	Caesars Irrtum 286
Birgitta Jaeggle	Weihnachtsgeschichte 292
Günter Fink	Weihnachten ohne Streß 297
Thomas Graue	Katastrophenwinter 1978/79 301
Werner Veigel	Weihnachten in Den Haag 310
	Das ist PLAN International 314

JA, ich will eine Patenschaft übernehmen für:

☐ einen Jungen ☐ ein Mädchen ☐ egal

☐ aus einem Land, wo meine Hilfe dringend benötigt wird (PLAN soll dieses Land selbst festlegen)

☐ aus _____

☐ Bitte schicken Sie mir zuerst weitere Informationen

Meine Anschrift

Name _____ Vorname _____

Straße _____ Nr. _____

PLZ/Ort _____

Telefon _____

Sobald die Unterlagen für mein Patenkind bei mir eingetroffen sind, zahle ich 42,– DM im Monat. **Ich kann die Zahlung für die Patenschaft jederzeit ohne Angabe von Gründen einstellen** und gebe PLAN davon kurz Mitteilung.

Die Übernahme einer Patenschaft gilt als Spende und ist steuerlich abzugsfähig. Die Spendenbescheinigung wird unaufgefordert zugesandt.

Ort/Datum _____

Unterschrift _____

PLAN INTERNATIONAL DEUTSCHLAND

«Menschlich denken, mit PLAN handeln.»

Postfach 60 20 09, 22220 Hamburg. Noch schneller geht es telefonisch: Tel. 040–61 14 00 oder per Fax 040–61 14 01 40